U0553542

学习之道

〔美〕芭芭拉·奥克利（Barbara Oakley）著

教育无边界字幕组 译

* * *

A MIND
FOR NUMBERS
How to Excel at Math and Science
(Even If You Flunked Algebra)

机械工业出版社
CHINA MACHINE PRESS

图书在版编目（CIP）数据

学习之道 / （美）芭芭拉·奥克利（Barbara Oakley）著；教育无边界字幕组译. —北京：机械工业出版社，2016.10（2025.9重印）

书名原文：A Mind for Numbers：How to Excel at Math and Science（Even If You Flunked Algebra）

ISBN 978-7-111-55206-2

I. 学… II. ①芭… ②教… III. 学习方法 IV. G442

中国版本图书馆 CIP 数据核字（2016）第 245042 号

北京市版权局著作权合同登记　图字：01-2016-7129 号。

Barbara Oakley. A Mind for Numbers：How to Excel at Math and Science（Even If You Flunked Algebra）.

Copyright © 2014 by Barbara Oakley.

Simplified Chinese Translation Copyright © 2016 by China Machine Press.

Simplified Chinese translation rights arranged with Penguin Group through Bardon-Chinese Media Agency. This edition is authorized for sale in the Chinese mainland (excluding Hong Kong SAR, Macao SAR and Taiwan).

No part of this book may be reproduced or transmitted in any form or by any means, electronic or mechanical, including photocopying, recording or any information storage and retrieval system, without permission, in writing, from the publisher.

All rights reserved.

本书中文简体字版由 Penguin Group 通过 Bardon-Chinese Media Agency 授权机械工业出版社在中国大陆地区（不包括香港、澳门特别行政区及台湾地区）独家出版发行。未经出版者书面许可，不得以任何方式抄袭、复制或节录本书中的任何部分。

学习之道

出版发行：机械工业出版社（北京市西城区百万庄大街 22 号　邮政编码：100037）

责任编辑：单秋婷

责任校对：董纪丽

印　　刷：北京铭成印刷有限公司

版　　次：2025 年 9 月第 1 版第 36 次印刷

开　　本：147mm×210mm　1/32

印　　张：9.5

书　　号：ISBN 978-7-111-55206-2

定　　价：59.00 元

客服电话：（010）88361066　68326294

版权所有·侵权必究

封底无防伪标均为盗版

{ 赞 誉 }

人工智能和数据驱动推动各行各业发生着翻天覆地的变化，这个时代越来越需要我们掌握一些"元技能"，并且快速掌握多元化的"知识增量"。除了大学里学到的"专业"知识，走上工作岗位还要文能出文案，武能数据分析。然而现实中的我们，往往是长于文必定短于武。《学习之道》的作者由文青少女蜕变为工程教授，从容搞定曾经的"不擅长"，是为学习之道！

——成远，前媒体人、知乎创始团队成员

我发现学习有两种模式，一种是"输入—练习—内化—输出"，这已经是一种很高效的学习模式，另一种是更高效的"理解范式—应用范式—识别范式—输出范式"，但不管是哪种学习，都需要各种学习技巧，《学习之道》为你开启学习技巧之门。

——秋叶，秋叶 PPT 创始人、知识型 IP 训练营创始人这是一本讲如何有效学习的书籍，全书从脑科学和心理学的最新研究出发，告诉你学习过程中不同技巧的原理，哪些方法效果更好，为什么会起效果。

让你学会如何控制注意力，对抗拖延，更好地记忆和理解知识，明智地对待大脑的优势和弱点，最终让这些学习策略真正发挥作用。

——战隼，知名自媒体（warfalcon）、100 天行动发起人

人类靠着对前人的经验和智慧进行学习和总结，实现阶梯式发展。每个人都想成为善学会学之人。向谁学？学什么？怎么学？本书总结了一套高效学习的科学方法论。

——刘世英，财经作家、总裁读书会发起人

终生学习是一种趋势，如何学习是一个大学问，这本书解析了学习背后的原理。我特别赞同书中提到的要用巧劲去学习，需要专注思维和发散思维的结合，而且要在这两种思维模式中转换，值得中国读者一读。

——邓斌，书享界发起人

书中创造性地提出了"组块"的概念，组块能有效地将信息碎片组合起来，形成科学的学习体系。对战胜拖延症、增强记忆力等，本书也提出了行之有效的方法，相信看了这本书以后，对学习一直犯怵的读者将会变得自信满满，实现自我进阶。

——张疃，博雅读书会发起人

阅读本书，原本只会"数绵羊"的大脑将会更新程序。新的思维方式，让你远离学习之痛，发现学习之美。

——郭成，众阅读书会发起人

我发现身边的高人，他们有两项高于常人的本领：一是洞察问题的本领，二是解决问题的本领。对于大多数人，很努力，却得不到希望的结果；很多事，有态度，却茫然于拿不出解决问题的具体方法。在这个社会大发展、信息大爆炸的移动互联网时代，能够通过一些碎片化的信息点迅速构建起有效的知识体系，更是摆在我们当代人面前的一个绕不开的竞争技能。《学习之道》是我们能够离高人更进一步的指导书。

——王海龙，吴晓波苏州书友会

对于任何领域的学习者而言，本书都能让你受益匪浅。芭芭拉·奥克利教授以认知科学最新的研究为依据，提供权威的指导。她简洁、明快地引导我们最大限度地从学习中受益。对于学习困难户，以及任何想精进学习效果的人而言，这都是一本必备读物。

——戴维 C. 吉尔里
密苏里大学心理学与跨学科神经科学教授

很久没遇到一本书能让我这么激动了。加深对学习方法的认识，才能让人们持久掌握知识，并在各个领域取得成功。这是一份能让人受益终身的礼物。

——罗伯特 R . 加马什
麻省理工学院罗威尔校区协理副校长

｛目录｝

VII

{推荐序一}

作为一个高效学习方法的爱好者和研究者，我阅读过大量有关教人如何学习的书，可以说，这本《学习之道》是我在该领域读过的最好作品之一。

学习方法领域的图书主要分为两类，一类走的是学院派路线，主要是梳理学习心理学中各种理论，在这些书中，我们能看到不同流派的观点，能看到心理学家对学习本质的讨论，但是这些内容对学习者来说，有些过于抽象了，较难在学习的具体实践中加以应用；另一类走的是实践派路线，作者往往靠个人的天赋和努力，摸索出了一些基于经验的学习方法，这些书也有一定的参考价值，但缺点也比较明显：一方面其中部分观点可能不符合学习心理学中的科学结论，另一方面某些方法只适合特定的场景，无法迁移应用在更广阔的学习领域中。

而这本《学习之道》则是一本真正面向学生、指导实践以及科学可信的学习方法手册。这本书的优点主要有以下几个方面。

（1）书中的理论部分均是基于当代主流的认知心理学和学习心

理学观点，有实证研究背书，具有很高的可信度，并且其中部分观点还是比较新近的研究结果，体现了本书与时俱进的特色。另外，本书虽然主要针对数学和科学学科的学习，但是这些心理学上的理论对于其他学科的学习也是适用的，所以不管你学什么，都可以学习借鉴。

（2）这本书不是枯燥地讲理论，而是能够做到深入浅出，运用类比、图解等多种方式，让对心理学知之甚少的读者也能准确理解心理学的相关概念和理论。例如本书第2章在解释专注模式和发散模式时，就采用了弹球机来做类比，非常生动形象。

（3）这本书融汇了大量的学习案例，这些案例大多来自大学教授、科学家的经验之谈，这些内容是专家和高手多年实践的经验总结，可谓价值连城。它们是对书中理论向内容的重要补充。所以这本书不仅有理论，还有实践，给学习者提供了全方位的学习指引。

（4）本书每个章节都穿插了相关的实践和练习建议，这些建议大大增加了本书的实用性。建议五花八门，但都是落地可操作的，因而读者不用担心看完书后怎么办，他们完全可以边读边练，边练边学，立马行动起来，是最好的选择。

总的来说，这是一本适合所有喜欢学习的人或者需要学习的人的好书。你可以把它当作一本工具书、一本实用手册来读。因而对于这本书我并不建议只读一遍。最好的方式是在通读一遍之后，仍旧不要放远。然后在接下来的日常学习中，可以经常拿出来翻阅回顾，对比书中的观点和建议，检视自己学习活动中的不足，然后想想怎样改进。

取法其上，得乎其中，取法其中，得乎其下。我们很多人虽然很用功努力，但是努力的效果往往不尽人意。究其原因，多半是学习不得法，行动不得要领。那么这本书就正好是你所需要的，读完这本书，你对学习的理解可能会发生天翻地覆的改变，你会触动、反思，然后重新出发，高速前行。

——采　铜

著有畅销书《精进：如何成为一个很厉害的人》，学习领域意见领袖

{ 推荐序二 }

这本书会对你看待和理解学习的方法产生深远的影响。你会接触到研究者所知道的最简单、最有效、最省时的学习技巧。技巧的使用会让学习变得很有趣。

让人没想到的是,许多人还在采用收益少、效率低的学习策略。我的实验室就大学生的学习进行了调查。最普遍的学习策略就是重复阅读——一遍又一遍地阅读书本和笔记。我们和其他研究者都已经发现,这种被动又肤浅的学习技巧通常没什么效果,即所谓"事倍功半"——确实辛苦付出了,却没有任何收获。

被动的重复阅读并非出于愚笨或懒惰,而是因为我们陷入了认知错觉。当我们一遍遍地阅读材料时,它们就会在大脑里越发熟悉、连贯,大脑处理这些信息会变得更轻松。这种轻松误导我们相信自己已经掌握了知识,事实却远非如此。

本书会向你介绍这些在学习中产生的错觉,并交给你打破错觉的武器。同时,它也会介绍很多非常好用的学习技巧,比如追溯练习,让你花在学习上的时间得到超值的回报。这是一本具有实践意义且鼓舞人心的书，它能帮助你明白为什么某些学习方法要比其他的方法更有效。

在这个信息爆炸的时代里，学会如何更有效地学习是每个人的必需技能。本书将指引你走进学习与领悟的国度。

——杰弗里 D. 卡尔匹克（Jeffrey D. Karpicke）、

詹姆斯 V. 布兰得利（James V. Bradley）

普渡大学心理学名誉副教授

{译者序}

对于这本书，恐怕每个人的感觉都是相见恨晚。本书的作者芭芭拉·奥克利是美国奥克兰大学的工程学教授，她所开设的"学会如何学习"（*Learning How to Learn*）课程是在线网络教育平台Coursera上最受欢迎的课程之一。

市面上考试辅导、成功者谈经验之类的书数不胜数，却鲜有纯粹探究与教授学习技巧和方法的书。本书的几位译者来自各个专业，但都从翻译本书的过程中受益匪浅。书中提到的"组块记忆""提取训练"，以及拖延症的应对方法，可以应用于每个人的日常生活和学习中。这本书更是一扇进入全新世界的大门，可以帮你培养良好的思维习惯，并让你爱上学习本身。乔布斯在斯坦福大学的演讲中曾经提到过"连点成线"（connect the dots），大意就是说，总有一天你会发现，自己曾经所学的知识会以某种方式运用到现在或是将来的生活和工作中。作者本人经历相当丰富，语言学专业出身，后参军入伍，退役后从零开始学习数学和物理。她以自己的亲身经历、活泼朴实的故事和例证来精心铺垫，让每一个对知识充满兴趣却不知如何最好地学习知识的人敢于放手行动，得以遵循前人经验去尝试一些反直觉的方法，这对于学习者来说是极其珍贵的体验。

对于我们来说，翻译本书是一次不同寻常的经历和挑战。译者要担负"第二作者"的责任，既要站在作者视角，又要考虑读者感受，文化差异需要由译者内部消化，在此过程中少不了对语言文字进行"反刍"式的揣摩。大家群策群力，对许多"消化不良"的词句或典故进行了充满创意的"本地化"。此外，字幕口语与书面文字大不相同，这也对我们灵活转换语言风格提出了更高要求。抱着对"信达雅"的不懈追求，我们尽最大努力把作者和读者的手牵在一起。比如我们将"zombie"一词译为大脑中的"小恶魔"，读过原著的朋友若稍加揣摩，就可以看出我们是有意而为之的。又比如，在第 10 章，作者谈到用歌曲辅助记忆的方法时用"*Little Bunny Foo Foo*"这支儿歌举例，为对应中文儿歌，我们创造性地译为"小兔子乖乖"。如上，每一处遣词造句都闪耀着译者灵感的火花，很多时候就像本书作者所说，是"灵光一闪"发生了。

最后讲讲我们自己。此前，教育无边界字幕组的主要工作集中于在线课程的翻译，此次有幸承担本书的翻译工作，对我们字幕组的每个人来说都意义非凡。本书的翻译项目为时三个月，几位译者需要兼顾学业和工作，期间难免遇到困难，大家相互打气，共同克服困难，结下了深厚的友谊。在沟通和讨论中，我们像战友更像家人，翻译进程从未停下脚步。这本书就像我们共同的孩子，我们承认它既有优点也有不足，如果亲爱的读者朋友有宝贵意见和建议，望不吝指出，可以在微博上 @教育无边界字幕组。

本书中文版的诞生是很多劳动者共同努力的结果：字幕组的

负责人们"踏破铁鞋"找到各位译者参与本书的翻译，他们是北京大学博士王思策（总润色／总校对／译者）、武汉工程大学的姜亦伦（项目经理／总校对／译者）、美国德州农工大学金斯维尔分校（TAMUK）数学教授左立华（译者／校对／术语舵手）和他的妻子任轶（校对／文字润色）、中山大学博士杨靖雯（译者／文字润色）、南京邮电大学的李天诚（译者）、新西兰梅西大学的谭诗琪（译者），还有我们组里认真负责的王平（风筝）和王静远（橡胶）。感谢教育无边界字幕组中各位鼎力支持本书翻译的伙伴，此书托付于我们，是对我们无比的信任和肯定！在本书项目管理过程中，感谢各位翻译界前辈慷慨传授有关翻译和项目管理的经验，感谢出版社各位编辑为这本书所做的辛苦付出！向每一位劳动者深深致敬！

这是一本方法书，也是一段美好的学习之旅，希望各位读者旅途愉快。

——教育无边界字幕组

{ 前 言 }

我们的大脑潜力无穷，却没有配备使用手册，而本书就是这样一本使用说明。不管你是新手还是行家，都能够在本书中找到提升学习技巧的新方法，尤其是针对数理方面。

亨利·庞加莱（Henri Poincaré）是19世纪的一位数学家。他曾讲过这样一个故事，当时他为了攻克一个棘手的数学难题，花费数周，绞尽脑汁，却依然一无所获。于是他给自己放了个假。某天在法国南部乘公交车时，答案竟不期而至地闪现在了他的脑海里。虽然在度假，但他大脑中的一部分一直在思考这个问题。虽然在回到巴黎后才开始整理细节，但他知道自己找到了正解。

你也可以像庞加莱一样获得这种"灵光乍现"的时刻。在这本见解独到的书中，芭芭拉·奥克利教授会做出详细的阐述。出乎意料的是，即使在毫无意识的睡眠中，大脑也能思考问题。不过有个前提，那就是你在入睡前要一直聚精会神地思考这个问题的解法。等到第二天早晨，你的心中往往会突然萌生新的领悟。其实，放假和入睡前的全神贯注都是为大脑做足准备，否则在假期里和梦中，你的大脑就可能跑去思考别的事情了。所以从这个角度上说，只要是你最近关注的问题，大脑就会一视同仁地纳入其中。

这本有趣的书会给你及时送来更多高效学习的观念和方法。在这里，学习不是枯燥的劳作，而是一场神奇精彩的冒险。你会了解到为何自己明明没有吃透学习材料，却自欺欺人地以为明白了一切；你会学到如何集中注意力和进行间隔性练习的方法；还会学会提炼重点概念，让心里更加有数。掌握以上这些简单而又实用的技巧会让你的学习事半功倍，少经挫折。这本引人入胜的学习指导，不仅有助于学业，更能丰富你的人生。

——特伦斯 J. 诺斯基（Terrence J. Sejnowski）
萨克生物研究所，弗朗西斯·克里克荣誉教授

{作者声明}

本书详细地列出了很多简单的技巧，以便读者能够即学即用。研究者历经多年时间才探索出来的方法，现在你竟触手可及了。

不管你在学习领域的水平如何，这些方法都可以帮你改变思维，甚至改变人生。如果你已经是一名学习专家，那么阅读本书就像给思维的发动机进行涡轮加速，新点子会让你的学习两翼生风。书中还有有趣的反直觉建议和技巧，让你在学习时充分地利用时间。如果你正在为学习挣扎，本书也有系统的实用技巧，会帮助你顺利走上正轨。如果你一直就想在某个方面得到提高，那么本书一定会为你指引方向。

谁不可错过本书

- 喜爱文学、艺术，却害怕数学的高中生
- 原本就擅长自己所学之物，还想学得更快更好的大学生
- 跨行业考研考博，还有不停歇地考证书的"烤烤族"
- 想要通过某一项重要证照的考试，但屡试不过而为此伤脑筋

的上班族

- 梦想成为翻译官、设计师，为此进修，而不得不暂且在某处打工的梦想派
- 对某个领域充满兴趣，苦于没有学习方法的自学者
- 热爱各种新事物，想让自己更有趣的"智识分子"

简而言之，这本书为每一个对未知充满渴望的人而写，希望你们喜欢！

——芭芭拉·奥克利（Barbara Oakley）

美国医学与生物工程研究所研究员，电气和电子工程师协会

副主席（医学与生物学工程方向），哲学博士，专业工程师

开启大门
每个人都能提升学习能力

要是打开冰箱门，发现里面有只小恶魔正在织毛袜，这种事情发生的概率会有多大？大概和发生在我身上的事一样小吧，没想到像我这种既有点情感张扬，又是语言导向型的人，最终竟成了一名工程学教授。

从小到大，我都对数学和科学深恶痛绝。高中的数理课程一直不及格，三角学还是到 26 岁才补起来的。

少年时期，就连读钟表这么简单的事情我都摸不着头脑。为什么钟表上现在的小指针指着小时数？既然小时比分钟重要，不该用大指针指它吗？现在钟上是 10 点 10 分，还是 1 点 50 分？我永远是迷糊的。比钟表更让我困扰的是电视机。在还没有遥控器的年代，我甚至弄不清哪个是开关按钮，只有在哥哥姐姐陪着的时候才能看上一集电视节目。他们不仅会开电视，还会调到我们想看的频道，真厉害。

关于自己对技术的理解无能，以及数理科目的不断挂科，我唯一能得出的结论就是不够聪明——至少不是那种聪明。尽管当时并没意识到，但这种技术、科学、数学无一能通的自我评价确实正影响着我的生活。这一切的根源就是在数学上的困扰。我曾把数字、方程之类的东西视若洪水猛兽，唯恐避之不及。那时我不知道，本有一些简单的思维小技巧可以让数学变得清晰明了。这些小技巧不仅对数学差的人有所帮助，数理优等生也同样可以从中受益。我也没有意识到，自己的思维方式，正是自认与数理无缘的人群中非常典型的一种。不过现在我明白了，问题源于两种截然不同的看待世界的方式。而那个只知道用一种方式去学习的我，结果必然一筹莫展。

数学是美国学校体系中普遍开设的科目，可谓"众学科之母"。它飞越加减乘除，向更高处攀升，逻辑缜密，蔚为壮观，然后横扫直贯，升向美不胜收的数学天国。但数学也会是一个"恶毒的继母"。只要你不小心在逻辑链条的任意一环上行差踏错，即使是非常简单的一环，她也毫不留情。要是不巧正处于人生的非常时期——家庭生活破裂、老师对你无可奈何、自己又不幸抱病，那用不上一两个星期，你就会被数学宣布出局。

或是和我情况相似，只是对数学毫无兴趣，又或是看起来没什么天赋。

初一的时候，我的家庭遭遇了重大变故。父亲因背部受重伤丢掉了工作，我进了一处贫民校区。那里有个坏脾气的数学老师，他总叫我们在闷热的教室里坐上好几个小时，生搬硬套地做着加法和乘法数学题。雪上加霜的是，坏脾气先生还拒绝给我们任何解答。

看着我们抓耳挠腮，似乎他还引以为乐。

10 岁的我与小羊厄尔。那时的我喜爱小动物，热爱阅读和
幻想。我的字典里才不会有数学和科学。

这样一来，我不仅看不到数学的用处，还开始厌恶它。从我科学课程的进展来看呢——好吧，其实就没有什么进展。还记得我第一次做化学实验时，老师故意给我和我的搭档分发了与别人不同的实验材料。为了与所有人的实验结果保持一致，我们编造了实验数据，并为此遭受了一番大大的冷嘲热讽。我的父母发现我挂科后，又善意地敦促我在答疑时间向老师寻求帮助。我就更觉得自己认清了真相：反正数学和科学一无是处。可是课程大纲高高在上，老天这是要掰开我的嘴巴，把数学和科学灌下去。而我的精神胜利法就是拒绝理解老师教的一切知识，挂掉每一次考试，跟它对着干。想要赢过我，门都没有。

不过，我倒是有着别的兴趣。我喜欢历史、社会研究、文化，尤其是语言。很幸运，这些科目拉高了我的总分。

高中一毕业我就参军了，因为军队真的会花钱让我去学外语。我俄语学得特别好（选修俄语还是脑子一热做出的决定），以至于预备役军官训练营（ROTC）的一份奖学金自己找上了门。于是我前往华盛顿大学，攻读斯拉夫语言与文学的学士学位，并以荣誉毕业生身份毕业。我的俄语流畅自如——发音标准到有时被误认为是母语使用者。我将大把的时间花在这门专长上，形成了良性循环——学得越好，就越喜欢学；而越喜欢学，就会在它上面花越多的时间。我的成功促成了练习欲望，练习又回馈给我更多的成功。

但没想到的是，最后我竟成了美军通信兵部的一名陆军少尉。突然之间，我就得成为一名无线电、电报、电话转换系统的专家了。真是三十年河东，三十年河西啊！我原本在自己的小天地里高枕无忧，好好地当着专业语言学家，命运在握，可一夕之间就被丢进了技术新世界，整个人呆若木鸡。

这可如何是好！

我被安排参加了一个数学方向的电子技术培训（毕业时的成绩是班级垫底），然后就启程去了西德。在那儿我充任一名可怜分分的通信排排长，而周围的军官和士兵都是技术上的能人巧匠，能在第一时间解决问题，让每个人得以完成任务。

我开始对职业生涯进行反思。这才惊觉，曾经对内心狂热的执迷追逐，事实上阻碍了自己敞开双臂，培养新的爱好。结果就是无意中局限了自己。如果继续留在军队，我恐怕会因为技术上的一问三不知，被永远当成个"二等公民"。

另一方面，如果退伍，仅凭一个斯拉夫语和文学专业文凭，我会不会一无是处？俄语语言学家能选择的工作机会可不多。基本上就意味着和成千上万的大学文科毕业生竞争初级文秘类工作。有些吹毛求疵的朋友可能会纠正说，仅凭我在学术和服役期间的优秀表现，完全可以找到一份更好的工作。我猜他们可能并不知道就业市场有时候有多残酷。

幸好，当时我还有个不同寻常的选择。服役的最大好处之一，就是可以用美军发放的退役费支付我未来的进修学费。我能不能用这笔助学金重塑自己呢？这是原来想都不敢想的事。我能不能克服数学恐惧症，转而成为数学爱好者呢？从技术恐惧症患者变成技术狂人呢？

这种事我闻所未闻，而且就算有，大概也没有人的恐惧症能比我还严重。在我的世界里，学好数理简直是天方夜谭。但从一同服役的战友身上，我看到了学好数理知识切切实实的好处。

于是它成了一个挑战——一个让我难以拒绝的挑战。

我决定重新训练自己的大脑。

这并不容易。我在可怕的挫败感中度过了第一学期，感觉就像被蒙着眼睛。身边的绝大多数同学似乎天生就有一双看出答案的慧眼，而我却总是跌跌撞撞，像无头苍蝇似的。

但我逐渐摸清了原因所在。部分说来，我的根本问题是把力气用错了地方——就像试图搬起踩在自己脚下的木头。我开始掌握一些小技巧，它们不仅让我学会如何学习，也让我懂得适可而止。我认识到，如果能把某些概念和技巧转化为自己的一部分，它们就会成为我的强大武器。同时，我告诉自己，不要试图一口吃个胖子，要给自己充裕的练习时间——就算我的同学会不时地先于我毕业，毕竟我一个学期学不了他们那么多课程。

当我渐渐学会如何学习数学和科学，事情就变得简单起来了。让我惊喜的是，这就跟学语言那时候一样，我学得越好，就越喜欢学。我这个当年的数学糊涂大王，紧接着就拿到了电气工程学士学位和电子与计算机工程的硕士学位。最后我还拿到了系统工程学的博士学位，并拥有了广泛的学术背景，如热力学、电磁学、音响学、物理化学。我越往上读，就学得越好。到了读博期间，我几乎科科优秀，可谓春风得意。（好吧，可能也没那么得意。好成绩还是得靠下苦功，不过我倒是清楚该在哪里下工夫了。）

作为工程学教授的我，目前对大脑的内部运作产生了兴趣。自从了解到工程学是医学成像的核心，而我们又能从医学成像中巧妙地获得大脑的功能信息，我就不由得感兴趣起来。对于如何才能改变大脑思维，以及为什么能让它发生变化，现在我有了更清晰的答案。我还知道如何帮你更有效地学习，免得你像我当年一样忙得焦头烂额，还落得一败涂地。[1]同时，作为一个学术范围横跨工程、社科、人文领域的研究者，我也非常清楚创造力的重要性，它不仅是艺术与文学的基础，更是数学和科学的基础。

如果你认为自己天生不是学数理的那块料（或者暂时还这么认为），那这儿有个惊喜：**你的大脑生来就配备了非凡的心算能力**。我们每一次接球、每一次随节拍舞动、每一次开车绕过路面的坑，都是在做心算的过程。我们常常无意识地做出许多复杂计算，解决许多复杂方程。有时我们却又四处寻找，意识不到答案早已是囊中之物。[2]事实上，我们对数理知识都有着天生的敏锐和直觉。想要学好，需要掌握的只是数理学科独有的语言和知识背景。

在写这本书的过程中，我联系了数百名世界一流的任教教授，有些来自数学、物理、化学、生物、工程的领域，也有些来自教育学、心理学、神经科学等学科，以及商科、健康科学等专业学科。让我惊讶万分的是，这些世界一流的专家不止一次说到我在书中描述的学习方法，他们学习的时候也一样在用。专家也正是拿这些方法来要求自己的学生——但由于它们有时看起来违背直觉，甚至堪称荒谬，教师也往往感到难以传达出其简单本质。事实上，因为普通教师把其中的一些学习和教学方法当作笑话，所以向我透露教学和学习的小秘密时，明星教师有时会羞于启齿。他们不知道，许多其他顶级教师也在使用类似的方法。只要在这本书里采拾有益的观点，你也能轻松学习和运用这些来自教育达人的实用方法。这些方法的价值尤其在于，它们能帮你在有限的时间内，更深入高效地学习。书中也能看到来自学生或其他学习者的感悟——他们都是和你有着相同困境和忧虑的人。

请记住，这本书对于数学家和恐数症患者来说都是良方。它的目的是让你能更轻松地学习数理知识，不管你以前学得怎么样，也不管你认为自己学得好不好。本书就是要让你的思维过程暴露于光天化日之下，让你明白大脑如何学习，又是如何帮你自欺欺人——自以为在学，实际上却是在小和尚念经。这本书里还有许多开发技能的小练习，都可以现学现用到你的学习过程中。**如果你已经能玩转数理知识，那么书中这些见解会带你更上一层楼。**你会更加乐在其中，有更多奇思妙想，更能镇定自若地解开每一个方程。

如果你就是执意认为自己没有数理天分，这本书可能会改变你的看法。这也许难以置信，但谁说改变是不可能的呢。当你遵循这些基于实际学习过程的具体建议前行时，会惊奇地发现自己内在的转变，而正是这些变化滋养孕育着新的热情。

意识到自我的转变，会进一步提升学习效率和创造力。不仅是数理知识上的学习，几乎在生活中的方方面面，你都会有长足的进步。

这就开始行动吧！

放　松　点

有时候太勤奋也是一种病

学习数学和科学是有诀窍的，如果你想了解其中最关键的奥秘，还得来看看下面这幅图。

图中右边的男人是传奇象棋大师加里·卡斯帕罗夫（Garry Kasparov），左边则是一个名叫马格努斯·卡尔森（Magnus Carlsen）的 13 岁男孩。他们正处于一场国际象棋比赛的快棋赛中，赛场时间紧迫，步步惊心，但卡尔森却离开棋盘，到一边晃悠去了。这几乎等同于在尼亚加拉大瀑布上空走着钢丝时，即兴来了个后空翻。

没错，卡尔森在用心理战术遏制对手。不出所料，乱了阵脚的卡斯帕罗夫与卡尔森打平，没能完胜这个年轻的棋场新人。卡尔森继而成为史上最年轻的顶级棋手，不过，天才的他此时正在做的，可不只是和经验老成的对手玩心理游戏。深入了解卡尔森的赛场策略，将有助于我们理解大脑是如何学习数学和科学的。在详细探究卡尔森如何从心理上战胜卡斯帕罗夫之前，我们先要了解几个有关人类思考方式的重要概念。（我保证，我们会回到卡尔森的故事。）

2004 年，13 岁的马格努斯·卡尔森（图左）与传奇天才加里·卡斯帕罗夫在"雷克雅未克快棋赛"赛场。卡斯帕罗夫已经难掩震惊之意。

在这一章，我们将接触到本书的部分核心主题。所以，如果你接下来需要在思维模式间来来回回地转换，也没必要大惊小怪。思维转换也就是指在透彻了解其中原委之前，先大致瞄一眼接下来要学的东西。这也是本书的核心思想之一！

该你试试了！

为思维加力

在你初读一本书的某个章节或某个部分，而且其中内容涉及数学或科学概念时，先宏观浏览一遍会比较好。不只是看表、公式或图片，还有小节标题、总结，甚至如果章节末尾有思考问题，最好也看看。这似乎有点反直觉——你还没有真正读过这一章呢。但它的确会为你的思维提供动力。现在就去快览这一章节，再看看章尾的问题吧。

你会惊讶地发现，用一两分钟预先翻阅，再开始深度阅读，会对思维的组织产生多大的帮助。你正在创造小小的神经挂钩，把思维挂靠上去，这会使把握概念变得更加轻松。

专注思维和发散思维

自 21 世纪初以来，神经学家就已经对大脑中两种思维网络模式间的互相切换取得了研究上的长足进步，即注意力高度集中的状态和更加放松的休息状态。[1]这两种思考状态基于不同的神经网络模型，我们将其分别称为专注模式（focused mode）和发散模式（diffuse mode），它们对学习都非常重要。[2]在我们的日常活动中，大脑会频繁地在两种模式之间不停切换。尽管在意识清醒的状态下，你也无法同时处于两种思维模式之中，不过，对有些你并不太关注的事情，发散模式确实可以悄悄地在后台处理。[3]有时候，你突然一恍神，那就是发散模式现身了。

专注模式下的思维活动对数学和科学的学习必不可少。它是利用理性、连贯、分解的途径直接解决问题的一种模式。专注模式与大脑前额叶皮层（位置就在脑门正后方）集中注意力的能力相关。[4]你把注意力集中到某样东西上，然后砰的一声，专注模式就开启了。你可以把它想象成手电筒发出的光，打开开关，富有穿透力的光柱就打在了你关注的目标上。

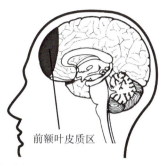

前额叶皮质区

前额叶皮质区就是额头正后方的大脑区域

发散模式对学数学和科学也同样必不可少。如果我们在一个问题上挣扎了许久而不得思路，它会冷不防地提供一个新点悟。同时，它也与宏观视角相关联。当你放松注意力，任由思维漫步时，发散模式思维就出现了。松弛状态让大脑的不同区域得到相互联络的机会，并反馈给我们宝贵的灵感。与专注模式不同，发散模式看起来跟任何一个特定脑区的关系都不太密切，它更像是"弥散"于整个大脑之中。[5]通常，专注模式生成了初步思路之后，发散模式的灵感才源源涌现。（看来发散模式也难为无米之炊！）

学习过程中，不同脑区进行着复杂的神经元发放活动，同时两个大脑半球之间也发生着互动往来。[6]这说明学习活动可没那么简单，比在专注和发散模式间简单地切换要复杂多了。还好，在这里我们无须对生理机制做更深的了解，我们要另辟蹊径。

专注模式：一台排布紧凑的弹球机

要理解专注模式和发散模式，我们先来玩玩弹球游戏。（学习数学和科学，打比方的办法真是格外有效。）在那种老式弹球机上，你要拉下弹簧推杆，让推杆击打小球，把它送出去，小球就会随机在那些圆柱状的橡胶弹柱之间蹦来蹦去。

快乐的"小恶魔"正在玩神经弹球

看看下面这个例子吧。当你专注某个问题时，你的大脑就拉动了思维推杆，然后把一个想法弹送出去。"砰"，这个想法脱弦而出，像弹珠一样在下面左图中的大脑里横冲直撞。这就是思维活动中的专注模式。

你看，在专注模式里，那些橡胶弹柱排布得多紧凑啊。与之对比，在右图的发散模式中，弹柱之间就分散得多了。（如果你想让这个比喻更进一步，那么可以把每个弹柱看作一小簇神经元。）

专注模式中紧密排布的弹柱能让你更轻松地得到一个确切的想法。基本上可以这样说，专注模式是把精神集中于已在脑中形成紧密关联的事物上。启用专注模式，常常是因为已掌握的基础概念对于你而言既熟悉又轻松。如果仔细看专注模式那张图的上半部分，你就会发现，一部分路径更宽，显得更加"常来常往"。从这段更宽的路径可以看出，专注模式正在遵从你曾练习或经历过的老路子。

举个例子，如果你已经学会了乘法，那就可以用专注模式把数字相乘；或是在语言学习中，你想要更加熟练地掌握上周学过的西班牙语动词变位，可以用上专注模式。同样，在游泳时，你要练习降低身体位置，从而使前进的动作更加有力，也可以使用专注模式来分解你的蛙泳动作。

当你专注某件事物时，清醒专注的前额叶皮层就会自动沿着神经通路传递出信号。这些信号会奔向与你思考内容相关的各个脑区，将它们连接起来。这个过程有点像章鱼把触手伸向它周围的四面八方，去摆弄那些它正关注的东西。章鱼的触手数量是有限的，你的工作记忆也一样，它只能同时处理有限的事物。（我们之后会再详细讲述工作记忆。）

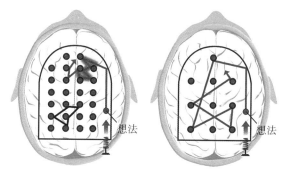

在脑力"弹球游戏"中，小球就代表了一个想法，它从弹簧推杆上飞出去，在成排的橡胶弹柱间发生随机碰撞。上图中的两个弹球机就分别代表了两种思考模式：专注模式（左图）和发散模式（右图）。专注模式意味着我们高度专注一个特定问题或者概念。但有些时候，你会无意中发现高度集中的思维却是南辕北辙：你忙着在脑中某处搜寻答案，而真正的答案还远在大脑的另一边呢。

就像左图中所画的那样，你的"思维小球"在图片上方弹来弹去，与整张图的下半部分遥不可及。的确，思维小球途经的上半部分，有着宽阔的路径。因为你曾经有过类似的思考，走过这条老路。下半部分则是全新的思维，还从未被踏足。

而右图中的发散模式则容纳了更为开阔的全局视野。如果你要学点新东西，这种思维模式就会助你一臂之力。正如图中所示，发散思维让你无法专注解决某个特定问题，但它可以让你离解决办法更近一步，因为在到达任何一个"弹柱"之前，你的想法都经历了一场长途跋涉。

通常，你首先会将一个问题逐词逐句地注入大脑，比如读书或查阅课堂笔记。你的思维触手就会激活专注模式。在专心揣摩问题之初，你的思维是集中而狭隘的，小球只会经过挨在一起的弹柱，循规蹈矩地走那些你已经熟悉的路径。如果你正在试图理解某个你非常熟悉的东西，那这并无大碍。你的思绪轻松地穿过熟悉的思维路径，并很快找到一个解决方案。然而，在数学和科学问题中，往往一个极小的变动就会使问题截然不同，这就带来了更大的困难。

为什么数学和科学知识会更难对付

利用专注思维模式来处理数学和科学问题，通常会比处理语言和人际交往相关问题费劲得多。[7]这也许是因为上千年来，人类操控数学概念的能力并没有进化，并且数学概念往往比传统语言问题更加抽象隐晦。[8]显然，我们还是可以思考数学和科学的难题，它只是在抽象和隐晦的程度上更高一等。好吧，有时候那复杂程度可不止高出一点。

抽象是指什么？这样说吧，你可以指着一头正在草原上反刍的活牛，然后把它和纸上的"牛"字等同起来。但你没办法找到一个活的加号来理解"＋"的意思，因为加号背后的概念更加抽象。至于隐晦，我是指一个符号可以代表不止一种的运算或概念，就像乘号可以代表重复相加。回到我们那个弹球的类比，数学的抽象性和隐晦性会让橡胶弹柱变得软绵绵，你需要额外练习才能增加它们的硬度，这样才能让小球恰到好处地弹出去。这就是为什么克服拖延对学习数学和科学格外重要（当然，这对学什么都很重要）。我们之后会再讲这一点。

还有另外一个挑战与数学、科学难题相关，它就是思维的**定式效应**（类似一叶障目）。在这种效应里，你脑海中已有的，或是最初的想法，会阻碍你产生更好的想法或答案。[9] 我们在专注模式的弹球图片里看到过，其中思维弹球最初的走向是图中大脑的上半部分，但是解决问题的办法实际却在图中偏下的部位。[定式（einstellung）一词原为德语，意思是"装置"，基本上你可以理解为先入为主的概念，它会变成未来思维旅途上"装置"好的路障。]

在科学领域中，人们很容易陷入这种错误的思考方式，因为你有时会被最初的直觉误导。在学习新东西的时候，你必须得让错误的旧观点"改过自新"。[10]

定式效应往往会成为学生的绊脚石。需要得到再训练的不只是你的自身直觉——更不用说你在做作业的时候，有时甚至连找到头绪都难上加难。思维小球费力地撞来撞去，却总是离正确答案很远——因为在专注模式下，拥挤的橡胶弹柱阻碍了你的思维飞跃到新的位置，而那里可能才是答案所在。

这就是**学数学和科学的学生常犯的一个显著错误：还没学会走就开始跑**。[11] 换句话说，他们没读教材，没上课，没看在线课程，甚至都没问过那些会的人，就开始盲目地做作业了。这样能不摔倒都难。这就像是在专注模式下的弹球机里，让思维小球随意弹来弹去，而不去想真正的解决办法在哪里。

了解如何获得真正的解决办法非常重要，不仅对数学和科学问题是如此，生活中亦然。比如，稍微做些研究，稍微多一点自我认知或是自我验证，都能让你离那些靠伪造的科学依据来打广告的产品远一点，免得钱包空空，甚至连健康都赔了进去。[12] 储备点数学的相关知识，还能帮你避免拖欠贷款——欠款不还可绝对是人生中的一段黑历史。[13]

发散模式：一台间距松散的弹球机

回想一下几页之前，那张代表发散模式的弹球机插图里，橡胶缓冲器彼此遥遥相望。这种思维模式会让大脑以开阔得多的视野俯瞰世界，每一个想法在两个缓冲器之间的旅程都要更遥远，对吧？它把相距甚远的节点连接在一起——也就是说，你可以从一个想法嗖地飞到另一个看似无关的想法上去。（当然，用这种模式，你很难去思考什么精确复杂的问题。）

如果你正纠缠于一个全新的概念，或是要解决一个陌生的问题，预先并不存在神经模式为你铺路搭桥，甚至连个指出大概方向的路标都没有。那你就必须深入更广阔的疆域以寻求潜在的解决方案。而发散模式就是这次历险的通行证。

还有另外一种直观的方式来看待专注模式和发散模式之间的区别：想象从手电筒里打出来的光。专注模式下的光束更紧密，穿透力更强，径直打在一小块区域上。而如果你拨到发散模式，光柱会分散开，照亮的范围更广，但各处的光强都会降低。

如果你想要理解新事物，那最好关掉精确的专注思考模式，把开关切换到"广角光源"，直到你锁定了一个新的、更有成效的方法。如接下来要看到，发散模式有其自由意志，它可不会听话地被打开或是关闭。不过没关系，我们很快就会讲到帮你在两种模式之间切换的小技巧了。

有悖直觉的创造力 ◉ ⊕ ➔

了解到发散模式后，我逐渐开始在日常生活中注意到它了。例如，比起枯坐在桌前绞尽脑汁，我发现自己随意发挥时写出的吉他曲更棒。那些刻意努力的作品往往充满陈词滥调，无聊透了。写论文、为学校项目想点子或是尝试解决一个困难的数学题也是一样的。现在我信奉这样的经验：你越是苦思冥想，得出的想法就越是味同嚼蜡。目前为止，我都觉得这条规律放之四海而皆准。所以说，努力工作时的放松也是一个重要环节，当然，更是令工作卓有成效的关键。

——肖恩·瓦塞尔（Shaun Wassell）

计算机工程新生

为什么要有两种思考模式

我们为什么要有这样两种思考方式？答案可能深藏于生物演化之中。脊椎动物如果想要生存下去并繁衍后代，就要面对两个主要问题。让我们用一只鸟来举例，一方面，它需要集中注意力才能从地面上啄取谷粒，获得食物；与此同时，它也必须警惕视野中是否有老鹰之类的天敌出现。处理这两种截然不同的任务，最好的方法是什么呢？当然是把它们区分对待。它可以让一个大脑半球集中注意力啄取食物，另一个则集中注意力在巡视周围环境的危险上。当两个大脑半球倾向于分别完成各自不同类型的任务时，生存下去的机会就更大了。[14] 如果你观察鸟类，就会发现，它们先啄一下，然后停下来四处张望——看上去就像是不停地在专注模式和发散模式之间切换。

人类大脑的运转方式也相去不远。在某种程度上，我们大脑的左半球与慎重的、注意力高度集中的事项联系更紧密。它似乎也更擅长处理连贯性的、富于逻辑性的思考：上一步推导出下一步，诸如此类。而与大脑的右半球相关的，则更多是像四处扫视环境、与他人互动或是处理情绪之类的活动。[15] 处理同时发生的宏观环境中的活动，也和大脑右半球有关。[16]

从两个脑半球的细微区别上，我们可以了解到不同思维处理模式可能产生的原因。但请一定注意，"有的人是左脑主导的，有的人是右脑主导的"这种想法是错误的。[17]

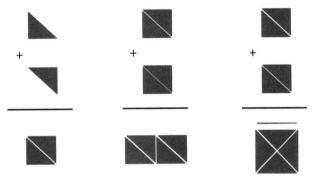

这幅图简易直观地展示了专注模式和发散模式的不同。如果给你两个三角形，要求你把它们拼成一个正方形，这非常容易，就像左图那样。但如果再给你两个三角形，让你把四个放在一起拼出一个正方形，你的第一反应会是错误地把它们拼成一个长方形，就像中间图示那样。这是因为你的大脑里已经有了专注模式下的模型，使你囿于成见。最右侧的图则展现了如何跳出固化的套路，用新的方式重新把四个三角形组成另外一个正方形。[18]

无论是专注模式，还是发散模式，都要求两个大脑半球同时参与。**想要学习数学和科学，而且保持创造力，两种思维模式都会被用到，对它们的强化训练缺一不可。**[19]

据证实，面对一个困难的问题时，我们必须先要用专注模式奋斗上一阵子，投入艰苦的努力。（对，我们从小学开始就这么干来着！）有趣的是，发散模式也常常是解决问题不可或缺的部分，尤其在题目艰涩难懂的时候。不过，只要我们有意识地处于专注状态下，发散模式就是被屏蔽的。

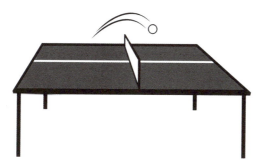

总要有来有往，才能打赢乒乓球

接纳困惑 ⊙ ⊙ ⊙ ⊙

　　困惑是学习过程中的有益部分。当学生在一个问题上百思不得其解时，就会觉得这不是他们擅长的学科，那些聪明的学生尤甚。他们在高中的学习顺风顺水，这让他们完全没法想象困惑是正常和必需的。但学习本来就是从困惑中摸索问题答案的过程，能够描述出来问题就已经成功了一半。只要发现了困扰你的东西是什么，那么你就离解答出来不远了。

　　　　　　　　——肯尼斯·R. 莱伯德（Kenneth R. Leopold）

　　　　　　　　明尼苏达大学化学系，杰出教学教授

　　归根结底，任何学科中问题的解决都离不开两种基础思维模式之间的相互切换。一种模式接收信息并进行处理，再将结果传给另一种。除了某些琐碎的小问题或概念，大脑要理解解决任何问题，都离不开这种信息之间的往来传递。[20] 我们在这里提出的观点，对于理解学习数学和自然科学尤为重要。但你会逐渐发现，它们对语言、音乐或创意写作等许多领域也同样奏效。

该你试试了！

模式转换

下图是一个小小的认知练习，可以让你感受到专注模式到发散模式的转换过程。你能否只移动三个硬币就组成一个新的朝下的三角形呢？

如果你的大脑非常放松，没有把注意力锁定在任何事上，解决办法会轻而易举地浮现在眼前。

有些孩子立刻就完成了练习，可有些非常聪明的教授却百思不得其解，最终只好放弃。唤醒童心可以帮你解决这个问题。包括这项任务在内的所有"该你试试了"的答案都可以在书后注释中找到。

拖延的前奏

许多人都挣扎于拖延症。关于如何有效地处理拖延，我们会在本书后面的内容中详述。暂时我们只需要记住，**如果拖延，你就没有时间供专注模式稳扎稳打，只够走马观花地过上一遍**。这样也会增加你的压力，因为你清楚自己必须完成一个很讨厌的任务。其中的神经模型会变得模糊黯淡、残缺不全，你的思维基础七零八落、摇摇欲坠。这可不是个小问题，尤其对于数学和科学来说更是如此。假设你为了考试临阵磨枪，或者是想快速应付地写完作业，那就别指望能记牢概念，搞懂难题或者是建立知识结构图了。哪种神经模式都需要时间，可你根本就没有给自己留出余闲。

该你试试了！

心无旁骛，简而行之

如果你发现自己总是在拖延（不少人都有过同感），来看看这个。关掉手机，或是任何其他会发出提示音或闪烁的干扰源，用一个计时器设定 25 分钟，在这 25 分钟里，全神贯注于一项任务，什么任务都行。不用担心能不能完成它，专心去做就好。25 分钟的时限一到，你就停下来奖励一下自己，看看网页，翻一下手机，做任何你想做的事情。注意，奖励和工作本身一样重要。你会惊讶于这 25 分钟的成效——尤其还是在你专注于任务本身，而非在意任务能否达成的情况下。（这就是所谓的番茄时间法，我们会在第 6 章里更详细地聊到它。）

如果你想试试这个方法的进阶版，那么来想象一下，假如现在就要入睡了，你正在回顾这一天中完成的最重要的任务。你想到的任务是哪个呢？把它写下来，现在就去做。在这天内，试着用至少 3 个 25 分钟（"番茄时间段"）来处理你能想到的最重要的一个或几个任务。

当日工作真正完结后，看看自己在待做清单上划掉了什么，这会儿就可以尽情地享受成就感了，然后把明天要做的关键事项写下来。这种前期准备有助于你的发散模式开始预热思考明天如何完成那些任务。

本章小结

- ✅ 我们的大脑有两种截然不同的思维模式——专注模式和发散模式。你会在两种模式之间转换，择一而用。

- ✅ 如果我们开始就用专注模式处理新的概念和陌生的问题，很容易止步不前。

- ✅ 想要发掘新点子，解决问题，不仅需要最初的专注，接着也需要给注意力放个假，让它从眼前的问题上溜开一会儿。

- ✅ 定式效应就是说因死盯着有瑕疵的方法不放，而在解决问题时陷入僵局。切换到发散模式可以帮助我们从中解脱出来。记住这一点，有时候你的思考得灵活点。想要解决问题，理解概念，你可能需要在不同的模式之间转换。最初的想法反而可能是误导。

驻足与回顾

合上书，不要偷看，想想本章有哪些主要思想？刚刚开始尝试时，如果复述不完整也没关系。只要持续练习这一技巧，总有一天，你会发现自己阅读和回顾的能力已经脱胎换骨。

学习提升

----

1. 你怎么才能意识到自己处于发散模式中？那是一种什么感觉？

2. 当你有意识地思考一个问题时，是哪种模式被激活了，哪种被屏蔽了呢？怎么才能解锁被屏蔽的模式呢？

3. 回顾一下你处于定式效应的时候，怎样才能改变思考方式，跳出预设的错误概念？

4. 解释一下专注模式和发散模式是怎样类比手电筒的可调光束的。何时才能看得更远？何时视野更开阔，但看到的距离更近？

5. 为什么对于学数学和科学的人来说，拖延症有时候格外是个挑战？

跳出困境：经济学大四学生纳迪娅·诺 – 梅希迪的领悟

我高二的时候选修了微积分1，那简直是一场噩梦。它和我之前学过的东西有天壤之别，根本无从着手。我花了更多的时间，下了更多的工夫。然而无论做多少练习，在图书馆待多久，还是收效甚微，最后只能指望着靠死记硬背逃过一劫。不用说，我的大学预修课程考试就是一团糟。

之后的两年里，我都躲着数学。但是大二的时候，我又修了一次微积分1，这次我拿了4.0。我不觉得在这两年里，自己一下子就变聪明了，但是我的学习方法彻底改变了。

高中的时候，我被困在了专注模式的思维方式里。（没错就是思维定式！）那时我觉得只要反复用相同的方式尝试，总会奏效。

现在我会为学生提供数学和经济学方面的个别指导。他们的问题就是通常把自己困在了原地，盯着细节不放。想要在其中找到解决方案，而非理解问题本身。我觉得你没法教人如何思考，那要靠个人摸索。但想要理解那些乍看上去复杂的、令人迷惑的概念，我倒是有几点建议。

1. 我会觉得阅读比听别人讲更好理解，所以我从来都会读教材。我会先快速翻阅，了解这一章大概在说什么，然后再去读细节。每一个章节我都会读上几遍，但不是一口气重复读。

2. 如果读过书之后还是弄不清楚到底怎么回事，我会去谷歌搜索或者去看 YouTube 视频。这不是说书本或教授讲得不透彻，而是有时对概念稍有不同的表达阐释，可以让你的思维换个角度看待问题，从而激发思维的火花。

3. 我开车时思维最清晰。有时我会休息一下，开车出去兜兜风，这个办法屡试不爽！我总是得忙点什么，因为如果仅仅是坐在那里苦思冥想，我很快就会因为无聊而走神了。

学习即创造

来自托马斯·爱迪生不粘锅的启示

托马斯·爱迪生是历史上最多产的发明家之一，名下拥有 1000 多项专利。没有什么能阻挡他创造的步伐。哪怕实验室在一场熊熊大火中化为灰烬，他也能精神抖擞地为新实验室起草方案，甚至比之前的更加美观气派。爱迪生的创造力为何如此出色？答案如你所见：这离不开他转换思维模式所用到的独特技巧。

专注模式和发散模式之间的转换

对于大多数人来说，只要转换一下心情，

花上一点时间，就能自然地从专注模式转换到发散模式，可以去散个步、打个盹，或是去健身房，或者去做点占用大脑其他部分的事情：听听音乐、做做西班牙语动词变位练习或洗洗沙鼠的笼子。[1]关键在于去做别的事，直到你的大脑意识自然地忘掉了之前的问题。要是不采取其他转化技巧，这通常要花上几个小时。你可能会说"我哪有这个时间"。时间还是有的，只要把你的注意力转移到其他要做的事上，再加上一点放松的时间就好。

创造力研究专家霍华德·格鲁伯提到过一种3B方法：睡觉（bed）、洗澡（bath）、坐公交（bus），[2]三者任一即可。19世纪中期，一位善于发明的化学家亚历山大·威廉姆斯也发现，独自散散步对他工作进展的帮助，抵得上在实验室苦战一星期。[3]（幸亏当时还没有智能手机。）在很多领域，散步都是万能灵药。许多著名作家，如简·奥斯汀、C.桑德堡、查尔斯·狄更斯，都在经常性的长时间散步中遇见了缪斯女神。

只要你放下手中的工作，停下来喘口气，发散模式就会乘虚而入，上蹿下跳，高屋建瓴地搜寻解决方案。[4]当放松过后的你重新回到工作中时，常会收到一份迎面跳出的解决方案作为惊喜。就算问题的答案仍然犹抱琵琶，你对问题本身的理解也会更加深入。你在之前的专注模式中埋头苦干，然后某个瞬间，通常来自发散模式的意外解法就如同醍醐灌顶，灵光突现。

无论你正在试图攻克什么难关，这种灵光一闪是数学、科学或是艺术、文学及其他创造性学科所带给你的最为奇妙的感觉之一。没错，数学和科学是有深度的创造性思维，即使你只是刚刚在学校开始接触入门内容，也能有所体会。

杰出的发明家托马斯·爱迪生（上图），人们认为他可以熟练地运用技巧在专注模式和发散模式之间转换。著名的超现实主义画家萨尔瓦多·达利（下图），在他的艺术创作中也使用过同样的技巧。

爱迪生惊人创造力背后的秘密大概要部分归因于人们沉入睡梦中时那种似醒非醒、神游物外的感觉。据说，爱迪生在遇到棘手难题时往往会先去小睡一会儿，而非废寝忘食地努力攻克。他会拿着球坐在躺椅上，在身旁的地上放个盘子，然后逐渐放松下来，任由大脑进入自由开阔的发散思维模式。（这提醒我们，入睡是一个放松大脑的好办法，它可以帮我们在放松状态下思考要解决的问题，或进行任何需要创造力的工作。）而一旦爱迪生睡着，他手中的球就会滑落，小球落进盘子的响声将他惊醒。在这一瞬间，伟大的发明家就会抓住发散思维留下的碎片，找到新的解决方案。[5]

创造力就是对自身能力的驾驭和拓展

技术上、科学上和艺术上的创造，这三者之间有着深层的联系，就像托马斯·爱迪生一样，疯狂的超现实主义画家萨尔瓦多·达利也会使用打盹和手中落物的方法挖掘他发散模式下的创造力。（达利称之为"似睡非睡"。[6]）**发散模式能让你的学习更有深度和创造力**，而解决数学和科学问题的背后往往正是创造力在运筹帷幄。许多人认为一个问题只有一个解法，但如果带着一点创意去看，其实各种解法俯拾皆是。比如著名的勾股定理，已知就有超过 300 种不同方法可以证明。很快我们就会看到，技术性的问题及其解法在某种程度上和诗歌别无二致。

但是别以为创造力就只是在科学或艺术上身怀绝技，它更让你驾驭和拓展这些技能。许多人认为自己没有创造力，这绝对是妄自菲薄。我们都能创造新的神经联结，并从记忆中变出本不存在的东西。两位创造力研究者利亚纳·加波拉和阿帕拉·兰詹就将之称为"创造力的魔法"。[7]而了解思维是如何工作的，将有助于你更好地看清某些想法的创造力内核。

该你试试了！

从专注到发散

阅读下面的句子，并找出其中有几处错误。

Thiss sentence contains threee errors.

前两个错误很容易通过专注模式找出来。第三个则是自相矛盾，只有换个角度，采用发散模式的方法才能发现问题。[8]（答案在注释部分。）

两种模式间的切换帮你掌握新知识

爱迪生的故事对我们的启发并没有到此结束。在数学和科学里，失败也是良师益友。[9]要知道，在寻求解答的这场冒险里，每抓住一个错误都是往前进了一步。揪出错误也能带给你成就感。正如爱迪生所言，"我没有失败。我只是发现了 1 000 种行不通的方法"。[10]

犯错是不可避免的。所以要想纠正错误，那就早一点在练习中犯错。除非你真的很享受自己所做的事，否则最好还是速战速决。还记得吗？即使是休息的时候，你的发散模式仍然在后台工作。放松的时候也在学习，这简直太划算了。一些人认为自己从未进入过发散模式，他们真是大错特错了。只要放轻松什么都不想，你的大脑就会进入一种自然的默认状态，那就是发散思维的一种形式。每个人都会这样。[11]

而如果要启动发散模式与棘手问题战斗，最有效也最重要的诱发因素或许还是"睡觉"。可别被它懒洋洋又昏昏欲睡的表象愚弄了，发散模式绝对是你学习中的左膀右臂。你可以把它看作登山途中的大本营。登顶之路漫长艰辛，中途的大本营是必要的休息场所，你可以在那里停歇、反思、检查装备并确保路线无误。但别把暂时的休息当成最后的终点，**换句话说，可别指望只靠发散模式，就能轻轻松松地如愿以偿**。朝来暮去，不知不觉间你已经登上了山顶，这正是在两种模式下来回切换的分段练习发挥了显著的效果。[12]

要让大脑捕捉问题，首先借助于专注模式调动全部注意力。研究表明，对于这种类型的思考，可用的精神能量，即意志力总量是有限的。[13] 储备能量亮红灯时，可以跳到其他类型的专注任务上休息一下，比如放下数学题，背背法语单词。但只要仍然处于专注模式下，每一秒都在消耗你的能量储备，就像一场全神贯注、随时间增重的脑力举重一样。因此，课间和朋友们活动一下、聊聊天，能让大脑不再神经紧绷，这绝对是个提神醒脑的好办法。

你也许还想进步得更快一点，也许可以设法命令发散模式加速吸收新想法。但这和体育训练异曲同工，没完没了地练习举重反而不能达到增肌效果——肌肉再次发力之前，也需要时间来休息和恢复。长远看来，在举重练习中间歇性地休息更有益于生长出强壮的肌肉。持之以恒才是关键！

在紧凑的专注模式后，利用发散模式的方法奖励自己 [14] 🔵 🔵 🔵

激活发散模式的一般方法

- 去健身房
- 参加运动，如踢足球或打篮球
- 慢跑、散步或游泳

- 跳舞

- 开车兜风（或者搭个顺风车）

- 绘画或者涂鸦

- 淋个浴或是泡个澡

- 听音乐，尤其是纯音乐

- 用乐器演奏熟悉的歌曲

- 冥想或者祷告

- 睡觉（召唤发散模式的终极法宝！）

以下激活发散模式的方法，最适合小小地用一下，给自己个奖励。（因为比起上述活动，下面提到的这些也许反而会把你拖进更专注的状态里。）

- 打电子游戏

- 上网

- 和朋友聊天

- 主动帮助别人处理个小任务

- 阅读休闲读物

- 给朋友发短信

- 去看电影或戏剧

- 看电视节目（让你昏昏欲睡的节目可不算）

别怕落在同学后面

刚开始跋涉于数学和科学领域的学生，常常会仰望同学中的佼佼者，告诉自己一定不能被落下。但匆匆忙忙地追赶领跑者，并没给自己留出足够的时间，真正地掌握学习材料，结果就是仍然被远远地甩在后面。这让很多人惶惶不安、灰心丧气，毫无必要地半途而废。

倒不如退后一步，冷静地审视自己的长项和弱点。如果你就是需要在数学和科学的学习上多花点时间，那就面对现实慢慢来好了。假如你还在上高中，那么尽量安排好时间表，给难度比较大的学习材料留出足够的时间，并且将它们控制在你能掌握的范围内。如果你在上大学，则要避免修习的学业负荷过满，特别是你还在身兼他职的时候。对于许多人来说，单就数学和科学这两门课的一点点学习量就相当于其他科目的满负荷运转了。尤其是初入大学的新生，更不要总想着要赶上同学。

放慢脚步，也许你会得到惊喜：细嚼慢咽反而让你比那些脑子快的同学学习得更深入。帮我武装起大脑的最重要窍门之一，就是不要想一口吃成个胖子。

避开思维定式（愚公移山未必是个好办法）

记住，做作业和考试时，接受大脑中的第一个想法，会有碍于你另觅佳径。 在思维定式的影响下，国际象棋选手坚信他们扫视棋盘是在寻找不同的棋路。然而，对棋手眼球移动轨迹的研究却显示，他们其实一直执着于最初的走法。不仅是眼睛，就连他们的思维也深陷其中，难以找到新的解法。[15]

根据近期的研究，眨眼是项打破僵局，帮你跳出来重新评估现状的关键行为。闭眼似乎可以在一瞬间放松我们紧绷的注意力，提供片刻休息，并让我们的意识和想法刷新页面。[16] 可以说，眨眼会暂时性地断开我们与专注模式视角间的连接。但另一方面，刻意闭眼又似乎能帮我们提高专注程度——沉思求解时，人们通常远眺、闭眼或干脆蒙上眼睛来避免干扰。[17]

现在我们能逐渐理解马格努斯·卡尔森的做法了，他的那些看似无关紧要的小走神，实在是天才之举。当卡尔森起身，将目光和注意力转到其他人的棋盘上时，或许正是让思维暂时脱离了专注模式。同样关键的是，与此同时，他发散模式下的直觉仍在为这场与卡斯帕罗夫的比赛暗度陈仓。卡尔森是如何做到快速切换模式，灵光闪现的？这种能力不仅依赖于国际象棋方面的专业知识，还有他实践而来的直觉技巧。对于读者来说，这正是他山之石。或许在发展一门学科专长的过程中，你也可以建立起在两种模式之间快速切换的方法。

顺带说一句，卡尔森大概也清楚，自己从凳子上一跃而起会让卡斯帕罗夫分神。毕竟在那种水平的比赛中，再微小的扰动都会让人心神不宁——得提醒你一下，高度集中的注意力是一种重要资源，你是不会想轻易脱离开来的。（当然，除非到了需要主动退一步，并让发散模式发挥作用的时候。）

要解出难题或是学会新概念，至少要有一个你在无意识思考的时间段。而正是在这些你并非直接关注的时间间隔里，发散模式得以踱开到一边，用新角度看问题。在此之后，当注意力重新转回到问题上时，你就可以将发散模式传达的新想法和新模型整合起来了。

想要学得好，就得能在两个专注学习期之间空出时间，让神经模型得以巩固。这就像砌砖墙一样，你得给泥浆留出干燥的时间，正如左图所示。而右图就是试图一蹴而就的后果，妄想通过几次突击就学会所有知识，神经结构得不到时间加以巩固，只能砌出一堆歪歪扭扭的砖墙。

专注和发散思考的转换 🔄 🌐 ➡️

　　我弹了 15 年钢琴，可有时还是会觉得某段旋律特别困难。要是怎么也弹不下来，我就强迫自己的手指一遍遍地练习（即使很慢或者指法也不对），之后休息一下。第二天我再次尝试，就可以如有神助地完美演奏了。

　　今天我得暂时放下这道微积分难题，它太刁钻，我已经要恼火了。可就在驾车去参加文艺复兴节的路上，我突然想到了做法，不得不赶快记在纸巾上免得忘掉！（要常在车里备点纸巾，说不准什么时候就会用到。）

——特雷弗·德罗兹德（Trevor Drozd）

计算机科学专业大三学生

　　进入下一次专注模式前，应该留出足够长的休息时间，让你的意识完全从手上的问题脱离出来。通常来说，几个小时就足够发散模式取得重要进展了。当然，时间也不能太长，否则灵感还没来得及传给专注模式就会消逝掉。这里有一条经验之谈，学新概念时，别扔上一天才回头复习。

　　发散模式不仅会让你以新角度看待学习内容，也会帮你把新观点整合到已知的相关信息上。同时，换视角看问题的做法也能让我们明白为何做重大决定时先"放一放"（sleep on it）往往会是个好主意。[18] 当然还有，为什么休假那么重要。

　　开始摸索全新的概念或问题时，大脑要费上一些时间，调停专注模式和发散模式之间的紧张状态。专注模式下的工作，就像在为砌墙提供砖块，而发散模式则是用泥浆把砖块逐渐结合在一起。保持耐心，一步一个脚印地去做，非常重要。如果你有拖延的习惯，这就是为什么接下来学习一些思维诀窍对你解决问题至关重要。

观察自己

下次当你对某些人或事感到挫败时，试着退后一步观察自己的行为。愤怒和失意偶尔会扮演走向成功的激将法，但它们也会关闭大脑中用于学习的关键区域。因此，不断增加的挫败感往往是个有益的暂停信号。它在暗示你，是时候转换到发散模式去了。

当你真的被难住的时候该怎么办

自制力很强的人反而会更难关闭专注模式，好让发散模式进入工作状态。毕竟，他们的成功之道就在于，在别人都放弃的情况下仍坚持不懈。如果你就是这种人，那么这儿还有另外一个技巧：重视倾听。把同伴、朋友或亲人的意见放在心上，他们会在你沮丧到临界值时有所察觉。有时，正是旁观者清。（比如，要是我的丈夫或孩子告诉我，不要再在这个漏洞百出的软件上费劲了，就算不太情愿我也还是会听的。）

说到沟通，当你真正被难住的时候，最有效的办法就是向同班同学、同龄人或者导师请教。让他们为你提供不同的视角，或是类比举例来解释概念。但在提问前，最好还是自己先把问题大卸八块。当你足够深入地把基本概念印刻在心里时，会更易于接受别人的解释。学习往往意味着理解所吸收的内容，那我们总要先摄入一些内容才行（我在高中时总是一脸不屑地看着自然科学老师，觉得自己的无知全是他们的错，却忽视了自己才应该是踏出第一步的人），而且不要等到期中或者期末考试前一周才开始寻求帮助，求学要趁早，要勤快。这样当你仍然无法理解主旨时，老师就有机会换用不同的措辞，或是另觅蹊径地帮助你。

失败也是一位良师 ❯ ⬡ ❯

我高一的时候，打算学习大学预修课中的计算机科学。结果大学预修考试这门却没过关，但我不接受失败，第二年我重新上课再考试。不知怎么的，搁置近一年后，再回头学习编程，我才意识到自己有多享受这个过程。我轻松通过了第二次考试。如果第一次我就因为害怕而没有上计算机科学课，而且接下来的第二次也是如此，我肯定不会像现在一样成为一位乐观有激情的计算机科学家。

——卡桑德拉·戈登（Cassandra Gordon）
计算机科学专业大二学生

该你试试了！

理解学习中的矛盾

学习的过程有时是自相矛盾的：正是我们要学的东西，让我们难以发挥学习能力；我们需要全神贯注才能解决问题，可专注也会阻碍我们找到所需的新方法；成功很重要，但辩证来看，失败也同样重要；持之以恒是关键，但南辕北辙只会带来不必要的挫折。在这本书里，你将遇到许多种学习中的悖论。你能猜到可能会有哪些吗？

工作记忆和长期记忆

讲到这里，接触一些有关记忆的基本概念会对接下来的内容有所帮助。我们将只讨论两种主要的记忆系统：工作记忆和长期记忆。[19]

在大脑中对正在处理的信息进行瞬时以及有意识加工的这部分记忆，叫作工作记忆。人们过去以为，我们的工作记忆能容纳大约七个记忆单元，或者叫"组块"，但现在的广泛共识是，工作记忆只能容纳大约四个组块。（人类大脑倾向于自动地将记忆单元打包成组块，因此我们的工作记忆的实际容量要比看起来大很多。[20]）你可以把工作记忆视为在大脑中抛接球的杂耍演员。四个记忆单元就是抛到空中的四个球（或者也可以说是抛到工作记忆中），因为你的大脑在不断地对它们施加能量。能量必不可少，有了能量，你的新陈代谢（那绝对是一个永不知足的吸血鬼），也就是身体的自然消耗过程，才不会吞噬掉这些记忆。换句话说，你需要让这些记忆保持活跃；否则，身体就会把能量输送到别处，然后你就会忘记自己之前获取的信息。通常情况下，工作记忆能支撑大概四个单元，就像左边图中那样。

不过，如果你掌握了一门数学或科学的技术，或是一项概念，它在工作记忆中所占据的空间就会变小。释放出的大脑空间则可以让你更轻松地处理其他想法，这就是右图所示的内容了。要学习数学和科学知识，工作记忆非常重要。它就像大脑中的一块黑板，你在上面可以写写画画，记录那些尚在考虑或者还在试图理解的想法。

那么该如何把工作记忆中的信息留住呢？一般来说，这需要不断地排演重复，比如，你找不到机会把一串电话号码写下来，那就一直念叨着好了。而在全神贯注时，你则可能会闭上眼睛，不让其他事情侵入工作记忆中的有限空间。

相反，**长期记忆可以看作仓库**。东西一<u>旦</u>存进去，它们通常就一直待在那儿了。这间仓库幽深广阔，可以容纳数十亿件物品，而且包裹很容易因为埋得太深，而难寻踪迹。研究表明，当你的大脑首次把一个信息条目存入长期记忆时，最好时常去看看，以保证日后需要时还能找到它。[21]〔技术控往往会把短期记忆类比于随机存取存储器（RAM），那长期记忆就是硬盘空间。〕长期记忆在学习数学和科学方面也很重要，解题时需要的基本概念和技巧都存储在那里。

把信息从工作记忆转存到长期记忆需要花点时间。不过有个叫作间隔重复的技巧，有助于推进这个过程。你或许猜到了，它需要你不断去重复要记忆的内容，比如一个生词或者一种解题技巧，连着重复几天，这就是一个阶段。两个阶段之间休息一天，多来几次，延长整个练习过程，效果就会截然不同。

已有研究证明，要是想把某件事牢牢钉进记忆里，一晚上重复20次倒不如每天重复几次，多坚持几天甚至是几周效果来得更好[22]。这和前面砌墙的例子是同样的道理，如果不给泥浆留出干燥的时间（让连接部分成型加固），怎么可能形成良好的结构呢？

该你试试了！

运行你的思维后台

下次在解决棘手的问题时，先尽力做上几分钟。一旦做不下去，就转去另一项任务。发散模式会继续在后台处理之前的问题。等你折返回去的时候，通常取得的进展会让你目瞪口呆。

睡眠建议 ◉ ⬤ ◉

许多人会说进入小睡状态很难。很多年前的某节瑜伽课教会了我的一件事，就是减缓呼吸。别去想什么我一定得睡着，只是缓慢地呼气吸气就好。可以想想我就要睡着啦，同时把注意力集中在呼吸上。这时也要保证房间光线暗下来，或者戴个飞机专用睡眠眼罩，再用手机设定一个 21 分钟的闹铃。小睡时间太长会让人头昏脑涨，这点时间就足够让我精神焕发。

——埃米·阿尔康（Amy Alkon）

专栏作家兼打盹女王

睡眠对学习的重要性

你可能会觉得这个说法耸人听闻，但人醒着的时候大脑确实会产生有毒物质。而在睡眠中，脑细胞会收缩，于是细胞间隙会变大，这就像是打开了水龙头——脑脊液从中流过并且冲洗掉毒素。[23]这样的夜间大扫除正是保持脑健康的一个环节。你极度缺觉时总会觉得脑袋不太灵光吧？没错，这些残留毒素就是罪魁祸首。（无论是阿尔茨海默症还是抑郁症，都与缺乏睡眠有关——长期缺乏睡眠是致命的。）有研究表明，睡眠是记忆和学习的重要环节。[24]睡眠状态下的部分清理工作就是清除琐碎的记忆，并增强重要的部分。

睡觉时，你的大脑也会回顾需要掌握的知识难点，一遍又一遍地加深加固这些神经模型。[25]最后还有一个好处，那就是充足的睡眠能够显著提升人们解决难题、理解知识的能力。

沉睡就像是让前额叶皮层那个清醒的"你"彻底关机，因此大脑其他区域之间更容易互相聊天，并得以拼凑出问题的答案。[26]（当然，前提是专注模式下知识的种子扎了根，发散模式才能开花结果。）看来，要是打盹或晚上睡前看些知识点，会增加你梦见它们的概率。如果你这样还不满意，念念不忘地想要梦到学习内容，那知识入梦的可能性就更大了。[27] 这样的梦境能切实增进理解能力，巩固记忆，让知识组块触手可得。[28] 所以，如果学习中的你感到疲倦，最好的办法就是直接去睡觉。第二天起个大早，再用以逸待劳的大脑完成阅读。

经验丰富的学习者会说，让精力充沛的大脑阅读一个小时，强过疲劳的大脑读上三个小时。缺觉的大脑根本无法保证在正常思考活动中一如既往地进行思维联结。所以，考前通宵意味着即使你准备得再完美，思维也不会正常运转。这样成绩怎么会理想呢？

各学科都可触类旁通的方法 〇 ● 〇

专注模式和发散模式在所有领域和学科都有参考价值，不仅限于数学和科学。正如英语专业大四学生保罗·莫里斯所说："如果卡在一道难题上，我会干脆躺到床上去，摊开笔记本，旁边放一支笔。在快要入睡前或醒来时，写下自己对这个问题的一些想法。尽管有些想法其实没太大意义，但它们有时候能让我从全新的视角看待这个问题。"

本章小结

✓ 遇到数学或科学上的概念和难题，首先要让专注模式打头阵。它完成第一轮战斗后，就轮到发散模式了。

✓ 放松一下，做点别的！一旦工作期间出现了挫败感，转移注意力就该随之出现，让隐藏在后台的发散模式运转起来。

✓ 学好数学和科学最好的办法就是"每天进步一点点"。让两种模式有足够的时间发挥作用，你才能理解自己所学的知识。牢固的神经结构就是这样建立起来的。

✓ 如果你有拖延问题，试着计时 25 分钟来一心一意地投入工作，别让发短信、上网或其他分心的事物上门打扰。

✓ 主要的记忆系统有两类：

■ 工作记忆——只能一次扔四个球的杂耍演员；

■ 长期记忆——能储存大量知识的仓库，不过要靠定期回访保持对其中内容的新鲜感。

✓ 间隔重复有助于把信息从工作记忆转移到长期记忆。

✓ 同时，睡眠也是学习过程中的一个重要部分。它会帮助你：

■ 构造一般性思维活动所需的神经联结——这也是为什么考前一晚的睡眠很重要；

■ 攻克难题，真正理解所学的知识；

■ 巩固复习重点知识，修剪旁枝末节。

{
驻足与回顾

　　站起来放松一下——喝杯水，吃点零食，或者想象自己是一个电子，并绕着桌子运动。一边走动一边回想这一章的主要内容。
}

学习提升

1. 列举几项有助于从专注模式切换到发散模式的活动。

2. 有时，你会确信自己已经发现了解决问题的新方法，但事实上并没有。那么如何才能更主动地意识到自己的思考过程，拥抱其他可能性呢？是否有必要永远让自己以开放的态度对待新可能？

3. 为什么凭借自制力让自己停下来很重要？跳出学习、学术的范畴，你还能想到哪些让"停下"显得很重要的情形呢？

4. 学习新概念时，你要在一天之内就再次复习，以免刚接触的新概念随风而逝。但结果往往是有太多事情挤在那里，要过了几天甚至是更久之后才会开始再次复习。你能否制订出一种行动计划，来保证自己及时复习新知识？

关于创造力的建议：神经心理学家罗伯特·彼尔德

夏威夷玛卡普吾岛，罗伯特·彼尔德想做就做

精神医学教授罗伯特·彼尔德，是加利福尼亚大学洛杉矶分校创意生物学坦南鲍姆研究中心（Tennenbaum center）的主任，他领导的"Mind Well"项目旨在提高大学里学生和教职工的创造性成就及心理上的幸福感。

创意生物学研究表明，个人成功依赖于以下几个要素。首先，正如耐克的口号所说：放胆去做！

- 创造力是数量上的竞争。最能显示我们一生中创意作品量的，就是我们的作品数量。我有时候会觉得，下定决心把自己的作品公之于众是一件非常痛苦的事，但这么做往往都会有最好的收效。

- 战胜恐惧。在 Facebook 总部演讲后，我收到了一张鼓舞人心的海报，上面写着："如果你那时克服了恐惧，事情会是怎样的？"我每天都会看一遍这句话，希望自己能够无所畏惧。你在害怕什么？不要让恐惧阻止你前进！

- 再多做几次总会成功。如果你不喜欢这个结果，那就再来一次！

- 批评使我们更优秀。把作品展示给他人，利于客观地审视自己，获得独特的视角和领悟，进而为作品的下一个版本做出新的改进计划。

- 接受分歧。创新性和"认同度"通常是成负相关的，那些最不受认同的观点很可能会是最有创意的一个。现在回想起来，有好几次发现"新大陆"，都是因为我质疑了既有答案。所以我相信，每当我们把一个问题追根溯源到达本质，然后去质疑自己的设想（以及别人提出的设想），创造力就会更上一层楼，以此循环往复！

组块构建与避免能力错觉

"口默念而心得解"的秘诀

说起来，所罗门·舍雷舍夫斯基（Solomon Shereshevsky）第一次赢得老板的注意还是因为一个误会——老板认为他偷懒。

所罗门是一位记者。在 20 世纪 20 年代中期的苏联，记者的职责基本类似鹦鹉学舌或是复录机，只要一字不差地把所见所闻写下来就好。每天派发的任务会精确到要见谁，到哪去，获取何种信息。出任务时，除了所罗门之外的其他人都在忙着做笔记，他却只字不写。注意到这一点的主编心生好奇，把他叫来询问情况。

这让所罗门很不解，对于他来说，过耳不忘轻而易举，为什么还要记笔记呢？为了证明这一点，他只字不差地复述了上午的一部分演说。真正让所罗门意外的是，他这样完美而持久的记忆力居然不是人人都有的基本能力。[1]

你想拥有如此诱人的记忆天赋吗？

也许未必。如影随形的超凡记忆力事实上给所罗门造成了困扰。在本章节中，我们会说说这一困扰到底是什么，其中还涉及了注意力是如何与理解（understanding）和记忆（memory）关联在一起的。

聚精会神的时候，大脑在做什么

上一章中，我们了解到思维定式会多么恼人。它将你局限于一种方法里，无法跳出来去寻求更加简单有效的解决途径。可以说，尽管专注通常有助于解决问题，但它有时也会妨碍我们发现新办法。

当你将注意力集中于某件事物时，注意力章鱼的神经触手就将大脑的某些特定部分连接起来。你在关注图形吗？意识从丘脑后侧向枕叶伸出一只触手，而另一只触手伸向大脑皮层的褶皱表面。结果怎样呢？你的意识轻声低吟：是圆形。

或者你专注的是色彩？那么枕叶内的注意力触手会微微移动，意识被唤起：是绿色。

更多的触手形成了连接。最终你得到的结论是，自己正注视着一种苹果——美国青苹果（Granny Smith）。再咬上一口！真好吃！

专注模式学习的一个重要部分，就是让注意力把大脑各个部分连接在一起。有趣的是，注意力触手会在紧张状态下失去部分连接能力。这就是当你愤怒、紧张或害怕时，总觉得脑袋有点不够用的原因。[2]

　　举个例子，你想学说西班牙语。如果你在西语家庭中耳濡目染，学会这门语言自然水到渠成。当母亲说，"叫'妈妈'"，你就鹦鹉学舌般地叫她"妈妈"，你的神经元被激活，并发放信号点亮它下游的神经元，整条环路都在闪闪发光。这一声妈妈和母亲的笑脸关联在一起，不断加固。这条被激活的神经环路就是一条记忆痕迹（memory trace）。当然，它将与许多相关的记忆痕迹联结在一起。

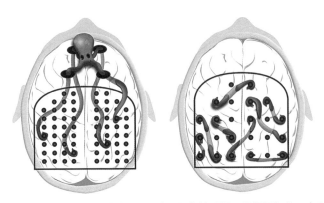

专注模式下的注意力章鱼（如左图）将触手探入短期记忆的四个入口，从注意力高度集中的大脑里塞得紧紧的神经弹柱中选出四个连接在一起。而发散模式（如右图）的神经弹柱分布得更加分散，这种模式下的联结组合，更是一片纷乱复杂。

　　说到最好的语言培养项目，教会我俄语的国防语言学院的课程绝对算得上其中之一。这些项目往往充斥了大量重复和死记硬背的环节，以及专注模式的语言学习。当然，同时还会有更多发散模式的学习，比如和母语者自由对话。当你对基本词汇和句型烂熟于心时，自然可以像使用母语一样轻松自如，富于创造力地用新语言交谈。[3]

专注的练习和重复是创造记忆痕迹的过程。无论是一记完美的高尔夫击球、一声优美的吉他和弦，还是百投百中的罚球，核心皆在于此。舞蹈也一样，从笨拙的单脚旋转到优雅的专业舞者，要经历漫长的努力。任何专业技能的培养都是积跬步以成千里的过程。你对自由旋转、足跟转、踢腿动作的琐碎记忆，最终会结合成更完整、更具创造力的肢体表达。

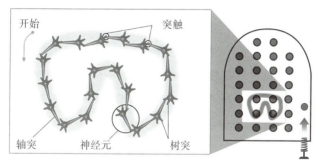

左图象征着发放的神经元链接成一条回路，形成知识组块的过程。右图是象征心智的弹球机，里面显示着与左图相同的图案模型。当你需要时，这样的记忆痕迹会被轻松唤起。

组块是什么？所罗门的组块难题

所罗门的超人记忆并非完美，相反，其中有着惊人的缺陷。他的每一条记忆痕迹都包含着鲜艳的色彩和丰富的情感——也就意味着极其丰富的连接，而这妨碍了所罗门对记忆痕迹进行整合，进而创造概念性的**组块**（chunks）。每棵树对于他而言都太生动明显，结果自然是只见树木不见森林。

　　组块是根据意义将信息碎片组成的集合。你可以把字母 p、o 和 p 连在一起，组成一个有意义的、便于记忆的组块——单词 pop。这就像把电脑中繁杂的文件放在一起，保存成 .zip 格式的压缩包。在 pop 这样一个简单的组块下，是神经元之间的交响曲，它们通过相互配合形成了和谐一致的音调。不管是名词缩写、想法，还是概念，都依赖于复杂的神经活动，将我们简化而抽象的思维组块捆绑在了一起。可以说，思维组块是绝大多数科学、文学和艺术知识的构成基础。

　　让我们举个例子。20 世纪初，德国研究者阿尔弗雷德·瓦格纳归纳出了大陆漂移学说。瓦格纳边分析地图，边思考他在研究探索中收集到的信息。突然间，他意识到，不同的大陆块可以像拼图一样拼合起来。不同大陆块之间岩石和化石存在的相似性更增加了说服力。一旦瓦格纳将线索拼凑起来，很久以前曾集合各大陆于一身的古大陆就跃然眼前。沧海桑田，古大陆崩裂，碎片四处漂移，最终形成了今天被大洋分隔的各个大陆板块。

　　大陆漂移！天哪，这个发现真是太了不起了！

　　但就算所罗门读了同样的故事，他也没办法明白大陆板块漂移是怎么被发现的。尽管他能重复故事中的每个字，却很难理解大陆漂移的概念，因为他无法把自己的记忆痕迹连接在一起，创造出概念组块。

　　所以说，**要熟练地掌握数学和科学知识，就要创造一些概念组块——这是通过意义将分散的信息碎片组合起来的过程。**[4] 把要处理的信息构成组块，可以使大脑更高效地运转。只要把一个想法或概念构成组块，就不必纠缠于所有微观的基础信息了，因为你已经学会了提纲挈领（组块），有它就足够了。比如早晨穿衣，通常你只是简单地想着"我得穿上衣服"。但当你意识到，是一个思维组块替代了其中复杂的基础活动，一定会感到很神奇吧！

那么，当你在数学和科学领域中求索时，又是如何构成组块的呢?

构成组块的基本步骤

塑造关乎不同概念和步骤的组块有多种方法，它们通常相当简单。比如，你掌握大陆漂移概念的时候，就构造出了一个简单组块。但这本书的主旨在于从宏观上指导数学和科学的学习，而非只关注地质学，所以我们首要说明的组块能力就是理解并运算某种数学或科学问题的能力。

当你接触新的数学或科学知识，例题中几乎总会提供现成的解题方法。因为首次尝试理解问题解法会让你的认知负担很重——以现成的完整解法开始要好一点。这就像，如果你要在陌生的道路上夜间驾驶，会打开 GPS 定位一样。已有解法的大部分细节都摆在面前，你的任务仅仅是弄明白它们存在的原因。这能帮你看清问题的关键特征和基本原理。

一些教师不喜欢给学生额外的已有解答或真题，他们觉得学生需要面对困难。但大量事实证明，提供这些资源更有益于学生加深理解。[5]用现成的例题去建构思维组块，有一点需要注意的是，学生会很容易过度关注为什么某个步骤会管用，而不是去理解每一步之间的联系——也就是钻牛角尖，纠结于为什么这道题的下一步要这样做。记住，借鉴例题可不是让你一刀切地不动脑筋、"听话照做"，而更像是借助旅行向导开始陌生之地的旅程。在向导的陪伴下观察身边发生的一切，很快你就会发现自己可以独自探索。你甚至开始另辟蹊径，找到向导不曾告诉过你的路。

不加理解
的记忆

原始信息

经过组块和理解
的信息

　　当你第一次遇到科学或数学中的全新概念时，往往不知其所云，就像看见左图的拼图碎片一样。如果不理解含义，也不考虑其所在的背景，仅记忆一个事实（如中图），是不能帮你理清头绪的，或者说，你仍不会明白一个概念是如何与其他已学概念拼合在一起的——要注意，这种情况下，拼图碎片没有凹凸状的互锁边缘，没法与别的碎片拼接起来。**构建组块**（chunking）（如右图）能帮你利用意义，组合起信息碎片，这是一种心智上的飞跃。新的逻辑整体更便于人们记住组块所包含的信息，也便于将其融入更大的学习背景。

　　1. 构建组块的第一步，就是把注意力集中在需要组块化的信息上。[6]开着电视当背景音，或是几分钟就查查手机电脑上的信息回复一下，你就别想构建组块了。因为你的大脑根本没有真正专注于此。着手开始学习新东西，既要创造新的神经模型，也要把新模型和遍布大脑各处的既有模型联结在一起。[7]要是你走神，章鱼触手可就抓不紧了。

　　2. 构建组块的第二步是理解（understanding）。要把基本概念打包成组块，首先要理解这个基本概念。不管这个概念是大陆漂移、力与质量的比例关系，或是经济学的供求原则，又或是某种数学难题。暂时只要求基本理解，即合成信息得出关键含义就好。虽然所罗门对此感到很难，但大多数学生都能顺理成章地理解这些主要概念。至少，如果他们按照所讲，进行专注和发散模式的交替思考，总能理清头绪，把握概念。

　　理解力就像强力胶，能把基础的记忆痕迹黏合在一起。它铺展出各种各样的痕迹路径，将记忆痕迹联结起来。[8]所以说，没有理解在先，你还能创造新的组块吗？一定要说，倒也不是不可以，但是与其他学习材料不匹配的组块，又有什么用呢？

还有一件重要的事，仅仅理解某问题的解决方法，不足以创造日后能随时回想的组块。别以为理解问题时"灵光一现"的小突破，就是扎实的真本事了！（课堂上老师一讲你就掌握了概念，但课后如果不赶快复习，等到考前才复习，概念似乎又变得难以理解了。这个经历你肯定不陌生。）合上书本后再找些问题来测验一下新学到的解题方法，会提高你在本阶段的学习效率。

3. 构建组块的第三步，是获取背景信息。你所看到的将不仅是如何进行构建，还有何时何地使用它们。背景信息意味着跳出初始问题，用更宽广的视角看问题。在相关或不相关的问题上反复推敲、练习，使你不仅能了解组块的用武之地，也能清楚它何时派不上用场。这将有助于你在更大的宏观图景中定位新组块。当然了，就算你的百宝箱中无所不有，但你要是不知道能用在哪儿，它也只能寂寞地待着，而派不上用场。还有，练习可以增加神经元网络的带宽，这样连接到组块的神经线路不仅稳固，而且"条条大路通组块"，它会成为多条痕迹路径上的一站。

有些组块同时与概念和流程相关，相辅相成。如果你解决了许多数学题，就会进一步认识到解题步骤的原理，或是为何有效。一旦理解了基础概念，就算出错也更容易找出问题所在。（的确，你会犯错，但这没坏处。）理解基础概念，也让人更易于把知识用到新问题上，这种现象叫作迁移。后面我们会谈到更多有关迁移的内容。

从下图可见，学习活动的发生包括"从上至下、从下至上"两个方向。**从下至上的组块过程，**是指学习过程中的练习与重复可以帮助建立和加固每个组块。这样如果你需要信息，就可以轻松地从记忆中获取。还有一个是**从上至下"纵览全局"**的过程，这一过程能让你看到知识在宏观图景中的位置。[9] 两个过程对熟练掌握学习材料都有重要作用。而背景环境正是两个过程的交汇之处。这里要说明，学会如何使用某种解题技巧，也是一种组块能力。而背景环境则意味着学会因地制宜地做出选择。

要构成组块并匹配到更广的概念视角中，这些是关键步骤。

但还不止于此。

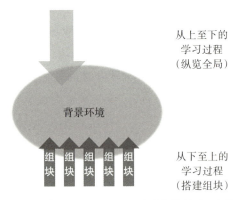

从上至下的学习过程（纵览全局）

背景环境

从下至上的学习过程（搭建组块）

组块 组块 组块 组块 组块

从上至下的宏观学习，和从下至上的组块活动，在你成为数学家或科学家的道路上，都发挥着重要作用。

该洗洗睡了

我告诉学生，内化的会计基础知识像在键盘上打字一样，它会变为自己的一部分。就像我不需要想着打字的动作，系统组织思想就会指挥着双手输出这些话。每堂课末尾，我都会不厌其烦地叮嘱学生，在掖好被子睡觉前，要看看借贷法则和会计恒等式。这是为了让他们睡前最后一眼看的是反复念诵的会计知识。当然！除了冥想和祈祷，得由这些知识为当天画上句号。

——黛布拉·加斯纳·德拉根（Debra Gassner Dragone）
特拉华大学会计学教师

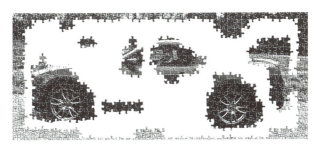

　　快速浏览章节，或去听一场条理清晰的演讲，都能让你获得宏观图景。它会指引你看到自己构建的组块在宏观图景中的位置。要最先了解重点概念和要点——它们往往是一位合格老师的关键教学部分，或是书籍的章节大纲、流程图、表格，或思维导图的核心内容。只要完成这一步，接下来就可以填充细节了。在学习即将收尾时，完整知识版图就算还缺上几块"拼图碎块"，也不会影响你总览宏观图景。

能力错觉与回想的重要性

　　试着回想学习材料，即提取练习（retrieval practice），效果比单纯重读材料好得多。[10] 心理学家杰弗里·卡皮克和他的同事表示，许多学生都曾在学习中体验过能力错觉（illusions of competence）。卡皮克发现："大多数学生不断重复阅读笔记或课本（撇开这种学习策略有限的优点不说），却很少有人在学习时进行自我测验或做提取练习。"[11] 当书本（或谷歌）摆在眼前时，大脑会产生错觉，以为学习材料也同样存入了大脑，可这只是小和尚念经。看书毕竟比回想简单多了，学生因此执迷于自己的错觉——坚持低效率的学习方式。

所以，确实许多人求知若渴，也费时费力，却没学到什么东西。著名的心理学家兼记忆专家艾伦·巴德利写道："**只有用对了学习策略，求知心才不会落个竹篮打水一场空。**"[12]

说一件你可能会惊讶的事，那就是划重点和标下画线一定要谨慎，否则你不仅会效率低下，而且会被误导。画线的动作会让你欺骗自己大脑在工作，其实只是手在动而已。做标记前，要先训练自己找到主要观点，并把所做标记数量降到最少—— 每个自然段，最多一句话。[13] 在留白区域记下总结好的关键概念也是个好办法。[14]

在学习中进行回想——让大脑提取关键概念，而非通过重复阅读被动地获取知识，将让你更加集中高效地利用学习时间。如果你是过了一段时间，再重复阅读，那么只有在这种情况下，重读似乎才有效，因为这更接近于间隔重复练习。[15]

同理可得，你要争取独立解决家庭作业中的数学和科学难题。部分教科书的最后几页会写着解题方法，但除非是真的卡住了不会做，否则最好不要去看。这样才能保证学习材料在你脑中留下更深刻的印象，让你在真正要运用知识时，更加轻松地即取即用。事实上，这便是老师们为什么会强调说，要在你的试卷和家庭作业上展现出你的思考和推理过程。这样的要求是在督促你自己解决问题，并对想法进行自我检验。你反馈给老师的不仅是问题解答，还有你的思考痕迹。带着这些额外信息，评分老师才能提供给你更有用的反馈。

别扔太久之后才去练习回想，那样你每次都得从头开始巩固概念。特别是对初次学到、还颇有挑战性的知识，最好是 24 小时内就和它们亲近一下。这就是为什么许多教授建议，如果可能，要在听过课程的当晚再写一遍笔记。这样做有助于巩固新形成的组块，也能揭露自己理解上的漏洞。而教授最喜欢针对理解漏洞出试题。了解自己的知识漏洞，是查漏补缺的第一步。

一旦你理解后，就可以把下一次的"防忘"复习拖久一点，慢慢变成几周后复习一次，再之后几个月一次，最终你不必再和遗忘做斗争，理解后的内容几乎成了你永远的记忆。（记得回访俄罗斯那会儿，我被一个出租车司机惹火了，25 年都没说没用的俄语竟脱口而出，我都不知道自己还记得这些词！）

让知识成为你的第二天性 ◎ ⊕ ◎ ❯

　　课堂中学到一个概念和能用概念解决一个实际问题，完全是两码事，这也正是一名普通学生和一位老练成熟的科学家及工程师的不同之处。就我所知，要实现概念到应用的飞跃，唯一方法就是不断地运用概念，直到其变成自己的第二天性，就可以像使用工具一般信手拈来了！

——托马斯·戴（Thomas Day）
麦克纳利史密斯音乐学院，音频工程学教授

稍后，我们将探讨一些有益于学习的应用软件和程序。现在先来看看这个，某些设计精良的电子闪卡系统，比如 Anki，它内置有适当的重复间隔时段，以便让学习新知识的效率达到

最优。

这类"学习—回想"软件的思路，与下面工作记忆的图例类似。正如之前提到的，工作记忆有四个或几个位点。

　　最初把概念打包成组块时，工作记忆会被先前的零碎内容塞满，如左图所示。组块活动一开始，你会感到脑中的联结更加轻松流畅，如中图所示的那样。一旦概念组块形成，如右图，它只会占用工作记忆的一个位点。同时，它会化为一条流畅的思路，你可以轻松得到它的指引，并创建新的联结。这样，工作记忆其他的空间就腾出来了。那条倒挂着的带束，是一条含有组块信息的思路，在某种意义上，它增加了工作记忆的可用信息量。要是把工作记忆的位点看作一个超链接，它链接到的就是一个有巨大信息量的网页。[16]

　　刚开始学习解决问题的时候，整个工作记忆都会投入这一过程。正如左图中不同的位点之间，错综复杂地纠缠在一起的连接。一旦你对某个概念或方法的认识变得流畅，并把其囊括到一个单元组块里，如右图所示，你的思路会变得像条光滑的丝带。长期记忆同样参与组块活动。包含长期记忆的组块可以释放工作记忆空间，让它能有空闲处理其他信息。不论何时何地，你的丝带（组块）都能从长期记忆溜进工作记忆的工作区域，跟着这条思路的缎带，你就能顺利创建新的连接。

　　现在你就能理解，为什么你得自己来解决问题，而不是让撰写习题答案的人来替你解决。如果你只是看着答案做题，然后自欺欺人地说"太好了我懂啦",那么答案根本就不属于你,因为你几乎没有把这些概念编织到基础神经回路上。仅仅看一眼问题答案,就以为自己会了,这就是学习中最普遍的能力错觉之一。

> **该你试试了!**
>
> ### 理解能力错觉
>
> 　　混字游戏通过重排字母顺序,得到一个新的单词或短语。比如说,如果给出一个短语" Me,radium ace.",你能对其重新排序,然后得到一个备受尊重的物理学家的名字吗?[17] 可能要动动脑筋吧。但如果在这一页就让你看到答案,紧接着就"灵光一现",认为自己玩混字游戏的能力要比实际强多了。
>
> 　　如出一辙的是,学生也常误以为重新读一遍面前的教材就能学会。因为近在眼前的答案让他们产生了能力错觉。[18]
>
> 　　从笔记里挑一个数学或科学概念,或者从书中某一页挑都行。读一遍,然后拿开,看看自己能回忆多少内容,同时,试着去理解你正在回忆的内容,然后再把目光转回来,重读概念,再试着回忆一次。
>
> 　　在练习的最后,你可能会惊讶,仅凭这样简单的回想就能大幅度地增进你对此概念的认识。

　　如果你想要熟练掌握材料,以此考出好成绩或是在此基础上创造性思考,你就必须让它们牢牢地钉在记忆里。[19] 以创新方式合并组块的能力,为历史上许多重大发明奠定了基础。史蒂文·约翰逊(Steven Johnson)在他的杰出著作《伟大创意的诞生》（*Where Good Ideas Come From*）中写到了"慢直觉"（slow hunch）。他是指，专注与发散的思维过程经过长年累月地细火慢炖，产生创造性的突破。达尔文的生物进化论，以及万维网都诞生于此。[20]"慢直觉"的关键就是要用多角度思维感知一个概念。那样，概念的方方面面会临时而随机地组合在一起，直到最终，你的创意如出水芙蓉般诞生。[21]约翰逊写到，比尔·盖茨等各个业界的领军人物会整周地阅读，一次性处理大量不同方向的想法。让未及忘却的鲜活概念，彼此连接成网络，这强化了他们的创新思维。（这里有非常重要的一点，创意丰富的科学家与专业能力强但缺乏想象的科学家之间的差异，关键就在于兴趣的广泛程度不同。[22]）

头脑中馆藏的组块思维越丰富，解决问题对于你来说就越容易，而且组块经验越丰富，你越会发现自己可以创造出更大规模的组块——丝带越来越长。

你也许会想，自然科学和数学里的一章节有那么多问题和概念，根本没法一次性学完！现在就该由**机遇的法则**登场了：**幸运女神只眷顾努力的人**。[23]

请专注于你正在钻研的部分。你会发现，一旦把首个问题或概念存入脑中的图书馆，不管存入的是什么，第二个概念进入脑中就变得容易一些。第三个同样不会太难。不是因为这些问题本身简单，而是随着你的努力，这一过程变得更轻松了。

搭建组块资料库的过程，也是训练大脑的过程。你的大脑不仅要能识别某个特定问题，还要能识别不同形式和类别的问题，这样才能自动快速地对症下药。慢慢地，你逐渐发现这些组块模型可以简化解题方式，并让你快速揪出已经潜伏在记忆边缘的多种解决技巧。这样，在期中或期末考试之前重温知识点，让心中的答案蓄势以待，就不是一件难事了。

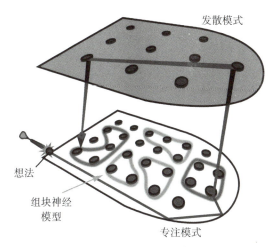

发散模式

想法

组块神经
模型

专注模式

　　如果你能够将脑中存储的大量概念和方法都内化为组块模型，那么发散模式的轻声耳语就会为你指出通往正确答案的路途，而且发散模式还能用新方式连接起两个或以上的组块，帮你解决不同以往的难题。

　　解题的途径有两种：第一种，是按顺序逐步推理；第二种，是更多跟随整体直觉。序列式思维是与跳跃式思维相对的思维方式，每一个小步骤都明确指向问题的答案，这也正是专注模式的用武之地。而直觉通常由看似不同的专注模式思维联结而成，需要的是创造性的发散模式发挥作用。

　　大部分难题都是由直觉解决的，因为它们与你熟知的事物截然不同。[24] 要记住，发散思维会以半随机的方式创造联结，所以你需要通过专注模式对它给出的答案仔细验证。直觉并不总是对的！ [25]

该你试试了！

理解困难怎么办

　　如果你不能理解课程中提到的方法，不妨驻足回顾一下。上网找找最先解决这个问题的人，或者那些最早使用这个方法的人。试着去理解那位颇具创造力的发明者，他是如何得到概念的，又是如何使用概念的。你往往可以找到一个简单解释，通过它你基本能认识到这种解法的必要性，以及使用这种方法的原因。

常练不忘

我在前面说过，仅靠理解现状是不足以创建组块的。看过下面的"脑"图，你就能有一个大概认识。图中这些环路（loops），实际就是延长的记忆痕迹。因为你把自己的理解编织在了一起，它们才显现了出来。一个组块，不过是一个更加复杂的记忆痕迹。图片顶端有个若隐若现的组块。它还是个新生儿，你理解了一个概念或问题，做了一两次练习之后，它就开始浮现出来了。中间那个颜色要更深一些，是更强大的神经模型，每次你得多做些练习，并在更大的背景信息下审视组块，它才会出现。最下面的组块颜色最深。那是个固化组块，它已经深深刻在你的长期记忆中了。

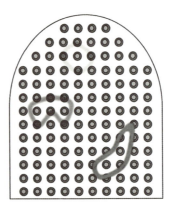

解决数学和科学难题，就像在钢琴上弹一首曲子。你练得越多，神经模型就越坚实，颜色就越深、越强壮。

顺便提一句，一天之内再次强化学习模型，在构造神经模型的起始阶段至关重要。如果不强化，学习模型很快会从脑海中消失。后面，我们将对学习中的"间隔重复"（spaced repetition）进行更多讲解。另外，你也会因为在一个问题上反复犯错，加固脑中"错误"的解题过程。这就体现了检查纠错的重要性。如果你只是偶尔歪打正着，却没有意识到解题步骤是错的。那么就算得到了正确答案，也会被它误导。

构建组块的重要性 ◎●◎

数学知识可以被奇妙地压缩。为了推敲同一个过程或思路，你也许会折腾很久，举步维艰地尝试各种方法。可是你一旦理解透彻，并从宏观思维角度把它视为一个整体，不出意外，你的思维会被高度压缩（就像压缩文件）。你可以把它放进大脑的仓库里，需要时就能快速完整提取，并直接运用到其他思维进程！根本不需要再逐步重来一次。浓缩的思维让人获得洞察力，数学真正的乐趣之一就在于此。[26]

——威廉·瑟斯顿（William Thurston,1946—2012）

菲尔兹奖（数学界最高荣誉）得主

大脑创造固化组块的背后是重复与练习，而难点就在于它们会让人觉得枯燥乏味。更糟糕的是，要是老师不靠谱，比如我曾经的数学老师"坏脾气"先生，练习就变成了没完没了的折磨。暂不说人们时而对练习的误用，练习还是很要紧的事。谁都知道，要掌握象棋、语言、音乐、舞蹈中的组块模型，绝非朝夕之功。任何值得去努力的事情，没有重复练习都是不行的。好老师都会解释为什么你值得在练习与重复上下功夫。

最后，如果想对学习材料了如指掌，那么从上至下的宏观视角和从下至上的组块能力都不可或缺。我们都喜欢创新，以及能够纵览全局的学习。**但在数学和科学的学习中，必须进行适量的练习和重复，否则就无法构建组块来支撑专业技能。**[27]

期刊《科学》（Science）中发表的一项研究为以上说法提供了确凿证据。[28] 研究者让学生在学过一段科学性文字后，通过尽可能回想信息进行练习。之后再次学习该文段内容并回想（即让他们努力记住关键概念）。

结果怎样呢？

相同时间内，仅靠对材料的练习和回想，学生的习得内容和学习深度都远远超过了其他方法，人们本以为，仅对文段进行多次重复阅读或画概念图，应有助于增进脑中学习材料间的联系，而事实并非如此。这种改进的学习方法，不管是在正式考试还是自我检测中，都能派上用场。

这就进一步印证了之前提到的观点。提取知识和回想知识让我们不仅仅是重复的机器——提取过程本身增加了学习深度，并帮助我们逐渐形成组块。[29] 让研究者更加意外的是，学生自己觉得仅对学习材料进行阅读和回想并不是最好的学习方式。他们觉得概念导图（画出概念间关系的简图）才是最好的学习方法。但如果基础组块还没嵌入脑中，就试着在组块间构建联结，完全是空中楼阁。这就像甚至还不懂棋子该怎么摆，就想去学象棋的高级策略。[30]

在各种情境下练习数学、科学的难题和概念，能有助于你构建组块——这些组块是可靠的神经模型，含有深刻且丰富的背景信息。[31] 实际上，学习任何新技能或新学科的时候，你都需要在不同背景环境中进行大量的练习。这样做能帮你构建所需的神经模型，让新技巧顺利成为你思维方式的一部分。

常把知识挂嘴边 ◎ ⊕ ◎

凑巧的是，我用过这本书提到的很多学习技巧。我本科选了物理化学专业，而且迷上了公式的推导，渐渐就养成了攻克书中的每一道题的习惯。这样一来，我的大脑总能迎难而上。到了期末，每遇到一题就会立刻知道解法。我尤其建议理科专业的人采用这个策略，当然，对非科研工作者也同样适用。同时我也说到了每天学习的重要性，可以每天只学一会儿，但要保证所学知识能脱口而出。用双语学习为例，我去法国工作时，花了好多天才适应法语，之后就顺风顺水了。结果刚回到美国的头两天，学生或同事问我一些问题，我甚至还要犹豫一下用英语该怎么回答！就是说，如果你每天都有练习，那么这些信息就自然在嘴边，不必去搜肠刮肚了。

——罗伯特·R．加马什（Robert R. Gamache）

马萨诸塞大学洛厄尔分校，副校长，负责教务、学生事务

及国际关系事务

到书桌外的世界回忆材料：散步的意义

让自己的身体活动一下，在难以理解关键问题时会特别有帮助。比如之前故事中提到的那些创新性科学突破，外出散步时的产物比比皆是。[32]

另外，离开平时的学习地点，到别处回想材料，可以让人从

不同的角度看待问题，从而增进理解。人们在不同的房间参加考试时，有时会失去来自潜意识的提示。在多样的外部环境中思考材料，你将不再依赖来自任何一个地点的提示。这能避免从自己的书桌转换到陌生的考试教室时出现的问题。[33]

内化数学和科学概念比起记忆一列中文单词或吉他和弦要简单多了。毕竟，问题能与你对话，而且会告诉你下一步需要做什么。这么看，解决数学和科学上的问题就像跳舞，你的身体会提醒你下一个动作该怎么做。

不同问题的回顾时间段不同，这取决于你的学习速度和方式。[34]当然了，生活中除了学习某个问题，你还肩负其他重任呢。这要求你根据轻重缓急规划任务量，还要记住，必须为发散模式的运转留些时间。这样一口气下来，有多少知识能得到内化呢？这得看情况，每个人都不一样。不过，数学和科学中，内化解题办法的真正美妙之处就在于：练得越多，题目就变得越简单，对你的帮助就越大。

整理，组块：战胜自己 ⊙ ⊕ ⊙

在帮助那些在学习苦海中挣扎的学生前，我总会先问他们是如何整理课堂笔记和阅读笔记的。往往第一次面谈中的大部分时间都花在探讨如何整理并对信息进行组块，而不是我对着学生解释概念上。一个星期后，他们会带着已经梳理好的材料，再次回到我面前，他们都没想到自己竟记住那么多内容。

——杰森·德尚（Jason Dechant）
博士，匹兹堡大学护理学院，健康促进与
发展学系，课程主任

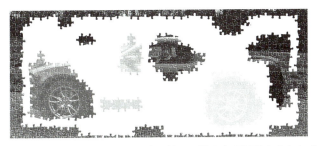

如果组块越来越多，而你又疏于练习，拼凑宏观视图会难上加难，
因为拼图的碎块已经暗淡不清了。

穿插学习法，解决混杂交错的各种问题，而非在同一个问题上过度学习

做到"口默念而心得解"的最后一个重点提示。[35] 穿插学习，是指把解题策略不同的题目混在一起练习。

从老师或课本那里学习一种新解法的时候，为了学会这种新技巧，一段学习期间内，你总倾向于不断练习。在完全理解之后，仍持续不断地学或练，我们称之为过度学习。过度学习当然有它的用处，比如在网球发球或进行完美的钢琴协奏时产生一种即时反应。但要警惕在学习数理过程中不断地过度学习，研究显示这会浪费你宝贵的学习时间。[36]（不过要是在下一个学习阶段，把它与其他解法一同回顾就还好。）

总而言之，一旦理解了基本概念，在这个学习期间内再继续巩固概念，并不会如你所愿地去强化长期记忆中的各种联结。更糟糕的是，甚至会有副作用。只关注一个技巧，像是木匠学徒只会用锤子一种工具。一段时间后，还以为不管什么疑难杂症，只要一锤子下去都能解决。[37]

　　但实际上，要掌握一门新学科，是要学会挑选使用恰当的解题技巧的（不能只会用锤子）。唯一的解决途径就是去练习各种题目，运用不同技巧解决这些问题。学习期间一旦巩固了一种技巧的基本思路（这时会有点像骑在有辅助轮的自行车上），你就要开始穿插练习不同类型的题目。[38] 偶尔这会有点难度。因为，举例来说，往往书中某章节会专讲一个特定技巧，所以当你翻到那部分，你就已经知道这章题目中要使用何种技巧了。[39] 但我还是要说，尽可能地穿插混合着学习。不妨提前看看更多种多样的习题集，有时它们会出现在章节末尾。或者，你可以偶尔刻意地去做一些解题技巧完全不同的题目，然后弄清这种差异的原因。**你需要让大脑逐步接受这个道理：仅知道怎样使用特定的解题技巧还不够，还得知道何时何地去使用才行。**

　　你可以制作一些索引卡片，问题写在一面，题目和解题步骤写在另一面，然后洗牌，随机抽出一张，让大脑从各种解题技巧中找出一个合适的来。第一次回顾卡片，可以坐在课桌或饭桌前，看看在不偷看背面的情况下，自己可以在白纸上写出多少答案。稍有把握之后，再换到别处复习卡片，甚至出门散步也可以。把最初问题作为线索，让大脑回应出解题步骤。如果有必要，之后可以翻过卡片，验证一下自己的所有过程步骤。这样做，基本就是在巩固一个新组块了。另一个建议是，打开书本，任选一页做上面的题目，尽可能不要去看除了问题之外的内容。

与其过度学习，不如穿插学习 ➡ ⊕ ➡

　　道格·罗勒（Doug Rohrer），来自南佛罗里达大学的心理学教授，对数学、科学学科中的穿插学习法（interleaving）和过度学习法（overlearning）进行了大量研究。他写道：

> 许多人相信，过度学习就是通过不断地学和练来掌握知识。但是在科研文献中，这种表达是指学生掌握了某些理念，但仍对其不断地进行钻研和练习。一个例题或许就能帮其获得某个数学难题的正解，可紧接着他又重复了更多同类题目。尽管，做更多同类题型（与其少做不如多做的心态），常常能让接下来的考试成绩突飞猛进，但在整个学习过程中，刚学会就做太多同类题目，效果反而不高。

> 不管在教室还是哪里，学生应在每个学习或练习的单元时间内，把学习内容量尽量最大化，也就是应该让自己的学习时间得到超值的回报。怎样才能做到呢？文献无一例外地回答：与其在同类技巧、概念上投入太长时间去学和练，不如把精力分配到更短的学习时间段上，以避免过度学习。这不是说长时间学习就一定是坏主意。只要学生不在同类技巧或概念上投入过多精力，那么学习时间长一点并没什么坏处。一旦理解了概念"X"，学习重心就应该转移到别的概念上，过几天再来回顾概念"X"。[40]

最好是用手把这些最初的解题方法、图表或概念都写下来。事实证明，手写比输入能让人更轻松地记住概念，[41] 而且，往往手写 Σ 或 Ω 这样的符号，比起搜索然后键入符号要简单得多（除非你常用这些符号，并记得它的快捷键）。[42] 如果你想通过拍照或扫描来做记录，再把它载入智能手机或电脑的翻卡软件，也会有不错的学习效果。注意，一个常见的能力错觉，就是仅仅因为成功解题会带来良好的自我感觉，你就不断去练习一个已经会用的技巧。要穿插安排学习内容，在考前复习中折腾一番，比如在不同章节材料中跳跃着复习题目，有时会让你感到学习变得更加困难。但实际上，它帮你加深了对学习内容的理解。

避免照猫画虎：练习改变思维 ⟶ ⊞ ⟶

学生做家庭作业的时候，经常会连续遇上 10 道非常相似的题目。做个两三道题，就开始不动脑子想了，他们会直接按前面的解题方法照猫画虎！我告诉他们，如果要做 9.4 节的作业，就在做完 9.4 中的一些题目后，回头再去做一做 9.3 节的题目。接下来可以多做几道 9.4 节的题目，再回过头做一道 9.1 节中的题目。这样一来，可以让他们锻炼考试中需要的思维转换能力！

我也相信，太多的学生只是为了交差而写作业。他们做完一道题，去对照一下后面的标准答案，微微一笑就接着去做下一道题了！我建议他们在这个"微微一笑"和"接着做下一题"之间加上一个步骤——请扪心自问：假如考试中我遇到的这道题和其他问题混在一起，而且我不知道它在课本上的出处，我还会这题的解法吗？学生应该从准备考试的角度，去思考每一道作业题，而不是仅把作业当作一部分任务去完成！

——迈克·罗森塔尔（Mike Rosenthal）

佛罗里达国际大学，数学高级导师

本章小结

✓ 练习有助于构建强壮的神经模型——那就是，形成理解的概念组块。

✔ 练习能带给你流畅而敏捷的思维，这正是考试中需要具备的。

构建组块的必需品：

- 专注力（focused attention）；

- 对基本概念的理解（understanding）；

- 练习（practice）帮助你获取宏观背景信息。

✔ 简单回想，试着关上书回忆要点，是促进组块形成的最好办法之一。

某种意义上说，回想有助于形成神经挂钩，这样就
能把思维悬挂在上面。

学习提升

1. 组块是怎样与记忆痕迹联结起来的？

2. 挑一个与你热衷的话题相关的组块，描述一下。要求是，它最初让
你焦头烂额，现在却胸有成竹了。

3. 从上至下和从下至上的过程在学习中有什么区别？两种方式有优劣
之分吗？

4. 单凭理解足以形成组块吗？请解释能或不能的原因。

5. 你在学习中最常遇到的能力错觉是什么？在未来你有什么策略来避
免再次陷入这种错觉之中？

驻足与回顾

下次和一位家庭成员、朋友或同学在一起的时候，复述你已经学到的内容，可以是本书内容或是与你现学课程有关的内容。重述所学内容不仅能增进和分享你的热情，还能理清、加固脑中的概念，这样你就会在接下来的几周或几个月里更好地维持记忆。即使你所学的内容非常高深，只要做上适当的简化，就可以解释给有着不同教育背景的人听，这会极大地帮助你增进对内容的理解。

战胜创伤性脑损伤并用有限的时间去学习：
保尔·格鲁什科的故事

保尔·格鲁什科以及激励他重塑生命的妻子和女儿

我在贫困而且动荡不安的国内环境下长大，还差点没能高中毕业。后来，我参军了，作为步兵被派往了伊拉克。一次我们排遭到路边的炸弹伏击，12次中有8次都击中了我的汽车。

巡回任务期间，机缘巧合地我遇到了我亲爱的妻子。她的出现不断说服我选择退役并组建家庭。可问题是我对此毫无头绪。更糟糕的是，回国后我开始遇到各种困扰，比如注意力难以集中、认知障碍以及烦躁易怒，而这些问题是我以前从未遇到过的。有时我甚至几乎无法写出一个完整的句子。后来我才了解到，很多士兵从伊拉克和阿富汗回国后，都受到了未诊断的创伤性脑损伤（TBI）的困扰。

我参与了一个计算机与电子工程技术的学习项目，可当时我的创伤性脑损伤非常严重，甚至到了理解分数（如 1/2，3/3）都很费劲的程度。

然而塞翁失马，焉知非福：学习对我的大脑产生了潜移默化的影响。让精神集中尽管很困难，但似乎重组了我的心智，治愈着我的大脑。对于我来说，这就像在健身房运用体能，血液充分进入肌肉，才使肌肉力量得到了提升。经过一段时间，我的大脑康复了——以优异的成绩毕业后，我找到一份民用电工的工作。

我决定再回学校考个工科学位。较之技师的实操训练，数学，尤其是微积分，在工程专业学习中显得更为重要。就在这个节骨眼，我开始把小学缺漏的数学基础补了起来。

当时，我已结婚，又刚刚成为一名父亲，成天为工作奔忙。现在我面临的挑战不再只是基本的认知问题，而是时间管理问题。我每天只有几个小时来学习高等数学概念，而它们比我之前学过的还要艰深难懂得多。受了几次打击之后（我的微分方程课得了 D，天啊！），我开始尝试更具策略性的学习方法。

每个学期，我都会向教授要一份课程大纲复印件，并且在课程开始前至少两三周就开始阅读教材。我努力比课程领先至少一个章节，尽管到了期中，这种学习步伐几乎难以维持，但我依然试着坚持。在解题过程中进行练习，即构建组块是非常关键的。在我的学习生涯中，逐渐形成了以下几个原则，它们助我圆满完成了学业。我想找到一个不错的职业来维持家庭，正是这些技巧在帮我向这个目标迈进。

在有限的学习时间里，保罗采用的学习技巧

1. **读一读**（但还不要去做）**布置的家庭作业和模拟测试／小试题**。迈出这第一步，就可以预热大脑来学习新概念——形成新组块。

2. **复习讲义笔记**（尽量不落下每一堂课）。上一个小时的课抵得上读两个小时的书。如果我能忠实于上课和做笔记，而不是盯着表只等下课，我的学习效率肯定不止如此。之后几天，趁这些课程在我脑中还记忆犹新，我会去复习笔记。我还发现要是能抽半个小时向教授提问，完全相当于读三个小时的书。

3. **重做课堂笔记中的例题**。无论老师还是课本，如果提供的问题没有答案解析以供参考和反馈，那这样的练习也不会帮助到我。有了这些例题，必要时就有了条分缕析的解题参考。重做例题会有助于巩固知识组块。学习时我会使用不同颜色的笔：蓝色、绿色、红色，而不仅仅是黑色。我发现这可以帮我更专注地阅读笔记；内容更明显了，而不是一页杂乱无章的数学大杂烩。

4. **完成布置的家庭作业和模拟测试／小试题**。这样就可以为大脑构建"记忆肌肉"（muscle memory）组块来解决特定问题。

第**5**章

预防拖延

化 "坏" 习惯为好帮手

长达几个世纪以来，杀人者都对砒霜青睐有加。只要在早餐面包上撒一点，用不了一天你就会痛苦地一命呜呼。然而，在1875年的德国文理协会第48届会议上，有两个人坐在观众面前，轻松从容地服下了两倍于致命剂量的砒霜。可想而知，那时大家有多震惊！可第二天，他们又面带微笑，健康如故地回到了会场。尿检显示二人并没有使诈，他们确实服食了毒药。[1]

但是怎么可能有人服毒却不死，甚至看起来若无其事呢？

这个看似无关的故事与我们将要讲到的拖延问题有许多可以类比之处。了解一些拖延症的认知心理学原理，就如同了解毒药的化学原理一样，能够帮助我们形成有益健康的预防机制。

本章和下一章我们会教读者克服拖延症的"懒方法"。想要学会它们，你首先需要了解自己内心的"小恶魔"，也就是大脑对某些特别暗示做出的习惯性反应。这些"小恶魔"常教唆人们贪图一时之快。不过你会学到，如果有必要（因为并非所有的拖延都是无益的），有时你也可以利用这些"小恶魔"来帮你抵抗拖延行为[2]。在这之后还会有专门的章节来帮你深入地开发自己的组块能力，而最后会提供一些克服拖延症的建议、方法及容易上手的工具。

首先要记住，陷入拖延很简单，但获得顽强的意志力可就难得多了。因为后者需要动用大量的神经资源。可以说，在对抗拖延上，你最不会想做的便是，像使用廉价空气清新剂一样地使用意志力。除非万不得已，否则不要把意志力浪费在抵抗拖延上。而我要告诉你的好消息则是，你根本就不需要"万不得已"。

又是砒霜，又是"小恶魔"，听上去确实有点恐怖。如果不靠意志力抵抗，我还能有救吗？

当然有救！先来看看这个实验吧！没什么能比实验更有趣的了！

分心与拖延 ⊕ ⊛ ⊖

拖延是我们这代人最大的毛病之一，有太多事情让我们分神。我总是想"我就先看一下 Facebook、Twitter、Tumblr，再查一下邮件，就去做作业"。然而等我意识到的时候，我已经花了不止一个小时来浏览社交网站。就算我终于开始做作业了，这些社交网站的后台推送也还是在不断地干扰我。

我需要找到一个让自己集中精神学习、做作业的方法，这在很大程度上取决于周围的环境和时间。我确实不应该把所有的事都拖到最后一秒。

—— 一名学习微积分的学生

拖延与不安

想象一下，你第一次参加马拉松。要是直等到比赛前一晚才开始首次训练跑，毫无疑问，你的小腿肌肉一定会疼到尖叫。同样的道理，你也不能指望只靠临阵磨枪，就能通过数学或科学考试。

对于大多数人来说，学数学或科学依赖于两个过程：一是短暂的学习期，这是"神经砖块"垒砌的过程；二是学习期之间的间隔，就是"思维水泥"凝固的过程。这样的时间节奏意味着，能否掌控拖延对数学和科学专业的学生至关重要，[3] 而拖延问题在学生中恰恰又实在太普遍了。

现实就是，我们拖延的，往往是让我们感到不安的事情。[4] 医学成像研究显示，恐惧数学的人会回避数学，因为仅是想到数学就让他们畏缩了。当他们打算学习数学时，大脑中的痛觉中心就会被激活。[5]

值得注意的是，令人痛苦的就是预感本身。当"数学恐惧症"患者真正开始学数学的时候，痛苦就消失了。研究拖延症的专家丽塔·埃是这样解释的："对一项任务的恐惧会比这项任务本身消耗更多的时间和能量。"[6]

回避痛苦似乎无可厚非，但习惯性的回避会带来非常糟糕的长期影响。现在拖着不去学数学，结果后来连想起它都觉得痛苦；一直拖着不做 SAT 或 ACT 的练习题，到了考试那天就紧张得快要窒息。这全都是因为你的神经基础就没有打牢，你根本没做好准备，怎么可能泰然自若地面对所需的材料。理所当然，获得奖学金的机会就这样打水漂了。

也许你本想投身数学或科学领域，但你放弃了，转投他业。你对别人的说辞是败给了数学，事实上你只是败给了拖延症。

拖延是个极具影响力的"关键"恶习，[7]它会影响你人生的诸多方面。而一旦做出改变，数不尽的积极变化就会铺展在你的眼前。

不止如此，还有重要的一点，那就是人们往往讨厌做自己不擅长的事情。**但如果你开始对某件事游刃有余，自然就会乐在其中了。**

大脑是如何拖延的

哔哔哔……现在是周六早上10点整，你被闹钟从酣睡中拖出来。又用了一个小时，你终于离开床，抱着咖啡，伏在了书本和笔记本电脑前。接下来可有一整天的学习计划：你要搞定周一要交的数学作业，历史作文也该动笔了，对了，还要看看化学的疑难部分。

你盯着数学书，发出一声微不可察的叹息。想想那些难懂的图表和一股脑儿奇怪的术语，你大脑的疼痛区域简直在闪闪发光。你可真不想做数学作业，但计划表上接下来的几小时都归它所有，现在你连数学书都不想翻开了。

真实情况大概是这样的：你的注意力从教材溜到了笔记本电脑那里，然后脑袋就不疼了。掀起笔记本显示屏查看消息的一瞬间，你甚至还有点雀跃，还是来看看杰西发来的搞笑图片吧……

两个小时一闪即逝，可你的数学作业还是一个字都没动。

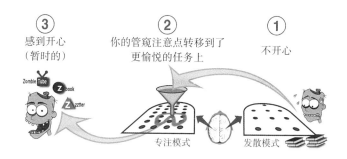

③
感到开心
（暂时的）

②
你的管窥注意点转移到了
更愉悦的任务上

①
不开心

专注模式　　　发散模式

这就是典型的拖延症状。每次想到不怎么喜欢的事都会激活大脑中的痛觉中枢，所以你就会逃到那些令你更开心的事情中去，[8] 获得暂时性的感觉良好。

拖延会成瘾。它所提供的片刻兴奋与解脱是乏味现实的避风港。因此，你轻而易举地欺骗自己：上网查资料比看课本、做作业更能高效地利用一切时间。你也会自欺欺人地编故事：比如有机化学需要空间推理，而这正是你的弱项，所以你学不好是天经地义的。还有那些冠冕堂皇的荒唐借口：如果我考试前很久就开始学，我会忘。（你可别忘了，别的科目还有考试，到考试那天要一次学完所有欠下的科目，可就难于上青天了。）直到学期接近尾声，不得不开始为期末考试拼命恶补的时候，你才会面对现实。那就是，你之所以把有机化学弄成这个样子，无非是因为自己拖着不学而已。

研究者发现，拖延症不仅可以作为技不如人的借口，甚至会成为虚荣心的温床。"我做完了实验报告，参加了市场调查之后，昨天才开始备考的。当然啦，我本来可以做得更好。但有这么多事要忙，这样已经很不错啦。"[9] 更有甚者，哪怕是那些努力学习的人，也会误以为拖延能让他们显得精明能干："我是昨天一晚上补完的期中考试内容哦！"

积习难改，人们很容易就会深深陷入拖延的陷阱。在它的暗示下，你任由自己沉沦于拖延的舒适反应。久而久之，已经习惯性拖延的你会身不由己地寻求那短暂而微小的愉悦感。而这种习惯性反应让你渐渐失去从前的自信，最后甚至更加不想去提高工作效率。这就是为何拖延症患者压力更大，而健康状况和成绩也都更差。[10]如果放任下去，坏习惯就会根深蒂固，到那时再想摆脱它就悔之晚矣了。[11]

改变的可能

我曾习惯性拖延，但现在不一样了。还是高中时的大学预科课程让我实实在在地进入了学习状态。老师每晚布置的美国历史作业，要花上 4 ~ 6 个小时。那时我学会了一次一项，逐一完成。我发现要是完成一项任务，这种成就感就能让我更轻松地坚持下去，保持状态。

——葆拉·米特尔（Paula Meerschaert）

创意写作，大一新生

说一件事你肯定不陌生：偶尔有那么几次，只靠通宵补习也还能得个不错的分数，而且清早完工的时候甚至有点兴奋。这就像赌博一样，一点小成功会让你心存侥幸，重蹈覆辙。你甚至开始说服自己——拖延是与生俱来的特质，本就是你的一部分，跟身高或发色没什么两样。毕竟，如果拖延症那么好治，你不是早就该摆脱它了吗？

然而，随着你所接触的数学和科学领域越高深，掌控拖延就越发重要。曾经屡试不爽的习惯，最终会回过头来给你当头一棒。在接下来几章里，我会讲讲如何掌控自己的习惯。做决定的该是你自己，而非那些好心好意但不过大脑的"小恶魔"——你的习惯。你会发现，克制拖延的方法并没有那么难，它们只是没那么显而易见而已。

让我们回到本章开头的那个故事。两位实验者事先服用过极少量的砒霜。微量的砒霜对人的危害并不大，甚至会让人产生免疫力。这种做法可以让你之后承受更大的剂量，还显得健康如故。然而，在肉眼不可察之处，它们会潜移默化地增加你的癌症风险，并损坏你的器官。

同样，拖延症患者起初也只是拖延了一点点。可一次又一次地拖延最终让他们泥足深陷。他们也许暂时看上去毫无问题，但长此以往呢？

恐怕不会太好。

水滴石穿 🟢 🟢 🟢 🟢

有个学生跟我抱怨考试没通过，还告诉我考前一天他学了整整 10 个小时，我说，"这就是你没过的原因"，学生不可思议地看着我，我的回答是："你应该坚持每次学习一点点。"

——理查德·纳德尔（Richard Nadel）
佛罗里达州，迈阿密，佛罗里达国际大学，数学高级讲师

本章小结

✅ 我们所拖延的都是感到不舒服的事情。但从长远来看，贪图一时之快未必对我们有益。

✅ 拖延就像在服用微量的毒药。一时看不出影响，但日积月累，危害极大。

驻足与回顾

在第 4 章中我们了解到，新地点遇到旧内容有助于回忆材料。这能帮你摆脱地点的暗示。之后无论身在何处，你都可以更自如地回忆材料内容——参加考试时这一点往往很有用。

现在我们来试试这个理论。本章有哪些主要思想？你可以在现在所处的地方回想，但稍后请去另外一个房间试试，要是你出门时也想想就更好了。

学习提升

1. 拖延的习惯对你的生活有影响吗？如果有，是如何影响的？

2. 关于别人拖延的借口，你是否听说过多个版本？你能看穿这些故事的破绽吗？你的拖延借口又有怎样的漏洞？

3. 列举一些无须过度依赖意志力，但可以帮助你克服拖延的具体做法。

积极寻求好建议：工程教育界的领军人物
诺曼·福滕伯里的感悟

大一的时候，我就下定决心想成为一名工程师，所以我报名了"应用微积分"，而不是和大多数同学一样选择了"初阶微积分"。这是个错误的决定。因为学习"应用微积分"的同学大多在高中就已经接触过微积分的课程，现在只需要对已有的知识扩展深化。所以我开局不利。

更要命的是，和我学过同一版本微积分的人少之又少，几乎找不到学习搭档。不像高中，在大学一个人学习可没什么好处（坏处倒真有）。在工程学领域，团队合作是重要的专业素养之一，教授通常也会默认你在跟别人合作学习，并据此安排家庭作业。最后我勉强得了个 B，但我总觉得，我对微积分基础以及后续需要用到微积分的课程，都缺乏一个完整概念和直观理解。因此，为了日后其他课程中与微积分有关的部分，我及时地进行了大量的学习。但这耗费了我太多本该可以投入到其他事情中的时间。

能够顺利毕业并拿到机械工程本科学位，我觉得自己很幸运。在同学和老师的鼓励和指导下，我又继续读完了机械工程专业的硕士和博士课程。说了这么多，有一点希望你们能用心记住，选课时要问问同龄人和老师的建议。大家的智慧肯定会帮到你。

小恶魔无处不在

深入理解拖延的习惯

有本见解深刻的书叫《习惯的力量》（*The Power of Habit*），作者查尔斯·都希格（Charles Duhigg）在书中描述了一个迷失自我的人——丽莎·艾伦。这位中年女性从没停止和体重做斗争，16岁的她就开始抽烟、喝酒，丈夫也另寻新欢。她没有一份工作做到过一年以上，而且还深深地陷入债务。

但4年之后，丽莎就来了个华丽的转身。减了60磅⊖的体重的她，正努力攻读硕士学位，戒了烟酒，身体非常健康，都能跑马拉松了。

想了解丽莎的巨大变化，我们首先要来认识习惯。

⊖　1磅≈0.4536千克。

习惯有好有坏。说到底，习惯就是大脑进入了预设好的"小恶魔"状态（即出窍状态）。你也许不足为奇，神经模型从频繁的练习中产生，它们自动联结形成组块，而组块和习惯有着密切的联系。[1]**习惯可以帮我们节省力气，它能为我们的大脑腾出空间进行别的活动**。就以倒车为例，第一次把车倒回自家车道的时候，你肯定是高度警惕。迎面而来的信息应接不暇，让你觉得倒车难如登天。但很快你就学会了对这些信息进行组块，虽然你还没意识到组块的形成，但只要脑中一出现"出发"的念头，你就已经在倒车了。这时你的大脑就进入了一种出窍状态，在这种模式下，大脑无法清醒意识到它正在做的每件事。

你可能想不到，自己受控于习惯性出窍状态的情况有多么频繁。这就是习惯的关键所在：在你执行习惯性动作的时候，不用集中注意力思考。这就节省了力气。

习惯性动作的时间有长有短。短暂的习惯性动作可以是对路人无心的一笑，或者是瞄一眼指甲干不干净。持续时间较长的习惯性动作，可以是下班回家后跑跑步，或是看几个小时电视。

习惯分为四个部分。

1. **信号**。这就是使你进入"出窍状态"的触发点。信号可以很简单，比如仅仅看到计划清单上面的第一个任务（提醒你"要开始做下周的作业啦"），或者是看到朋友发来的一条短信（提醒你"又可以偷懒了"）。信号本身没有好坏之分。你对信号的反应，也就是你的反应程序才是重点。

2. **反应程序**。这就是你的出窍状态——你的大脑在接到信号暗示时做出的常规性、习惯性的反应。小恶魔的反应可以是无害的或有益的，但在最坏的情况下，它可能会有很强的破坏性，它们会违抗常识。

3. **奖励机制**。习惯之所以得以发展和继续，是因为它能激励我们，让我们感到愉悦。拖延是一种很容易养成的习惯，因为它会如此迅速地奖励你，把你的注意力转移到更愉快的事情上去。但是好习惯也可以得到奖励。逃开拖延的魔爪，找到各种方式奖励自己学习数学和科学的好习惯会至关重要。

4. **信念**。习惯的强大效果，来自你对它的信念。比如你可能会觉得，自己不可能改掉把学习拖到最后一刻才做的习惯。想要改变习惯，你需要做的是改变自己内心深处的信念。

> 我经常发现，当我觉得很难开始去做一件事时，我就先去跑跑步或者做点别的运动，等我回来了，我就会发现它容易得多了。
>
> ——凯瑟琳·福克（Katherine Folk）
> 工业与系统工程学专业大一学生

驾驭习惯（"小恶魔"），为你所用

在这一部分，我们要详细说说如何利用小恶魔习惯的力量来帮自己避免拖延，同时尽量少用意志力。你肯定不肯彻头彻尾地改变旧习惯，你想做的只是改变一部分旧习惯，并养成一些新习惯。改变旧习惯的窍门是寻找压力点——你对信号的反应。**改变你对信号的反应，是唯一需要动用意志力的环节。**

要理解这一点，我们可以重新回顾一下习惯的四个部分，并从拖延的角度去重新分析它们。

1. **信号**。识别出让你进入出窍和拖延状态的导火索。信号一般有这么几种：地点、时间、感受、对他人的反应和刚刚发生的事件。[2]

你是不是经常上网查资料的时候，不一会儿就发现自己跑去看其他网页了？你是不是经常很想专心思考，但一旦被一条短信打断流畅的思路，之后就要花上 10 分钟才能重新回到专注状态中？拖延问题就出在它是一种不假思索的习惯，你往往在无意识间就开始了拖延。

学生常常发现，养成新信号对他们帮助很大，比如一放学回家就开始写作业，或者在课后休息一下之后马上写作业，效果都非常好。《拖延心理学》(The Procrastination Equation) 的作者，拖延症研究专家皮尔斯·斯蒂尔 (Piers Steel) 说："如果你保护自己的反应程序，它最终也会反过来保护你。"[3]

在 25 分钟学习时段内努力写作业的你，要是想避免受到破坏力最大的信号的干扰，你可以在一段时间内关掉手机或远离网络。精算学大一学生耶斯拉·哈桑喜欢把手机和笔记本拿给姐姐保管，这是一种非常聪明的做法，因为这既能移除诱惑，又是对学习的公开承诺。如果你向亲友求助，他们会帮得上忙。

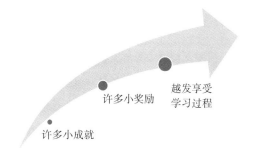

越发享受
学习过程

许多小奖励

许多小成就

2. **反应程序**。这么说吧，你经常会把注意力从学习转移到不太痛苦的事情上。每次得到信号，你的大脑都想自动进入这个反应程序，所以当这个压力点出现的时候，你就必须主动注意去改变旧习惯了。**改变的关键在于制订计划。培养新习惯可能会很有用。**有些学生养成了一种习惯，比如上课前把智能手机放在车上，这样就消除了一个强大干扰。许多学生则发现，安坐在图书馆或离家近些的安静环境中总是有好处的，坐在自己最喜欢的椅子上，又正好把一切网络设备都关掉的时候，高效率就来了。你的计划一开始可能不会顺风顺水，但一定要坚持。必要的时候可以调整计划，要是计划有效果再去享受成功的喜悦。别想一口吃个胖子。番茄工作法——25分钟计时法，在改变你对信号的反应上尤其有效。

另外，在开始高难度任务前填饱肚子也挺有用。这样就可以确保你在开始工作那一瞬间就拥有足够的意志力，[4] 还能避免出现"我要去找点吃的……"这种可能干扰。

3. **奖励机制**。有时这需要一番调查研究。你为什么要拖延？拖延能不能用情感上的补偿来替代？能不能以那种小有成绩，哪怕是微不足道的自豪感来替代？或用一种满足感来替代？你能否在内心打个小赌或是跟自己比个赛，然后争取胜利？能否让自己享用一杯拿铁，或去浏览自己最爱的网站？能否奖励自己毫无愧疚地看一晚上电视或上一晚上网？能不能在有更大收获时给自己更大的奖励，比如电影票、毛衣或是买点浮夸的小礼物？

> 我和我的男朋友都喜欢看电影，所以在某些天完成特定任务后，作为奖励，他会带我去看电影。这不仅是为我的学习或做作业增添动力，也是通过强化"信号—反应—奖励"系统来助我养成新习惯。
>
> ——查伦·布里森（Charlene Brisson）
> 心理学专业学生，第二专业护理学快捷课程项目参加者

记住，习惯的强大之处在于它能造成神经层面的欲望。要想克服之前的欲望，就再来一个新奖励。只有当你的大脑开始期待这个

新奖励，关键的转变才会发生，你才能养成新习惯。

认识到这点特别重要：一个小小的自我称赞，比如"好棒，好厉害"，就能启动你大脑的重塑过程。这种重塑有时候被称为"习得性勤奋"（learned industriousness），它能让你曾觉得乏味的工作陡然生色。[5] 你也会发现，仅是沉浸到工作状态中就是一种奖励，它让你感受到高效的产出，而刚坐下开始工作的你根本想象不到自己会如此高效。还有很多人发现，每到一个特定时间给自己设一个奖励也很有效，比如说午饭休息时段，跟朋友去熟食店吃上一顿，又或者下午五点准时停下工作，这样定个小小的截止时间也会推动工作进度。

如果你发现自己一开始很难进入思维"流畅"的状态，别气馁。我发现，有时要经历好几天的枯燥乏味和几个番茄周期后，才能表现得思路流畅并享受其中。还要记得，你越是对某件事得心应手，就越会乐在其中。

4. **信念**。改变拖延的习惯，最重要的是要有"自己一定能行"的信念。你可能会发现，在工作进展中一旦遭遇压力，你就会很渴望退回到原先令你更舒适的习惯里去。**但你对新系统效果的坚信不疑，能够助你渡过难关。**巩固信念的方式之一就是发展一个新的朋友圈。要想培养"我能行"的信念，就要多和抱有这种信念的同学相处。与志同道合的朋友一起，共同建立一种鼓舞人心的氛围，这样就算你在一时的软弱中忘记了想要坚守的价值，朋友间上进的氛围也能够帮你不忘初心。

"心理对照"（mental contrasting）[6] 也是一种有效的办法。此法是将你现在的状态和你期望达到的状态做对比。比如，假如你想考医学院，就想象自己是一个医生，哪怕已经在筹备一场精彩的度假，而且经济上你也能承担，可在这节骨眼你也不忘救死扶伤。一旦你脑子里有了这样激动人心的景象，你就可以拿它与现在的生活做对比。想想自己那辆年久失修的小破车，想想晚餐吃的奶酪通心粉，还有堆积如山的助学贷款。然而希望在前方！

心理对照能产生巨大效果的原因，就在于你在拿想要的未来与当下的状态或曾经的状态做对比。在工作和生活空间中摆放一些能让你联想到理想未来的图片，它可以为你的发散模式增加动力。只要记着把那些美好的图景和现实中置身平庸生活的自己做对比，或是自己的出身做对比。你能够改变现实。

好日子在后面 ❯ ⊕ ❯

心理对照法真是太棒了！当我还是个小毛孩的时候就开始用这个方法了，人们可以将这方法运用到各种境况中去。

曾经盛夏时节，我在马里兰州一个鸡肉供应厂工作了好几个月。就在那时我下决心要去上学，要拿到学位。这就是我用来做心理对照的经历。我相信，有时仅仅一天的艰辛就能激发出重要的觉悟。之后，专心找办法去突破现状就容易多了。

——麦克·奥雷伊（Mike Orrell）
电气工程专业大三学生

该你试试了！

练习与小恶魔较劲

你是不是喜欢早上一起床先查查电子邮件，逛逛 Facebook？你可以改变一下，先定时工作 10 分钟，然后奖励自己上会儿网。让你惊讶的是，这个自我控制的小练习将让你的一整天都充满对抗小恶魔的力量。

　　提醒：第一次坐下来尝试本方法，一些小恶魔会大肆尖叫抗议，好像要吃掉你的脑子。别理它！这个训练的重点之一就是学着对小恶魔滑稽的做派一笑了之，因为小恶魔会故技重施，预言一般地诱惑你"瞄一眼 Facebook 没关系的，就这一次"。

通过关注过程而非结果进入状态

　　如果发现自己选择逃避是因为某些任务让你难受，有个好办法可以改变这种情况：学会关注过程而非结果。

　　过程指的是时间进程以及与时间进程相关的习惯和举动，比如"我要工作 20 分钟"。结果是一种产出，比如你要完成的一份家庭作业。

　　想要避免拖延，就不要专注于结果。相反，你应该把关注点放在一些过程的形成上——也就是培养一些习惯，这些习惯能让你动手做一些痛苦而又不得不完成的工作。

　　比如说，你不喜欢做数学作业，你就一直推迟。你会想，不就5 道题嘛，能有多难？

　　而你心里明白，这 5 道题可能会是艰巨的任务。你幻想自己能在最后一秒搞定这 5 道题（或者 20 页的报告之类），而活在这样的幻想里会比较轻松。

　　你的挑战就是要避免把注意力放在**结果**上——那些已解决的作业题。这会引发痛苦感，导致你的拖延。相反，你应该关注于过程，关注用在做作业或备考那几天或几周里的一小段时间。不要在意你是否在某一段时间内完成了作业，或掌握了关键概念。相反，这一切的重点应是你在短暂的期间内尽全力去行动——这就是所谓过程。

这里的基本理念就是，你脑中的习惯性部分（小恶魔）是喜欢过程的，因为它可以不动脑子跟着走。在过程上诉诸友善的小恶魔，比请它们帮你达成结果要简单得多。

用 X 标出位置 ➡ ⬛ ➡

用书签或者便利贴标出每天的阅读目标会是个好主意。它是进度的直接反馈——如果终点触目可及，你会更有动力。

——弗里斯特·纽曼（Forrest Newman）
萨克拉门托城市学院天文学与物理学教授

分解工作量才能细嚼慢咽：专注而简短地工作

"番茄工作法"是一种帮你在短时间内集中注意力的方法。" poromodo"是意大利语中的番茄——因为这个时间管理系统的创始人弗朗西斯科·西里洛（Francesco Cirillo）在 20 世纪 80 年代发明了一个番茄形状的计时器，它因此而得名。番茄工作法中，你需要在计时器上定 25 分钟。（之前在第 2 章的"该你试试了！"部分，我们介绍过这个概念。）计时器的嘀嗒声一响，你的倒计时就开始了。不许偷偷上网，不许手机聊天，不许给朋友回信息。使用番茄工作法的好处是，如果工作时身边有家人和朋友，你可以告诉他们你正在用这个方法。那么，如果他们中途打扰到你，就只需要提醒他们，你正在"番茄时间"或是"倒计时"中，这样就可以友善地提醒他们让你独处。

你也许会提出反对，认为在倒计时状态下工作压力很大。但研究者发现了一些引人着迷而又反直觉的现象。如果你能在轻微压力下学习，你将能更轻松地应对更大的压力。比如，就如学者西恩·贝洛克（Sian Beilock）在她的著作《窒息》（*Choke*）中所说，平时在他人面前练球的高尔夫球手，日后参加观众众多的赛事就不会乱了阵脚。同样，如果你习惯在轻微的时间压力下解决问题，到了考试的高压情境中，你就没那么容易"发懵"了。[7]从外科手术到电脑编程，各个领域最顶尖的高手，每次都会有意寻找一些会给他们施压、提高他们表现的教练。[8]

关注过程而非结果对避免拖延十分重要。每天不断地在学习过程上花时间才是重中之重。**要关注"番茄时间"，即时长 25 分钟的工作时段，而不要专注于完成任务。**可以注意到，本图中，物理学家兼冲浪者加勒特·利西（Garret Lisi）也是如此，他只关注当下，而不是专注于完成这个冲浪动作。

要是你第一次尝试番茄工作法，很可能会惊讶于自己经常会有开小差的冲动。同时让你欣慰的是，你发现重新把注意力转回到工作上是有多么容易。25分钟很短，在这种短时间内保持注意力几乎是所有成年人和准成年人都能做到的。完成一小段工作之后，你可以舒服地往椅背一仰，享受这种成就感。

行动 ◉ ◉ ◉

分享一个很有用的小建议：即刻开始行动。这个建议听起来相当简单，但良好的开端是成功的一半。我喜欢去图书馆的安静楼层，因为在那儿常可以看到与我状态相同的人。学习的时候，最适合我的方法是让自己亲眼看到学习场景。如果我看到别人在努力做作业，那么我也会更想去做作业。

——约瑟夫·科因（Joseph Coyne）
历史专业大三学生

关键是，干扰也是不可避免的，在它出现的时候你要训练自己无视它。关于克服拖延，我能给你的最重要的建议之一就是无视干扰！当然，让自己置身于干扰最少的环境也是一个好办法。很多学生发现，在他们真正想要集中注意力的时候，要么是宁静的空间，要么戴一副隔声耳机，或者两者兼备，对他们都是极为可贵的。

隔绝干扰 ◉ ◉ ◉

我生下来就没有耳道，所以听不见（我患的是特柯二氏综合征的变异病）。在学习的时候，摘下助听器，我反而能真正集中注意力！我爱这先天不足！我一年级的时候，测过一次IQ。

我的 IQ 是 90，远远低于平均水平。我妈妈非常沮丧。我倒是兴高采烈的，因为我还以为自己达到了优等水平。我不清楚自己现在的 IQ 高低。既然我现在听得见声音了，IQ 估计又低了不少吧。感谢老天赐予我声音开关。

——比尔·赛特勒（Bill Zettler）
生物学教授，若干新病毒的共同发现者，佛罗里达大学年度最佳教师荣誉获得者

完成一轮番茄时间的任务之后，要隔多久再开始下一轮工作呢？这取决于你所做的事情。如果你想去做的事离截止日期还有好几周，那你可以奖励自己毫无愧疚地上半个小时网。如果你的压力很大而且有好多工作就要到截止期限了，那么休息 2～5 分钟就差不多了。如果你想，你也可以用无计时的工作时段取代番茄计时器。要是发现自己进度又开始落后，工作时也没法集中注意力了，你就可以重新启用计时器。

在番茄工作法的计时系统中，只需运用专注力的过程占据首要地位。专注过程的你不会在某一项任务上举步不前，而是进入了一种自动状态，并不在乎是否必须完成任务。[9] 这种自动状态能让你更自如地使用发散模式的能力。**将注意力放在过程而非结果上，可以让你避免对自己做出评价（我快完成任务了吗），并让你更放松地沉浸到工作进程中。**这样不仅可以帮你克服学习数学和科学时的拖延，对你的写作也会有帮助，而写作对于大学里各门课程来说都如此重要。

一心多用就像不断地揠苗助长。不断地转移注意力，也就意味着你脑中的新观点、新概念没有机会生根发芽。做功课的时候一心多用会让你迅速疲劳。每一次微不足道的注意力转移都会消耗能量。

虽然每次转移看起来并不碍事，但是次次累积的结果就让你事倍功半。你也别忘了，这样你会更容易出错，而且学以致用到其他情形的能力也更弱了。一心多用的一个典型反例就是，一般来看，我们发现在学习和听课期间一心多用的学生总会不断考出差成绩。[10]

拖延行为常常还包括把时间花在一些鸡毛蒜皮的小事上，比如削铅笔，部分原因在于，你仍然能从中体验到事情完成后的成就感。这是大脑在戏弄你，这也是记实验笔记会如此重要的原因，我们接下来很快就会谈到。

该你试试了！

无视是一种恩赐

下次当你感到有要去看短信的冲动，停下来认真审视这种感觉，承认它的存在，然后无视它。

练习无视干扰。无视干扰比一开始就用意志力抵抗干扰要有效得多。

本章小结

- ✓ 在让你感觉痛苦的事情上花一点点工夫，最终你得到的好处会很多。
- ✓ 如同拖延，习惯有四个组成部分：
  - 信号；
  - 反应程序；
  - 奖励机制；
  - 信念。

✓ 要改变习惯，可以改变对信号的反应，或者干脆回避信号。奖励和信念有助于促成习惯上的长久转变。

✓ 关注过程（如花费时间的方式），而不是结果（想要达成的目标）。

✓ 用 25 分钟的番茄时间在短时段内保持高效率。每次成功地专注工作了一段时间，就给自己一个奖励。

✓ 确保规划一些自由时间，滋养你的发散模式。

✓ "心理对照"是一种强大的自我激励法——想想最糟糕的现状或者不堪回首的过去，然后将它们和乐观的未来做对比。

✓ 你会因为一心多用，让思维无法形成充分、丰富的联结，因为大脑中促成联结的部分还没来得及巩固联结，就被拉去做别的事情了。

驻足与回顾

当你试着移开视线去回想一个要点，或是一遍遍地重读一些段落的时候，如果感到无精打采或头脑空空，可以先去做几组仰卧起坐、俯卧撑或者开合跳。一点体育锻炼会对你的理解力和记忆力产生意外的好效果。在开始回顾本章观点前，试着去活动一下吧。

学习提升

1. 你认为大脑中小恶魔般的习惯区域为什么会更喜欢过程而非结果呢？在你读完这本书之后的漫长时光里，比方说两年后，你会怎样保持这种以过程为主导的工作习惯呢？

2. 对于你现在的习惯，你能做出哪些小改变来避免拖延？

3. 你能养成哪些简单轻松的新习惯来帮助你避免拖延？

4. 最困扰你而让你无法跳出拖延反应的信号之一是什么？要对信号做出与之前不同的反应，或完全回避这个信号，你能做些什么？

数学教授奥拉多·巴迪·绍赛多谈失败是成功之母

奥拉多·巴迪·绍赛多（Oraldo "Buddy" Saucedo）是评师网上一位人气很高的数学教授，他是得克萨斯州达拉斯郡社区大学的一名全职数学老师。他的教育信条是"我创造成功的机遇"。在这里，他讲述了自己从失败中激发出成功的故事。

总有学生问我，你是不是一直都这么聪明？对这个提问我总是忍俊不禁。接着我会告诉他们，我在得州农工大学学习时的最初绩点。

在黑板上写下一个"4.0"后，我说当时我第一学期的绩点就跟这个差不多。"听起来还不错，是吧？"正问着，我停下观察他们的反应。然后我拿起白板擦，把小数点移到了左边。最后看起来是这样的："0.4"。

没错，真的是这样。我挂科挂得一塌糊涂，然后被学校开除了。让你们吃惊吧？但我最终还是回到了这所学校，并拿到了学士学位和硕士学位。

世上这种从失败到成功的故事比比皆是。如果你曾经失败，你可能还没意识到这个失败对推动你成功会有多么重要。

跟你们分享一点我在成功之路上学到的经验。

● 你的分数不能说明你的一切，你能做到的远比这个分数好得多。分数反映的是时间管理和成功的概率。

- 分数难看不代表你是个糟糕的人。

- 拖延才是扼杀成功的毒药。

- 关键要专注于让自己走出能够把握的每一小步，并进行时间管理。

- 成功只留给有准备的人。

- 人人都有失败的可能。你会失败，所以要控制你的失败。这就是家庭作业的用意——在这儿就让你把失败全部经历一遍。

- 有史以来最大的谎言就是"熟能生巧"（ practice makes perfect）。这是个假命题，因为熟练只能让你更好（practice makes you better），完美谁也做不到。

- 练习就是让我们去经历失败。

- 在家里，在课堂上，在任何时间任何地点练习，就是别等到考试的时候。

- 靠恶补通过考试与成功不是一回事。

- 考前恶补不过是临时对策罢了。它不会带给你太多满足感，得到的结果也是暂时的。

- 学习才是长久之计，它会带来人生中最大的奖励。

- 我们应该活到老学到老。全面学习。

- 拥抱失败。为每一次失败庆祝。

- 托马斯·爱迪生给他的失败重新命名，"1000 种造不出电灯的方法"。也给你的失败换个名字吧。

- 就连小恶魔，也会站起来，再次尝试！

人们都说经验是最好的老师。其实，失败才是最好的老师。我发现，学得最好的人都是最懂得对付失败的人，而且他们能让失败为其所用。

搭建组块对抗发懵

如何增进专业知识并减轻焦虑

几乎任何一项新发明最初都不是尽善尽美的。反之，它们都是通过一步步雕琢不断得到改进的。第一部"移动"电话诞生时，"便携"得像个保龄球；第一台笨拙的冰箱问世时，它是酿酒厂所使用的古怪设备；第一台发动机如同庞然大物，马力却只如今天的卡丁车。

发明只有在经过一段时间的考验后，人们才有机会发现它的不足，然后改进它。比如，如果你手上就有一台能运转的发动机，就很容易对它的个别功能做些改进或给它增加一些新功能。有许多创新，比如发动机的涡轮增压功能就是这样诞生的。工程师发现，向燃烧室里推入更多的空气和燃料可以获得十足的动力。德国、瑞士、法国和美国及他国工程师，都争相在这个基本思路上做出调整和改善。

　　你还记得吗？略读并直接跳到章节的最末查看问题，有助于你着手搭建理解的组块。

如何搭建强有力的组块

　　正如发明的不断优化与改进，在本章中，我们要来学着优化并改进我们的组块搭建技能。创建一个小组块库，可以让你的考试表现更优异，同时做到更具创造性地解决问题。不管你正在努力成为哪派高手，搭建组块过程打下的知识基础都可以助你一臂之力。[1]（免得你好奇，所以不卖关子，在这一章我们从拖延跳回搭建组块的话题，这正是运用穿插学习法实打实的例子，即转换学习内容，回到书本前面，能够强化之前学过的方法。）

　　要点在这里：学习数学、科学中的基本概念可是比需要大量死记硬背的科目要容易很多。这里并不是说背东西就没难度、不重要，不然你问问任一个备考行医执照的医学院学生去！

　　这个说法之所以合理，原因之一，是**一旦你着手解决某个数学、科学问题，就会发现你做到的每个步骤，都会指示下一步的进行**。内化吸收解题技巧能够加强神经活动，让你更易听清变强的直觉悄声说给你的暗语。当你看一眼就能看出某题解法，即对题目有真正的了解，说明你已经成功构建出一个命令组块，它的命令就如一首歌在你脑中横扫而过。组块资料库会以一种绝无仅有的方式，让你理解基本概念。

　　有了以上阐释，我们继续来讲。

搭建强大组块的步骤 ◉ ⊕ ◉

1. **全程在纸上解决一个重难点题目。**（要保证的是，你有现成答案，不管是你以前做过这题，还是书中已有解答。但是不到万不得已，千万不要看答案。）在下手解题之前，或还没彻底得到答案之前，千万不能偷看答案，不能跳过任何步骤，或自欺欺人地说"太好了，搞定了"。要确保每个步骤都有理有据。

2. **重做一次，要格外注意关键步骤。**如果你觉得重做同一道题有点奇怪，可以想想看，你不可能只弹一遍吉他就学会一首歌，也不可能只举一次哑铃就算完成了锻炼。

3. **休息一下。**如果需要，你可以去研究下这门学科的其他内容，之后就去干点别的。比如做兼职、学习不同学科，[2] 或者去打打篮球。你要给发散模式留出足够的时间，让它去消化这个问题。

4. **睡眠。**在你睡觉前，把这个问题再过一遍。[3] 如果卡住了，那么就反过来去聆听问题的声音。你的潜意识会告诉你接下来该怎么做。

5. **再来一次。**第二天尽快地把这个问题再做一遍。这个时候你会发现，自己能做到更迅速地解题。你对这问题应该会有更深层次的理解。你甚至不明白自己当初为何会卡在这个问题上。到了这会儿，你就能神速计算每一步了。多关注问题中最困扰你的那个部分。这种持续关注难点的做法，叫作"刻意练习"。尽管这样做有时让人疲惫，但它是高效学习的最重要方面之一。（它的替代或者补充做法，是去解答一个相似的问题，看看能不能轻而易举地拿下它。）

6. **给自己添新题。**再挑一道重难点题目，用之前做第一道题的相同方法来解这道题。本题答案会变成你组块资料库中的第二个组块。在解这道新题时，重复 1 ~ 5 步。如果已对这个题目得心应手，就去做下一道。你会惊喜地发现，尽管你的组块库只有几个固化组块，但已经可以大大提高你对学习材料的掌握程度，以及高效解决新题的能力。

7."**主动**"重复。走去图书馆的路上，或是锻炼的时候，可以在头脑中回想解决某个题目的关键步骤。你也可以利用等公交、坐车，或者是等教授走进教室前摆弄拇指的闲余时间。这种主动排演能提高你回想关键概念的能力，有助于在家庭作业或考试中回想要点。

到此。这些就是搭建组块资料库的关键步骤。你正在做的就是建立和强化不断联结在一起的神经元网络，让你的组块更丰富、更强大。[4] 这里用到的原理就是生成效应。相比单纯重复阅读，生成（即回想）材料可以帮助你更有效地学习。

虽然你知道其中益处，不过我已经发觉你的小心思了："光是完成作业题，每周就要花上好几个钟头。可我怎么才能把一道题做上四遍啊？"

作为回应，我先这么问你：你真正的目标是什么？为了交家庭作业？或是为了考个好成绩？为了显示自己对这些材料的掌握？还是给大部分课程成绩凑个基础分？要记住，解题时敞着书本做参照，并不能保证你考场得意，更重要的是，这并不意味着你真正掌握了学习材料。

如果时间紧迫，你可以在一些重难点问题上采用生成的方法，把它作为一种刻意练习，进而强化学习内容、提高学习速度，同时帮你加速掌握解决问题的技巧。

机遇的法则 ⊙ 🔘 ⊙

请记着，幸运女神只眷顾努力的人。不要一看到新科目的全部知识就感到惊慌失措。相反，先专注于攻克一些关键概念，你会惊喜地发现以上的"组块搭建步骤"是多么有用。

这么说来，音乐家提高演奏技巧的方法，也可以用到数学学习上，比如，一位小提琴演奏大师，不会把一个曲子从头到尾练上无数遍。相反，她会集中攻克最难的乐段，比如那些让人指法笨拙、脑中浑然无序的部分。[5] 做刻意练习的时候你也应如此，要专注于学习解题步骤中最难的部分，并提高对这部分的解题速度。[6]

请记住，已有研究表明，你越努力回想学习材料，它在记忆中植入得就越深。[7] 相比纯粹的重复阅读，回想才是学习过程中最好的刻意练习方式。这与象棋大师的策略有异曲同工之妙。这些大脑奇才可以将棋局内化为组块，和长期记忆中最优走法联系在一起。这些神经结构帮助他们为对战中的每一步做出最优选择。[8] 低段数玩家和大师级玩家的区别就在于，大师级玩家会花更多的时间来找出自身弱点并克服不足。[9] 他们坐在那儿下象棋，并不是纯粹为了好玩，但最后，结果喜人得出乎预期。

要记住，提取练习是最强效的学习方式之一。它的效果远超过简单地重读材料。[10] 构建一个组块资料库来解决问题是非常高效的做法，这正是因为它建立在提取练习的基础上。不要被能力错觉迷惑了。请记住，光盯着书页上现成的学习材料，会让你错认为自己已经学会，而实际上你并没有。

起初按这个方法练习，你可能会觉得有些不自在，就像一个已经30岁的人，坐下来学习人生第一节钢琴课。但是随着不断练习，你会发现自己越来越得心应手。对自己要有耐心——当你对学习材料变得越来越从容，自己也就越来越乐在其中了。会很辛苦是吗？答案是肯定的，要实现颇具韵味和特色的钢琴演奏也是一样，但是你的收获会是一番努力过后的最佳证明！

"组块桌面" 太棒了 ➡ 🔘 ➡

　　我是一名全日制的工程系学生，还是一名全职的工程技术人员，学术工作如此之多，我没法一下子想起来。对此，我采用的思维技巧是搭建分门别类的大型组块——热学、机械设计、编程等。当我需要回顾个别项目，就把当前关注点搁置一边，并去参考想要的组块，这就像去点击电脑桌面的链接。我可以专注某个特定区域，也可以在发散模式下搜索整个"桌面"，找到组块之间的概念联系。一个整洁有序的思维桌面可以让联结变得更轻松。它让我思维更敏捷，也便于我对某个主题进行更深层次的探究。

——麦克·奥勒尔（Mike Orrell）

大学三年级学生，电气工程专业

遭遇瓶颈：突然间你的知识结构似乎就要崩塌

　　学习进展的过程，并不像每天把新包裹增添到你知识库的货架上那样合乎逻辑。有时候，在构建理解的过程中你会遭遇瓶颈。之前合情合理的事物似乎突然变得扑朔迷离。[11]

　　在你对理解内容进行重组的时候——为构建更坚固的知识基础，往往会发生这类"知识坍塌"。就语言学习者而言，他们偶尔会有类似的体验，正在学的外语会突然变得跟克林贡语一样晦涩难懂。

要记住，掌握新知识是需要时间的。在理解过程中，你会经历一些时期，看似像理解力在发生倒退，而你会因此感到恼火。这是一个很自然的现象，它说明你的大脑正在推敲这些材料。摆脱暂时的困扰期之后，你就会发现自己的知识基础往前迈了一大步。

让一切井然有序：梳理你的学习材料

备考的时候，把你的问题和答案**梳理整齐**，会方便你快速浏览。有些学生会手写问题的答案，贴在教材的相应页面，这样所有的材料就都触手可及了。（如果之后要把书还回去，可以用作画时的遮蔽胶带或者便利贴来贴答案。）手写答案很重要，因为手写的过程可以增强你对材料的记忆，或者整理好课堂和书本的重要问题及答案，把它们装进手边的活页夹，这样有利于考前再次复习。

> **历史上一名伟大的心理学家关于记忆的至理名言** 🔁
>
> 我们的记忆有个奇怪的特质，即主动重复比被动重复让人记忆更深刻。我是说，在以心记的方式学习的过程中（以此为例），等明白得差不多了，如果多花些时间和精力去回想，得到的效果比再看一遍书更好。通过前一种方法回忆字句，下次再遇到相同的内容很可能就有了答案；如果采用后一种方式，我

们很可能需要重新翻一遍书。

——威廉·詹姆斯（William James）

写于 1890 年 [12]

测试是一种强效的学习经历：时常给自己来场小测验

　　要将诸多解决方案建立成组块，其中的重要原因之一就是：它们**可以让你避免在考场上发懵**。发懵，即恐慌到大脑一片空白——一旦工作记忆被填满，而大脑已经没有足够的空间来承载解决问题的其他关键部分了，人就会发懵。搭建组块会压缩已有知识，为工作记忆腾出内存空间，这样你就不会轻易就让神经超负荷运转。同样，给工作记忆留出更多的空间，意味着你更有可能去回想起解题的重要细节。[13]

　　这种回想练习是一种小测验。研究表明，测试并不仅仅是衡量所学知识多少的手段。**测试本身就是一种强效的学习经历。它可以改造你已有的知识体系或是为其添砖加瓦，同时可以显著地提高你记住学习材料的能力。**[14]通过测试而发生的知识构成上的改善，被称为"测试效应"（testing effect）。它的发生多是因为测试进一步强化并稳固了大脑中的相关神经模型。这正是我们在第 4 章中看到的，在"常练不忘"部分有张图显示，多次重复后，脑中相应的区域颜色会加深。[15]

　　就算测试结果不理想或是没得到任何反馈，基于测试效应产生的改进依然会发生。尽管如此，在学习期间做自我测试时，你还是想要尽可能地去获得反馈，并用参考书检查答案，或是翻看书后，又或去别处验证自己的答案。不仅如此，后面我们还会谈到，和同学以及教师间的互动也会对学习过程有所助益。[16]

搭建固化组块之所以有益，是因为在创造这些组块期间，你会在其中穿插大量的小测验。令人震惊的是，研究显示，学生甚至包括教育者常常没有察觉到，通过提取练习活动（即回想）这样的小测验，会带来许多益处。[17]

学生认为在回想中进行的自我小测验只不过是检查一下自己的学习质量，但这种主动的回想测试，是最好的学习方法之一，比坐在那儿被动地重读材料要好得多。通过搭建你的组块资料库，并主动对学习材料进行反复而大量的提取练习，同时进行回想测试，那么你已经在用最好的学习方法了，学习会因此更加深入而有效。

该你试试了！

建一个思维方案库

培养灵活专业的思维，关键在于构建属于你的思维方案库。这是一个你能快速读取的数据库，在紧要关头总能派上用场。这个做法不仅可以用于解决数学和科学问题，它还适用于生活的许多方面。比如，这就是为什么要去观察紧急出口相对飞机座椅或宾馆房间的位置，这样做总是上策。

本章小结

✓ 搭建组块是指将某个概念整合到某个联结流畅的神经思维模型当中。

✔ 搭建组块有助于增加工作记忆的可用内存。

✔ 搭建一个含有概念和解题方案的组块资料库，可以形成解题直觉。

✔ 当你在搭建组块资料库的时候，要刻意关注那些最棘手的概念和解题环节。

✔ 偶尔也会遇到这种情况，尽管学得很努力，可命运却让你打出一手烂牌。但你要记得机遇的法则：如果准备充分、勤加练习并搭建思维方案库，你会发现幸运女神会更加眷顾你。换句话说，如果你不努力，那么必定会失败，但那些一直在不断努力争取的人定会体验更多的成功。

驻足与回顾

本章的主要内容是什么？几乎没有人能够记住很多细节，但没关系。如果将所学概念分门别类地装入几个关键组块，你会惊喜地发现自己的学习进度加快了。

学习提升

1. 搭建组块和工作记忆有什么联系？

2. 在搭建组块的过程中，为什么要亲自解决问题呢？为什么说，不能看看书后答案再理解一下就算过关？在考试前，做哪些事情可以帮助你梳理组块呢？

3. 测试效应是什么？

4. 一旦你已经就某个问题练习过好几次，停下来看看，你是否能感觉到下一步怎样走才正确。

5. 机遇的法则是什么？举个例子，以自己的经历来说明这个观点。

6. 怎样区分发懵和知识坍塌？

7. 学生常常会用重读材料的方法自欺欺人，而不是通过回想来进行自我测试。你觉得怎样才能避免掉入这个常见的陷阱呢？

Ebay 研究实验室的高级主管，尼尔·桑德里森，关于灵感以及数学和科学领域的成功之路

尼尔·桑德里森博士是"灵感！项目"（Inspire! program）的创始人，本项目旨在帮助学生在科学、工程、数学和科技领域取得成功。"灵感！项目"中的一些学者—— 一群有着弱势背景的大学新生，在最近提交了他们的第一项专利，即为 Ebay 移动商务提供的一份重要的知识产权资产。让我们通过桑德里森博士自己的故事来进一步了解他的成功之路：

我从没在精英名校上过学。事实上，我曾经就读的学校并不入流，很多学科都没有合适的教书人选。但无论我遇到怎样的老师，我总是专心寻找他们的闪光点，那或是超群的记忆力，抑或只是一个平易近人的微笑。这种积极的态度使我对老师心怀感激，并在课堂上保持着一种开放接纳的态度。

同样的态度也推动了我之后的职业生涯。直到今天，我依然经常主动从我的同事或上司身上寻找灵感，而且当我自己情绪低落时，我发现这是因为我没有再去发掘他人的正能量特质。这时候就意味着我要自省并做出改变了。

我知道这么说有些老套，可我主要的灵感总是来自我的母亲。我母亲初中毕业后就没能继续读书了，因为读高中就得离开她生活的小镇。她成长于印度独立斗争的年代，那是一个令人激动又危险重重的年代。我的母亲没能继续读书，让我下定决心为其他人打开校园的大门，让他们认识到巨大的机遇摆在他们面前，正等着他们去把握。

我母亲的金句之一就是"好记性不如烂笔头"。我发现，从小学到博士的学习中，系统地理解并写下我想掌握的每个步骤，就会产生惊人的效果。

在读研的时候，我经常看到其他学生在书上不知疲倦地标重点，他们会将某些证明步骤或篇章句子画出来。对此我一直无法理解。一旦你在材料中做了标记，一定程度上说，你就破坏了知识的原貌，并且此举并不能保证所画内容已经根植你心，并生根发芽。

我自己的经验，就和你在本书学到的研究发现不谋而合。要避免画标记，因为起码就我的经验而言，突出某个部分只会让人产生能力错觉（已经掌握了该内容的错觉）。提取练习的做法就有效多了。读每一页时，试着概括出主要内容并铭记在心，然后翻到下一页。

我会在每天的清晨，整个人状态最好的时候，做数学之类较难的科目。现在我依然在践行这个方法。我最棒的思维大突破，有好几次都发生在卫生间或洗澡的时候——只要我从关注主题上转移注意力，发散模式就会开始施展它的神奇魔力。

工具、建议和小技巧

最好用的学习应用和方法

著名管理师戴维·艾伦（David Allen）指出："我们想方设法地让自己去做该做的事……很大程度上，我所知道的表现最出色的人，都在生活中运用了最好的小技巧……为了安排自己做些事，我们身体最聪明的部分会发出信号，接下来总是不太灵光的部分自动回应并产生行为，从而得到出色的结果。"[1]

艾伦说的"想方设法"是指一些小技巧，比如为了进入运动状态而穿上运动服，或是把重要的报告放在大门口，防止自己错过。我听过一种常用的自我克制法，就是把自己置于新环境下，比如待在图书馆中的安静区域，在这里没有太多环境干扰的信号。这么做对克服拖延有着神奇的效果。研究表明，找个专门的工作地点对工作极有帮助。[2]

另一个小技巧会用到冥想，它让你学会对干扰想法视而不见。[3]（冥想的做法并不仅限于 New Age 派——许多科学依据已经揭示出了冥想的价值。[4]）《穿牛仔裤的佛》（*Buddha in Blue Jeans*）是塔伊·谢里丹（Tai Sheridan）的作品，这是一本简短有益的冥想入门手册。它有电子书版本，而且适用于各类信仰人群。当然还有许多冥想类应用软件，可以在谷歌上搜搜看，说不准哪个就对你有效果。

最后要说的一个重要技巧就是，"改造"（reframe）自己的关注点。有个学生，在每个工作日的清晨，4 点半就能起床，醒来的时候他不会去想自己有多累，而是在想早餐会多么丰盛。

有关"改造"最精彩的故事之一，来自罗杰·班尼斯特（Roger Bannister），他是首个在 4 分钟内跑完 1 英里的人。班尼斯特曾是医学院的学生，那时他连一双运动鞋也买不起，也付不起一顿跑步者特供餐。甚至一天内，他最多只能跑步半个小时，这些时间还是从医科学习中挤出来的。而班尼斯特并没把关注点放在阻碍目标实现的种种原因上。他关注的是如何以自己的方式达成目标。创造世界纪录的那天早上，他一如往常地吃完早餐，例行完成医院查房，坐上公共汽车到达了赛场。

能认识到运用正面思维技巧会增加个人优势，这是一种幸运。因为负面思维技巧，可能会让你做无用功，或是把问题变得更加棘手，比如告诉自己，你可以在截止日期临近时，将作业草草了事。而使用正面思维技巧能弥补负面方式带来的缺憾。

刚坐下投入工作前，有点负面小情绪是正常现象。如何应对这些情绪是才是关键。研究者发现，"快人"和"慢人"的不同就在于，"快人"毫不拖沓地把负面想法放在一边，对自己说，"别浪费时间了，现在就动手吧。只要你动手做事情，感觉就会好很多了"。[5]

克服拖延的正面手段 ◐ ⬢ ❯

我告诉我的学生，只要他们能遵守以下三个原则，拖延一下也没事。

1. 在拖延期间不要去开电脑。电脑总让人难以自拔。

2. 趁还没开始拖延，先看看家庭作业里最简单的几道题。（这会儿还不必动手去做。）

3. 在小纸片上抄下待解决的等式或方程，到哪都随身带着，直到它们让你觉得拖不下去了，再回来做作业。

我发现这个方法对我帮助很大，因为它让问题徘徊在发散模式中，甚至在拖延期间，学生也一直会对这个问题进行思考。

——伊丽莎白·普劳曼（Elizabeth Ploughman）

物理教师，任职于加拿大不列颠哥伦比亚省，维多利亚大学，卡莫森学院

自我实验：让自己变得更好的关键

罗伯茨博士，曾为加利福尼亚大学伯克利分校的心理学教授。研究生的他在学做实验期间，就开始在自己身上做实验。罗伯茨教授的第一个自我实验对象是他的青春痘。皮肤科医生开的药是四环素，于是罗伯茨给脸上的痘痘涂抹了不同的药量。而他仅仅是记下了痘痘的数量，最终得到了怎样的结果呢？四环素竟对痘痘的数量

没有一点缓解!

　　罗伯茨的偶然发现,估计医药学得再花 10 年才能得到——他的结论,是看似强效的四环素不仅有不安全的副作用,而且对治疗青春痘压根没效果。另一方面,过氧苯甲酰乳膏竟然奏效,这和罗伯茨最初的想法完全相反。罗伯茨博士说:"我的青春痘研究让我明白了两件事,外行都可以通过自我验证来了解:①专家的说法是否正确;②哪些事专家都不知道。我从没意识到外行还会有这种可能。"[6] 这些年来,罗伯茨教授通过自我验证,研究自己的情绪,控制自己的体重,还探索 omega-3 脂肪酸对大脑运转的影响。

　　总的来说,罗伯茨博士发现自我验证的做法对检验想法、促生新设想十分有帮助。他这样写道:"究其本质,自我验证过程中少不了得让生活发生一些急剧转变:你可以几个星期不做某事,之后你再把某事做上几个星期。接着,加上我们对自身的各种监控观察,自我验证就很容易为我们揭示各种意想不到的副作用了……而且,每天对青春痘、睡眠或其他活动的测量,构成了自我验证的实验基准,这让意料之外的变化更加显而易见。"[7]

　　你的自我验证,至少应该从克服拖延开始。记录下自己想完成但未完成的事、拖延对你的暗示,还有出窍状态(zombie-mode)下的习惯性反应是如何应对拖延暗示的。通过记录这些反应,你可以对自身施加微小的压力,来改变自己应对拖延暗示的方式,并逐渐改进工作习惯。尼尔·菲奥里(Neil Fiore)在他的优秀作品《战胜拖拉》(*The Now Habit*)中建议,个人可以将每日活动计划详细记录下来,坚持一两个星期,了解自己拖延的症结所在。[8] 对自己行为进行监控的方法有很多。这里最重要的一点,是一定要坚持记录几个星期,这么做对你做出改变会有关键指导作用。同时,不同的人会有适合自己的工作环境—— 一些人需要熙熙攘攘的咖啡馆，一些人需要安静的图书馆。你需要找到最适合自己的工作地点。

孤军奋战与组队合作：别再苦思冥想，拖延行为需要差别对待 ⊙ ⊕ ⊘

对拖延我得提一个小建议，你要暂时把自己与那些会干扰你的人和事给分离开。自己到一个房间里去，或者去图书馆，这样就没什么事能让你分心了。

——奥克利·柯沃特（Aukury Cowart）
电气工程专业大二学生

如果一门课让我为难，我觉得和班上其他同学一起学会好些。那样我可以提问，和大家一起解决共同的困惑。可能我能帮助别人答疑解惑，而别人反过来也能帮助我。

——迈克尔·帕利西奥（Michael Pariseau）
机械工程大三学生

终极小恶魔联盟：行动日志——你的个人实验记录册

克制习惯最好的办法其实很简单：简要写出下一个星期要做的关键任务清单，一周写一次。之后，每天列一个清单，写出可执行可完成的合理任务量。试着在前一天晚上写出第二天的日行计划清单。

为什么要提前一天写呢？研究显示，写计划能让你的潜意识处理清单任务，从而让你得到解决对策。[9] 所以，在睡前写下清单，是在召集小恶魔帮你完成第二天的任务。

大多数人会在手机、网络或纸质日历上记录重要截止日期——你可能像他们一样，正用着这样的记事方法。根据记录着"截止日期"的日历，你会写出下一周要做的 20 来个关键待办事项。每晚，再根据周待办清单写下次日待办清单。日待办事项保持为 5 ~ 10 个即可。计划一旦写好，就尽量不要再往日待办清单中增加事项，除非事情突发又不得不做（你是不会希望自己眼前有张做不完的清单的）。尽量避免替换清单上的任务。

没有列清单的小恶魔毫无头绪　　　　快乐的小恶魔拥有任务清单

如果没在清单里写下待办任务，它们就会潜藏在你工作记忆的四个入口，占据宝贵的思维空间。

任务清单一旦写下，工作记忆就获得了解放，现在你终于有空闲去解决问题了，太棒啦！但要记着，你得相信自己一定会去查看行动日志，如果你的潜意识觉得自己做不到，那么任务又会蜿蜒盘踞回大脑，堵塞工作记忆的空位。

还有一点要说。写作教练达芙妮·格雷 – 格瑞安（Daphne Gray-Grant）对她的写作委托人建议道："一大早，最困难的事要最先做。"睁开眼的第一件事，就是先做完最重要和最厌烦的任务。你不知道效率会因此提高多少倍。

以下是我从自己的行动计划日志中取出的行动日志。（你可以创造自己的周计划样板。）注意看，这里只有 6 项待办事件，其中一些重在过程。比如，我的行动计划日志里有一份几个月后要交的论文，于是每天我都抽出一小部分时间，致力于完成这项任务。另一些事项重在结果，因为在一定时间内，它们的确可以被完成。

11 月 30 号 ⊕ ⊞ ⊘

- PNAS 论文（一个小时）
- 出去散步
- 看书（一个部分）
- ISE 150：准备样本
- EGR 260: 为期末考试准备一道题
- 给临近的谈话下定论
- 专注，找乐子！

目标完成时间：下午 5 点

请注意我的提示语：我想把注意力时刻集中在做的每件事上，可也想娱乐一下。今天清单任务完成得还不错，但我确实发现自己开了小差，因为忘了把邮箱关掉。为了让自己回到工作状态，我在电脑桌面设定了 22 分钟的番茄时间挑战。（为什么是 22 分钟？其实，多少分钟都可以。我不必每次都做同样的事情、设定同样的时间。还要注意的是，进入番茄时间状态后，我接着切换到了更注重过程的任务。）我的待办事项中没有过于艰巨的任务，因为日常还有其他事情要做，比如开个会、上节课。有时，我也零星安排几样体力劳动，比如拔掉杂草，或打扫厨房。这些一般并不是我最爱做的事，但是怎么说，因为能把它们作为发散模式下的休息，所以对它们常怀着期待。把学习和各项任务交错安排，似乎这一切更会让人乐在其中，而且你还可以避免长时间不健康的久坐。

时间久了，我的经验就丰富了，更清楚自己完成各项任务要多长时间。对自己的认识更现实之后，认识到有限时间内能够承担多少任务量，这时候你会发现自己的成长在突飞猛进。有些人喜欢在待办任务旁写上数字做优先排序，从 1 到 5，优先顺序从高到低，最不着急的第五项可以留到明天做。另一些人喜欢在优先处理的待办任务旁边画颗星。还有些人在每项前面画个方框，做掉一项打个钩。我个人喜欢每做完一项，直接用黑线划掉。觉得怎么合适就怎么办，你会形成一套适合自己的运作系统。

你的日程你做主 ◎ ◉ ◗

为了和拖延对抗到底，我把自己要做的事都写了下来。比如，我告诉自己，"周五我得动笔写论文，周六完成。同时，周六也要做数学作业。周日，我要为德语测验做准备"。我真的可以安排得有条有理，毫不夸张地说，我的压力也得到了缓解。如果我不按计划行事，第二天我就要做双倍的工作，那可真不是我想看到的。

——兰德尔·布罗德韦尔（Bandall Broadwell）

机械工程专业学生，第二专业修习德语

　　还得说一句，如果你试着做出的计划或日志，之后对你没起作用，你或许可以尝试一个相关方法，它本身有着更明显的提醒作用：把任务清单写在黑板或白板上，搁在门边。当然，划掉完成事项的那一瞬间，不变的还是那种发自肺腑的痛快！

　　请注意我一天中的目标完成时间：下午 5 点看起来不太对劲，是不是？但这样写却是有道理的，这是你每天的行动日志最重要的组成部分。计划什么时候放下手中的活，和计划什么时间工作一样重要。一般来说，我的目标是在下午 5 点结束工作，尽管我学的是新知识，如果能在晚上休息时间或睡前回顾一下会是一件开心的事，尽管偶尔有重要的项目即将收尾。我给自己定下一个下午 5 点的结束时间，因为我享受和家人一起的时光，还喜欢在晚上花大把的时间做各种阅读。要是你觉得这样的安排太轻松，别忘了我一周 6 天都在坚持早起坚持日程，很明显，除非你有额外繁重的学习和工作，你也不必非得这么做。

　　你或许会想，没错，可是你年轻气盛的学习时代早已不再，对于你来说，能早点下班倒是一件好事！然而我最钦佩的一位学习专家，卡尔·纽坡特（Cal Newport），在学生时代一直把下午 5 点作为停工时间。[10] 他从麻省理工学院顺利毕业，并获得博士学位。换句话说，也许一些人觉得这个方法不切实际，但对于高强度学术项目中的本科生和研究生，它有不小的效用。有些人在辛苦工作的同时，坚持为自己留出了有益身心的闲暇时光，久而久之，他们会比顽强不息夜以继日的大忙人做出更优秀的业绩。[11]

　　要是完成了每日待办清单上的任务，你就可以收工了。如果发现自己总是超出计划的停工时间，或是时间到了却没能完成布置给自己的任务，通过行动日志你会捕捉到这些现象，并可以在工作策略上做出微小改进。每天你都有一个重要目标，那就是在行动日志上简要写下第二天的计划，并勾掉几个当前完成的事项（希望你如愿以偿了）。

当然，有可能的是，生活不允许你在日程中安排太多的间歇和闲暇。也许你身兼二职，还有太多的课要上。但是不管生活多么辛苦，总要挤出点时间休息一下。

重要的是，要将遥远的目标分解转化为每日任务，一点点攻破难题。你需要把大任务转化为每日清单上的小任务。不积跬步无以至千里嘛。

该你试试了！

规划你的成功

从自己总在避而不做的任务中，挑出一小部分。计划何时何地能解决这一小部分任务。下午去图书馆的时候，你会把手机调到飞行模式吗？明晚的你会不会去另一个房间，把笔记本电脑放在一边，开始在纸上写写计划？不管你决定做什么，仅仅是为如何行动做出计划，就能大大增加任务达成的可能性。[12]

也许你习惯了让拖延和愧疚成为做事的动力，那么你会很难相信还有其他的办事方法，而且找到恰当的时间规划方案是要费点工夫的，因为之前你从没认真了解自己不慌不忙做好一件事要多久。结果，拖延惯犯总把每次的拖延看成个别例外，当作"就这一次"的现象，说自己下次不会再犯。还是说得好听，即使你知道这是自欺欺人——这让你一次次相信自己不会再犯，因为没有行动日志做参考，就没有反驳自己的理由。就像奇科·马克斯（Chico Marx）曾说："你要相信谁，是我还是自己的眼睛？"

避免拖延：工业工程系学生乔纳森·麦考密克的感悟 ⊙ ⫸ ⊙

1. 在我的行动日志中，我所记下来的作业上交日期，会比实际日期提前一天。那样，我从来不会等着最后一秒去赶工，相反交作业之前，我还有一整天去思考作业。

2. 我会告诉朋友，自己正在做作业。那样，他们一发现我在刷脸书，都会负责任地告诉我，我应该去做作业了。

3. 我桌上的相框里有张纸，上面写着工业工程师的起薪。不能专心于手上任务的时候，我就看看它，提醒自己，现在的努力一定会在将来兑现。

偶尔拖延一下是不可避免的。但要高效率学习数学、科学，你就必须成为习惯的主人。你必须把小恶魔置于掌控之下。行动日志是你的第二双眼睛，它会记录你的成效。最开始用任务清单，你会经常发现自己真是太有雄心壮志——布置给自己的任务根本完不成。但懂得变通的你，很快就学会了如何设定合理、可行的目标。

你也许会想，没错，那什么又是时间管理系统？我怎么能知道哪件事是最重要的？这就是周待办清单的意义所在了。它能让你冷静地后退一步，纵览全局，再为任务设定先后。前一天晚上写好第二天计划，也能防止你为节骨眼上做决定的行为付出巨大代价。

偶尔你会因为未料到的事件，对计划做出更改吗？当然会了！但是还记得机遇的法则吗？幸运女神只眷顾努力的人。计划也是努力的一部分。着眼于目标，尽量别让自己因遇到拦路虎而紧张不安。

有了待办清单，重要的是说做就做 ◎ ⊕ ◎

我把每天要做的事都列在清单上，于是井然有序地度过每个星期。清单往往就写在一张横条格的纸上，我只用把它折起来揣在兜里。每天有几次，我会把它拿出来，再次检查做过的事或是去做日程上的其他事。划掉完成事项总让人感到美滋滋的，特别是在完成超长的清单任务之后。我有一抽屉这样折起来的清单。

我发觉，这种办法让开始做一件或几件事变得容易了许多，而且我知道下次要继续做这件事的时候，事情已经被我完成了一部分，我需要担忧的内容并不多。

——迈克尔·杰沙（Michael Gashaj）

工业工程大二学生

科技小贴士：最好用的学习应用和程序

一个简单的计时器，再加纸笔，对克服拖延经常是最直接有效的工具，但是你也可以利用科技实现。这里列出了一些学生最适用的工具。

该你试试了！

最好用的应用和程序，让人专注，完成任务（除有价格标注外的，皆有免费版供应）。

计时器

- 番茄工作法（含多种价格和资源）。

任务、计划和抽认卡片

- 30/30—— 一款计时器和任务清单合二为一的应用软件。

- StudyBlue（移动跨屏学习服务平台应用软件）——该学习的时候，这里有配笔记文本信息的抽认卡片。

- Evernote（印象笔记）——我个人的最爱之一，是一款普遍用于记录任务清单和零散信息的软件（让随身带着小本记录想法的人们从纸笔中解放出来）。

- Anki—— 一款纯粹的抽认卡片系统，内置优秀的间隔重复算法，可获取多种预设的学科平台。

- Quizlet.com——可输入自己的抽认卡，可和同学分工合作（免费功能）。

- Google Tasks and Calendar（谷歌任务与日历）。

从时间的海绵里挤时间：防止浪费时间的网站

- Freedom（时间管理软件）——支持 MacOS、Windows 和 Android 系统（售价 10 美元，但许多人对该软件信赖有加）。

- StayFocusd——谷歌浏览器（Google Chrome）扩展应用。

- LeechBlock——火狐浏览器（Firefox）扩展应用。

- MeeTimer——火狐浏览器插件。

对自我和他人的鼓励

- 43 Things——目标设定网站。

- StickK——目标设定、自我生活的管理辅助工具。

- Coffitivity——为你创造咖啡屋一般的中等噪声环境。

最简单的办法

- 关闭电脑和智能手机提示音。

本章小结

✓ 思维技巧会是你强大的武器。以下罗列了一些最有效的技巧：

- 让自己待在无干扰环境下克服拖延，比如图书馆；
- 练习无视分心的想法，让它们成为眼前浮云；
- 如果自己态度不端正，就要改造自己的关注点，让注意力从负面转移到正面看法上；
- 意识到刚坐下开始投入工作前，有点负面小情绪是特别正常的现象。

✓ 让"开心一刻"成为你生活计划的一部分，是预防拖延的最关键要务之一。同时也是能让你避免拖延的最重要原因之一。

✓ 预防拖延的核心就是拥有合情合理的日计划和每周一次的周计划，它们可以保证你在宏观上保持前进步伐。

✓ 在前一天晚上写好第二天的计划。

✓ 先从最困难的事做起。

驻足与回顾

合上书，转开视线，想想本章有哪些主要思想？要记得祝贺自己看完了这一章节的内容——每次小成就都值得鼓励哦！

学习提升

1. 刚坐下开始学习，有点负面小情绪很正常，你能做点什么让自己渡过难关？

2. 要克制习惯性拖延，哪种方法对你最管用？

3. 为什么你想在前一天晚上，写下第二天的待办任务清单？

4. 你会如何改造自己当前的负面想法？

5. 解释一下，为什么设定一个停工时间是那么重要。

该你试试了！

设定合理目标

我希望在本章的结尾，能看到一个跃跃欲试的你。接下来的两周，在新的一周开始前，写下自己的周目标。之后每天，基于周目标，写出 5 ~ 10 个小而合理的日目标。完成一项就划掉，然后品尝划掉达成项的喜悦。如果有必要，可以把一定的任务量分解成三个分任务，写到"迷你任务清单"里，这样可帮你保持动力。

要记住，你使命的一部分就是要在合理的时间内完成每日任务，这样你的闲暇时光才不会笼罩着愧疚感。你养成的一系列新习惯会为你的生活增添乐趣。

你可以把纸张或笔记本，或黑板、白板摆在门口。不管你觉得哪种方法最好用，这都是你开始行动的第一步。

用神奇数学浸泡法克服生活难题：玛丽·查的故事

我 3 周大的时候，我的父亲就抛弃了这个家，我 9 岁的时候，我的母亲就去世了。有因必有果，我中学的表现糟糕透顶，才十几岁，也不顾我的养父母，就带着 60 美元

离家出走了。

现在我是个学分绩点有3.9的学生，在读生物化学专业，正在为考入医学院的目标而努力。明年我就申请学校。

"这和数学有什么关系？""你这么问就对了！"

"25岁我选择参军，正是因为我已经贫困到揭不开锅盖了。"参军是我这一生做出过的最棒的决定——我倒不是说军旅生活很轻松。在阿富汗的那段时间，是我最艰苦的日子。我对工作很满意，但是和同事几乎没什么共同语言。这让我觉得疏远又孤单。为了让大脑中的想法常用常新，我就在业余时间学习数学。

军旅生活帮我养成了很好的学习习惯。这种学习习惯并不是目不转睛地盯上几个钟头，而是在短短几分钟里，要尽可能地算出答案！工作上的问题总是接踵而至，我也就必须要在短时间内完成学习任务。

我偶然间发现了"神奇数学浸泡法"——可以将其等同于发散模式的过程。我也会在一些问题上举步不前——我是真的卡壳了，丝毫没有头绪。可接着我就被喊出去处理爆炸事件或是其他事情。要是我在外带队，或仅仅安静地坐着，要不就是等待命令时，我的大脑后台就同步开始思考数学题了。晚上回到房间，一切问题就这样迎刃而解了！

我发现的另一个小方法是我所说的主动复习。在我打理头发，或是洗澡的同时，我会在脑中复习一些我已经解决掉的问题。复习让这些问题记忆犹新，不会被我抛之脑后。

以下是我的学习过程。

1. 找学习材料里的某小节，把各种类型的题目都做一遍（至少每种类型都要练到，才能达到完全理解的目的）。

2. 浸泡难题。

3. 用表格列出所有重要的概念，并给各类问题配上想收为己用的例题。

4. 争取在考前列一张内容全面的表格，其中包含科目、每小节题型以及解题技巧。别惊讶，单是列出章节和主旨就能让你受益匪浅了，更不用说列出题型和收藏解题小技巧会带来多大好处。这种从字面上进行的回想能让你在最短的时间内识别题型，并让你在进入考场时信心倍增。

"我年轻的时候，要是对一项知识没能即时理解，我会认为，这意味着我再也不会理解它，或自己笨。"当然，这想法从根本上就错了。现在我明白，做事趁早是多么重要，这样可以留出消化知识的时间。理解无压力了，才会让学习更有乐趣。

拖延的小恶魔总结篇

你得和拖延症较较劲

在前几章里，我们已经大致谈过了与拖延相关的许多问题。但本章会加入一些新的见解作为对拖延这个版块的结语。

长期在"高压区"工作的利弊

在 1988 年一个周五的晚上，微软的两名工程师在派对上偶然碰面，发现他们解决了当时微软基本上已经放弃的一个主要软件障碍。这实在太令人激动了，他们离开派对去尝试这个想法，开启电脑，一行行地检查有问题的代码。那天深夜，他们即将开启一个意义重大的时刻。根据法兰斯·约翰森在他著名的书《运气生猛》

（*The Click Moment*）中提到的那个"时刻"——将几乎被弃置的软件项目改造升级为 Windows 3.0，这也为微软今天成为全球科技巨头奠定了基础。[1] 灵感从天而降的时刻确实是存在的。

这样少见的创造性突破，通常是在经历了一番神经紧张的准备、竭尽全力的努力，甚至包括熬夜工作后才姗姗来迟。这与数学和科学标准的一天学习是大不相同的。它更像体育运动：每隔一阵子会有一天的比赛，你需要在重压之下全力以赴做到最好。但你肯定不是天天都在那种情况之下进行训练的。

在你效率特别高并且一直持续工作到深夜的日子里，你可以完成很多工作，但是随后几天，如果看看自己的计划日志，你就会发现，自己没有之前那么有效率了。习惯突击完成工作的人通常比那些合理安排时间、定时定量完成工作的人效率低很多。[2] 突击完成工作的时间如果太长，会让你精疲力竭。[3]

迫在眉睫的截止日期会不断增加压力程度，把你逼迫到一个区域中，其中应激激素会参加进来帮助你思考，但是依赖肾上腺素是很危险的，因为只要压力太大，你的思考能力很明显就会消失。更重要的是，为了即将到来的考试学习数学和科学与在截止日期前完成一篇书面报告是截然不同的。对于多数人来说，培养数学和科学相关的架构会很慢，因为在吸收这些学科的知识的时候，大脑会在专注模式与发散模式的思考中相互交替。尤其在谈到学习数学与科学时，老生常谈的借口"我在面临截止日期时做得最好"明显是大错特错。[4]

还记得第 5 章我们讲拖延的时候提到的那些服用砒霜的人吗？回到 19 世纪，当服用砒霜在奥地利一小部分人中间生效的时候，人们忽视了它带来的长期后果，虽然他们的身体里已经有了耐药性。这就像人们一开始不会意识到拖延带来的危害。

能够控制拖延的习惯，就意味着承认那些带来短暂痛苦的事情最终会是有益的。克服想要拖延的冲动与其他最终有益的小应激源具有很多共同点。

> 我不工作的时候，一定要休息，绝不会做其他事情。
>
> ——心理学家 B.F. 斯金纳（B.F. Skinner），
> 这个关键的认识成了他职业生涯中的转折点[5]

明智的等待

我们都知道，看起来好的品质也可能会带来坏的后果。象棋中的"思维定式"就是个好例子，它是指局限于先前的认知而没能认识到更好的走法。集中的注意力一般是良性的，但也会让你不自主地陷入思维定式中，从而无法发现更好的答案。

就像集中注意力并不总是好的，拖延这样看起来不好的习惯也并非总是坏的。不管什么时候列计划清单，你都可能因为某事没有列为"首要待办"而被认为是在拖延。拖延有益的一面就是让你在急于完成某事之前学会"驻足与反馈"，学会明智地等待。事情总是做不完的，区分事情的优先次序可以让你从宏观层面上做决定，而有时等待也可以让情况自行转变。

驻足与回顾不仅在克服拖延方面是关键，在解决数学和科学的问题时也是。你可能会很吃惊地发现，数学专家（教授和研究生）与数学新手（本科生）在解决物理问题时是不一样的，专家会更慢一些开始做问题，[6]他们平均会先用 45 秒来分析如何根据问题背后的基本物理原理对这个问题进行归类。而本科生会很着急，他们只用 30 秒就决定了要如何解决这道题目。

不出意外，本科生得出的结果常常是错的，因为他们仅凭问题浅薄的表象去做选择，而不是问题所依据的基本原理。这就像专家会花很多时间得出西兰花是蔬菜，而柠檬是水果的结论一样。新手就会急于说西兰花是一棵小树，而柠檬明显是鸡蛋。"驻足"给了你充足的时间去搜索自己的组块资料库，让你的大脑把这个具体的问题与宏观层面联系起来。

等待在更广的含义中也很重要。比如，当你很难理解某个具体的数学或者科学概念时，重要的是不要让困惑控制你，让你觉得那些概念太难，或者很抽象而不去理会它们。FBI 人质谈判专家加里·内斯纳（Gary Noesner）在他恰如其分地取名为《危机谈判术》（Stalling for Time）的书中这样指出，我们从成功或失败的人质谈判中都能有所收获。[7] 因为在这些情况下，人们都会情绪激动，尝试迅速解决事件的努力常常会导致灾难。面对情感挑衅，如果能克制想做出过激反应的本能需求，就可以给情绪一些时间渐渐消散。如此造就的冷静头脑可以拯救生命。

情绪会通过说"想做就做，肯定没错"来刺激你，但在很多事情上它会误导你。比如在选择职业的时候，"跟着感觉走"可能就像决定与你最喜欢的电影明星结婚一样。听起来不错，直到现实给你当头一棒。以下就是事实证据：**在过去几十年里，盲目地跟随自己的激情，而非理性地分析职业选择是否明智的人，比起那些结合理性与激情选择工作的人，对自己的工作选择感到更不开心。**[8]

我就是这样子的。我原本对数学毫无热情可言，更不用说天赋和技巧了。但在理性思考之后，我变得乐意学好它。为了学好它，我经过了一番努力。我也知道仅仅努力是不够的，我还得避免自欺欺人。

我后来确实学好了数学，并凭借于此打开了通向科学领域的大门，又慢慢精通了科学。当我小有成就的时候，激情也随之而来。

我们通常会对擅长的事情产生激情。与之相伴的错误想法则是，如果我们不擅长做某事，我们就不会具有对它的激情，也永远不会培养对它的激情。

拖延问答

太多工作让我几近崩溃，使我努力避免去想它们，尽管这样会让我的境遇雪上加霜。当我觉得自己的工作量大到让我瘫痪时，我该怎么办？

写下三个能在几分钟之内就能完成的"微型任务"。记住，幸运女神会眷顾那些愿意尝试之人，所以只要尽全力做那些有意义的事就可以了。

这个时候闭上眼睛，告诉自己没什么其他可以担心的，只要专注于手头上列出的第一个微型任务就可以了。（我说"闭上眼睛"并不是在开玩笑，记住，这样能帮助你摆脱之前的思维方式。）[9] 采用番茄工作法也许是个不错的主意。你能在 25 分钟内读完本章节的头几页吗？

完成许多富有挑战性的工作就像吃萨拉米（意大利腊肠）一样。你得把它切片，一口一口吃。庆祝每一个成就，即使是微不足道的那种，因为你在进步！

要想改变我的拖延习惯需要多久呢？

尽管你可能很快就会看到成效，但你可能需要三个月的适应期来接受一套全新的、让自己舒服的习惯。要有耐心，遵循常识，不要想一口就吃成个胖子，巨大的改变可能不会持久，而失败只会让你越来越没有勇气。

我的思维很跳跃，注意力容易分散而无法专注于手头的工作。难道我注定做一个拖延症患者吗？

当然不是！我有很多富有创造力又成功的学生，他们都使用了本书中所列出的方法帮助自己克服了注意力缺陷多动障碍及其他注意力相关的问题。你同样也可以。

如果你的注意力很容易分散，那么能让你在短时间里专注于某一项工作的小工具可以让你受益匪浅，比如行程日志、挂在门上的白板、一个计时器，以及智能手机或者计算机里用于时间规划和计时的应用软件。所有这些工具都可以帮助你将这些浑浑噩噩的拖延毛病转为由小恶魔"掌控"的习惯。

来自一个患有注意力缺失症的学生的观点

因为我患有注意力缺失症，所以我每天都要和拖延症做斗争，而做计划是预防拖延唯一有效的方式。对于我来说，这就意味着每件事都要写在计划日志或者笔记本上，比如作业的截止日期、工作时间，以及几点跟我的朋友们出去玩。这也意味着每天在相同的地方学习，并移除所有干扰物——比如，把手机关机。

我现在每个星期都在差不多一样的时间段里做事情，我的身体喜欢这种固定模式。这也是为什么最开始打破拖延的习惯会那么难，但强迫自己在一个月后形成新的习惯并坚持下去也很容易。

——韦斯顿·耶书伦（Weston Jeshurun）

大二学生，专业未定

你之前有提到过克服拖延的时候少用意志力，难道我不该通过

多次运用意志力从而增强它吗？

　　意志力就像肌肉一样。你只有不断地使用自己的肌肉才能加强和发展它们，但任何时候，你的肌肉存储的能量都是有限的。培养意志力与使用意志力这两个方面都需要兼顾到。[10] 这也就是为什么如果你真的想要有所改变，每次只能用一件困难的事情来锻炼自己的自律能力。

　　我坐下开始写作业很容易，但只要一开始动笔，我就发现自己忍不住想要瞄一眼 Facebook 或者电子邮箱。等到我意识到的时候，我事实上已经花了八个小时来做其实只用三个小时就能完成的作业。

　　番茄工作法能够让你全面摆脱小恶魔习惯的干扰。从来没有人说过你必须完美地克服拖延症的毛病。你只需要坚持不懈，不断改善自己。

　　如果一个学生自己有拖延症，但拒不承认，并把责任归咎于除了自己之外的所有人和事，你会怎么评价他？或者另一个学生挂了所有科目，但她认为自己学到的知识比她的分数展现得更好？

　　如果你总是发现自己不停地陷入"不是我的错"这样的情形，那么肯定有哪里不对。因为最终只有你才是自己命运航船的掌舵人。如果你没有得到让自己满意的分数，就要想办法做出改变来得到你想要的成绩，而不是责怪他人。

　　过去的这么多年里，很多学生都曾经告诉我，他们"真的吃透了教材"。他们辩解说，自己之所以挂科是因为考试发挥得不好。可常常是他的队友告诉了我真相：这个抱怨的学生几乎不学习。让人伤心的是，这种对自己能力的盲目自信有时候甚至达到了妄想的程度。我相信这也是为什么雇主喜欢聘用那些在数学和科学领域里成功的人的部分原因。因为那几门学科成绩的好坏与否往往取决于一个学生对比较难的材料掌握程度的客观数据。

值得再次强调的是，各个领域中世界一流的学者专家都会同样告诉你，成为专家的道路非常不易。他们在那些烦闷冗长、困难重重的时光里步履艰难，获得自己现在的成就，让他们此时的得心应手看起来好像很简单一样。[11]

该你试试了！

试着和你的小恶魔较劲

回想一个你拖延了的挑战。什么样的想法会帮助你克服拖延？比如，你可能会想："其实并没有这么困难，等我开始做的时候事情就会变得容易了一些，有时候做一些我不喜欢的事情其实是好事，回报是值得的。"[12]

本章小结

拖延是一个非常重要的话题，这篇总结里涵盖了本书所有章节里提到的克服拖延症的方法：

✓ 记行程日志。这样当你实现自己的目标之后，就可以回头追踪并了解哪些是有效的方法，哪些是无效的方法。

✓ 每天都对自己承诺要完成一定的惯常事务和任务。

✓ 在晚上睡觉前写下你计划的任务，这样你的大脑就有时间详细考虑你的目标，从而帮助你确保能够成功。

✓ 把你的工作细化成一系列小挑战。总是确保你（和你的小恶魔）得到足够的回馈。花几分钟时间尽情地享受幸福和胜利的快感。

✓ 要慎重选择时间，直到你完成了这个任务才能奖励自己。

✓ 小心拖延的信号。

✓ 让自己身处少有拖延信号干扰的新环境中，比如安静的图书馆。

✓ 障碍总会出现，但不要把你自己的问题全都归咎于外部因素。如果每件事都是别人的错，那就是时候好好审视一下自己了。

✓ 相信自己的新时间系统。注意力集中的时候就要努力工作，该休息的时候要足够相信自己去休息，不要有负罪感。

✓ 如果仍然无法摆脱拖延，要有后备计划。毕竟没有人是完美的。

✓ 要事先行。

✓ 享受做小白鼠的时光！

驻足与回顾

　　合上书，看向别处。本章的主要观点是什么？你今晚睡觉前，试着再次回想一下主要观点——入睡前这段时间看上去常常是加深记忆最有效的时段。

学习提升

1. 如果你很容易分心，有什么好方法能帮助你预防拖延呢？

2. 你该如何判断何时拖延是有益的，何时拖延又是有害的？

3. 你是从什么地方意识到，在立刻投身其中前的驻足与回顾对你有益的？

4. 如果你坐下是为了工作，却发现自己在浪费时间，你会采取哪些行动让自己尽快回到正轨上？

5. 回顾自己是如何应对挫折的。在面对那些困难的时候你有积极承担自己的责任吗？什么样的应对最终是有效的？为什么？

6. 为什么那些跟随自己的内心，而非经过理性分析而选择职业的人对自己的工作更有可能不满意？

增强你的记忆力

大脑虽小，空间无限

约书亚·福尔是个普通人。但有时候普通人也能做出不普通的事。

刚大学毕业的福尔（Foer 的发音同"four"），在和父母同住的日子里，他努力想成为一名成功的记者。可他的记性不太好，经常会忘记女友生日这类重要的日子，要么就是想不起自己把车钥匙放哪了，或是忘记烤箱里的食物。在工作上，无论他多努力地不出岔子，还是会把 its 写成 it's。

但是福尔惊讶地发现有些人不同寻常。他们能在短短的 30 秒内记住洗乱的纸牌顺序，或者毫不费力地记住几十样东西，像手机号码、名字、相貌、重要的事件或者日期。随便给他们一首诗，他们就能在几分钟内记住并且背给你听。

福尔特别羡慕。他觉得这些天才记忆大师的

大脑，一定有些不寻常的构造，能帮助他们轻松记住海量数据。

记者约书亚·福尔为全美记忆冠军赛做准备。干扰是记忆强手最大的敌人，戴上耳塞和眼罩能让福尔避开干扰。强烈建议，如果真想记住什么，最好"两耳不闻窗外事"。

但是与福尔交谈过的每位记忆高手都坚称，在未经训练前，自己的记忆力水平相当一般。尽管看起来不可信，但这些人声称，老套的形象记忆法能让他们记得更快更轻松。"每个人都能做得到"，这样的声音在福尔耳边回响。你也可以。[1]

福尔怎么也不会想到，在这样的激励下，自己能够作为顶级决赛选手出现在美国记忆锦标赛上，而此时的他正目不转睛地盯着一副纸牌。

作为教育者，我们热衷于鼓励学生构建知识组块，而不是仅去记忆孤立的概念。这有时会让他们产生错觉，以为背和记没那么重要。（"为何我要去死记硬背那些能在书上找到的方程式?"）但因为有了重点概念，充满创造力的组块过程才能开花结果，所以记住重点非常重要。从中可得到的重要经验，是要不断揣摩推敲记住的知识，才能构建组块。

——弗里斯特·纽曼（Forrest Newman）
萨克拉门托城市学院天文学物理学教授

还记得餐桌在哪儿吗？你自带的超大视觉空间记忆

别吃惊，其实你也有出色的视觉和空间记忆系统。有些学习技巧需要这些系统的支持，一旦运用起来，你便不必仅仅靠生硬的重复强记知识。相反，你会通过一种充满趣味、便于记忆、富有创造性的方法，让视觉、听觉、触觉更易于接受你想要记住的内容。不仅如此，这些技巧还可以释放出工作记忆的空间。有时以古怪又不失逻辑的方式将事情分类记忆，更能轻松地强化长期记忆。这能有效地缓解考试时的紧张情绪。

下面要讲讲我所说的，属于你的出色视觉和空间记忆。如果让你观察一所从未参观过的房子，你会很快对大致的家具摆放、房间布局、配色方案，甚至对浴室橱柜里的备用药物都会有一个印象。短短几分钟，你的大脑就会获取并保留上千条新信息，甚至几个星期之后，你脑海中留存的记忆量，仍旧是同时间内盯一面白墙所不能比的。你的大脑生来就能留存地点这样的大体信息。

不论古今，高手都用过这些记忆手段，**这让他们充分开发了自己与生俱来的特大视觉空间记忆能力。**我们的祖先从没有记忆大量人名或数字的需要，但他们确实得记住怎么在猎鹿 3 天后找到回家的路，记住营地南边的岩石陡坡上哪里能收获成熟饱满的蓝莓。出于进化需要，这种

"记住物体位置和样貌"的高级能力就固化在了记忆系统之中。

助记的视觉图像

刚刚开始发掘视觉记忆系统时，可以试着创造一种便于记忆的视觉图像来代替你想要记住的关键条目。[2] 例如，你可以用这张图记住牛顿第二定律：$F=ma$。（人类才经历了几十万年的成长，就得到了这种力与质量和加速度之间的基本关系。）公式里 F 代表飞翔（flying），m 代表骡子（mule），至于 a 嘛，那就随你定了。

图像对记忆如此重要，部分原因在于图像与右脑的视觉中枢直接相连。[3] 视觉区域有强化记忆的能力，图像让你充分利用这片区域，对看似乏味难记的概念进行压缩简化。

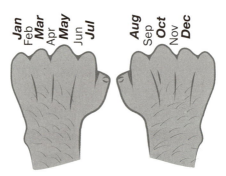

一个颇有创意的记忆方法。用突出的指关节代表有 31 天的月份。一位微积分专业的在校生这样说过："说来也奇怪，自从用了这个简单的记忆法之后，我再也没有忘记过哪几个月有 31 天，这让我挺惊讶的。20 年来，我躲着不学的东西结果 10 秒钟就学会了，不学是因为之前我觉得重复记忆太乏味，自己会记不住。"

通过激发感官建立起越多的神经联结，就越容易回想起概念和意义。除了看到这头骡子之外，你还可以闻到它，感受到它飞翔中受到的风力。你甚至能听见耳边有风声簌簌而过。画面越滑稽越容易唤起记忆，效果就越好。

记忆宫殿法

记忆宫殿法需要你回想一个你熟悉的空间，比如自己家的布局，然后把它当成视觉形象的记事本，用来存储你想要记住的概念形象。你要做的就是回想一个熟悉的空间：可以是你的家，可以是去学校的路，或是你最爱的餐馆。大功告成！眼睛一眨，这个空间就变成了你的记忆宫殿，用它就像用笔记本一样。

记忆宫殿法对记忆互无关联的物品很管用，比如购物单上的物品（牛奶、面包、鸡蛋）。至于怎样使用这个技巧，你可以想象门前有一大瓶牛奶，面包掉在沙发上，破鸡蛋的蛋清从咖啡桌边一滴滴流下来。换句话说，你可以想象你正走过一个非常熟悉的地点，里面有你想要记住的东西。

假如你想记住矿物硬度，从 1 到 10 表示从软到硬〔1. 滑石（talc）；2. 石膏（gypsum）；3. 方解石（calcite）；4. 萤石（fluorite）；5. 磷灰石（apatite）；6. 正长石（orthoclase）；7. 石英（quartz）；8. 黄玉（topaz）；9. 刚玉（corundum）；10. 金刚石（diamond）〕。你可以编一个助记口诀，让句中每一个大写首字母代表一种矿物：terrible giants can find alligators or quaint trolls conveniently digestible.（硬度从低到高，意思是"可怕的巨人觉得短吻鳄和食

人魔很好消化"。)问题是这句话仍然难记。但如果放到记忆宫殿里就简单了。你的屋子前门，有一个可怕（terrible—talc）的巨人（giant—gypsum），手里拿着一个罐头（can—calcite）。一走进去，你发现（find—fluorite）一条短吻鳄……明白了吧。如果你在学金融、经济、化学或者别的学科，方法也是一样。

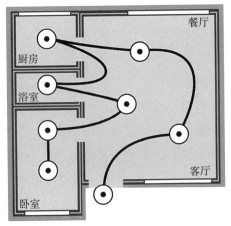

走进你的记忆宫殿，放好便于你记忆的图像。如果要记故事的五要素或
科学研究方法七步骤等一连串信息，这种方法的帮助可就大了。

初次尝试记忆宫殿法，会记得没那么快。在脑中构思出具体图像还是要费点劲的。但是你会逐渐熟能生巧。一项调查显示，会用记忆宫殿法的人，在想象中把物体放置在当地大学的各个角落，在心中把这过程"走"上一两遍，他就能记住含有四五十件物品的清单上 95% 以上的内容。[4] 以这样的方式利用大脑，创造力加强了你的记忆，而同时形成的记忆挂钩又会带给你更多的创造力。记忆宫殿还会有弊端吗？（其实，或许还真有一个：由于这个方法关系到视觉系统，在开车或进行其他空间分析的任务时，最好不要用到它。[5] 一旦分神会很危险。）

该你试试了！

使用记忆宫殿

解剖学顶级教授特雷西·马格兰（Tracey Magrann）将记忆宫殿法用于记忆由五层组织构成的表层皮肤。

表层皮肤分为五层。由内到外分别是基底层、棘细胞层、颗粒层、透明层和角质层。要记住最深一层，请想象你的地下室。它就是基底层，从地下室（最底层）到屋顶（最表层），你得沿着地下室楼梯往上走……要当心！楼梯上满是仙人掌刺（棘细胞层）。顺着楼梯走到厨房，你发现有人把砂糖撒了一地（颗粒层）。然后继续上楼，去楼顶前先停下来抹点防晒霜。透明层就像一层防晒霜，因为它能抵御紫外线，但防晒霜只涂在手掌和脚掌上，所以你只需要想象在这些地方抹上就行了。现在你要去楼顶享用一根玉米了（角质层）。

该怎样在学习中使用记忆宫殿法呢，你能想到吗？

那些巩固脑中概念的歌曲和记忆宫殿法有关，因为唱歌也会优先使用到右脑。很多小曲子能帮你记住二次方程的求根公式、几何中的体积公式，以及很多其他类型的方程。比如谷歌搜索关键词"二次方程"和"歌曲"就能找到，或者自己编一个。许多儿歌通过让孩子听歌曲并配合肢体动作，帮助孩子牢牢记住歌词（比如"小兔子乖乖"）。使用有意义的肢体动作、昂首阔步慢慢摇摆或者小步跳，都能为保存脑中的想法提供更多的记忆挂钩，因为动作对感官的刺激变成了记忆的一部分。

除了记方程、概念或是购物清单，这些方法对其他事物的记忆同样有效。当你意识到图像能帮你记住想讲的关键概念之后，就算是做演讲展示这种偶尔让人不知所措的经历，也可以变得轻松起来。你只需要把要表达的基本想法与便于记忆的图像联系起来。去看约书亚·福尔关于演示记忆宫殿法如何记住演讲词的大师级 TED 演讲吧。[6] 如果你想看看如何直接利用这些方法记住公式，试试进 SkillsToolbox.com 这个网站去找一些表征数学符号的图像资料。[7]（比如除号"/"等同于小孩子的滑梯。）

记忆辅助——无论是助记图像、顺口溜，还是假想的"宫殿"，它们之所以会管用，是因为能在你要开小差时帮你集中注意力。就算起初你编造的字面含义十分可笑，但它们也能让你注意到意义对记忆的重要性。简言之，记忆法让你平时的学习更有意义、印象更深，也更有趣味。

唤醒记忆的曲调 ▶ ▦ ▶

在我高一的化学课上，老师教了阿伏伽德罗常数 $6.022\,14 \times 10^{23}$，但没人能把它记住。于是我的一个同学把这个数唱成了一首小曲，调子是 Golden Grahams 的麦片广告曲（一首很老的歌了，叫"Oh, Them Golden Slippers"）。30 年后的今天，虽然我已不再青春年少，可就因为这首歌，我仍然记得阿伏伽德罗常数是多少。

——马尔科姆·怀特豪斯（Malcolm·Whitehouse）
计算机工程学专业大四学生

顶级教授特雷西的记忆秘诀 ▶ ▦ ▶

来回踱步，甚至吃点提前准备的零食，都会对记忆有好处，因为脑力活动会消耗大量的能量。在学习中调动大脑的多个区域也很重要。我们通过大脑的视觉皮层、听觉皮层、感觉皮层和运动皮层，分别记忆我们所见、所听、所感、拿起或移动过的东西。学习时运用到大脑中更多的区域，就能建造更强大的记忆模型，织一张更密的网，即使在考试压力下也不会轻易遗忘。比如，在解剖实验课上，学生应该做到，拿起解剖模型，闭上眼睛，用手摸着模型的结构，大声说出每一个部分的名称。这里用不到嗅觉和味觉……虽说物尽其用，但也有个限度！

——特雷西·马格瑞安（Tracey Magrann）

鞍峰学院生物科学教授

本章小结

✔ 记忆宫殿法——将有助于记忆的形象嵌入你熟悉的场景中，让自己感受视觉记忆系统赋予的力量。

✔ 学着以更加训练有素且别具创意的方式来使用记忆，会有助于集中注意力，就算为了增强记忆而创造出天马行空的关联也没关系。

✔ 理解后再去记忆，你会对学习材料记忆犹新。随着思维宝库的不断强化，总有一天你会成为学习真正的主人。

驻足与回顾

合上书，转开视线，这一章主要讲了什么？明天早上，起床开始执行"一天计划"时，想想这些要点你还记得多少。

学习提升

1. 描述一幅能帮你记住一个重要方程式的图像。

2. 从任意一节课中挑出四个或更多的关键概念。说说该如何把这些概念编译为便于记忆的图像，在记忆宫殿中你又会将它们存放到何处。（为了你的老师着想，有些便于记忆的图像还是得要你好好检查一遍。一位风趣的演员曾这样说："我不在乎他们做什么，只要他们别到大街上吓坏我的马。"

3. 用祖母也能听明白的话，解释记忆宫殿法。

空间认知能力也能后天习得：远见卓识的工程学
教授雪莉·索尔比的故事

雪莉·索尔比是工程奖项得主，她的研究方向涵盖了设计可视化复杂行为的 3D 计算机图形。在这里她讲了自己的故事。[8]

许多人错误地相信空间智慧是先天固有的——这种能力你要么有，要么无。在这里我要强调下，这种看法是不对的。事实上，我自己就是活生生的反例，空间能力是可以后天习得的。我差点因为空间感太差，而离开自己选择的工程学专业，但是我坚持克服了这个弱点，提高了空间技能，顺利完成了学业。由于我当学生时受过空间技能的困扰，现在我致力于帮助学生提高这项能力。几乎我带过的所有学生，通过练习都提高了能力。

人类智慧的表现形式多种多样，从音乐到语言到数学以及其他。其中一种重要的形式就是空间思维。空间智慧较高的人，在物体旋转甚至切成两半后，也可以从不同有利角度，想象到物体的外观。有时候，空间智慧就是只靠一张地图找到路的能力。

空间思考能力在许多职业中都发挥着决定成败的重要作用，包括工程学、建筑学、计算机科学等。比如空中交通管制员，必须在特定时间想象多架飞机的飞行路线，保证路线不会交错。也可以想象，一位汽车修理师需要空间思考能力，才能把修好的零件装回发动机。最近的研究中，空间智慧已经和创造性、创新性联系到了一起。换句话说，你越擅长空间思考，你就越有创造性和创新性！

我们发现，一些学生的空间技能之所以很弱，在于他们童年经历中很可能缺少对这项能力的启蒙。经常拆东西又重新装好的孩子通常有很强的空间认知能力。一些热衷于某类体育活动的孩子也是如此，比如打篮球。选手们要想象把球从球场的任何地方投进篮筐。

但是，即使小时候没有这样的经历，现在开始也不迟。成年人也可以发展出很强的空间技能，只要有耐心且不断练习。

为此你可以做些什么？尝试准确地对一个物体进行素描，然后尝试从不同的角度素描；玩 3D 电脑游戏；复原 3D 拼图（不妨先从 2D 拼图开始！）；把 GPS 导航放在一边，试试用地图指路。最重要的是，别放弃，请你只管坚持下去！

记忆技巧多多益善

打造生动形象的比喻或类比

在数学和科学的学习中，如果你除了想记住概念，还想理解概念，一个上策就是**为它量身打造一个比喻或类比**，而且，通常这个类比越形象，效果越好。[1] 比喻就是让一件事和另一件事之间显得大同小异。简单来说，你的地理老师是不是说过叙利亚的形状就像碗麦片？或者提到约旦时就让你想想耐克乔丹运动鞋？如果这样记忆，估计你几十年都忘不掉。

所以，如果你想明白什么是电流，不妨把它看作水流。电压也一样，你会"感觉"它和压力有点像。于是你看见电压把电流推向目的地，就像机械泵在物理压力下把真正的水推出去一样。随着学习不断进展，你需要理解更复杂的电学概念，或者你正学着别的什么科目，你都可以对这些比喻或类比做出修改，甚至抛弃已有，重新造出更有意义的比喻。

如果你正努力理解微积分里极限的概念，可以想象一位运动员正朝着终点线奔去。离终点越近，他就跑得越慢。如果用慢镜头来拍，他永远也无法真正撞上终点线。就像我们无法真正达到极限值一样。顺便说一句，西尔瓦诺斯·汤普森（Silvanus Thompson）的小书《轻松学习微积分》(*Calculus Made Easy*) 帮一届届学生掌握了这门课。有时，教科书会太注重所有的细枝末节，反而让你无法以高屋建瓴的视角看清最重要的宏观概念。但像《轻松学习微积分》这类书会让人很容易读进去，因为它让我们专注于以简单方式解决最重要的问题。

往往有个管用的做法，是把自己当成那个让你苦心钻研的概念。想象你乘坐着一个电子，它就像暖呵呵毛茸茸的拖鞋，带着你从铜板的一面挖个小洞钻到另一面；或者你偷偷溜进一个代数方程的未知数 x，就像钻进兔子洞，你从洞里探出了脑袋（别一不小心"用零整除"炸掉了你的兔子洞）。

月光点亮的学习梦境

我总是在睡觉之前学习。不知道为什么，我总是能梦到自己刚刚学过的知识。大多数时候，这些"学习梦境"都相当奇怪，但它们很有用。比如，如果我最近在上运筹学课，就会梦见自己在节点之间来回奔跑，亲身演示最短路径算法。大家觉得我走火入魔了，但我觉得这超棒，我不用花别人那么多功夫去学习就能做到同样的事。我觉得这些梦和我潜意识中的比喻或类比有关系。

——安东尼·休托（Anthony Sciuto）
工业与系统工程大四学生

　　在化学中，你可以把阳离子比作伸爪子的猫，它就是"阳性的"（"pawsitive"发音与表示阳性的形容词"positive"发音相近）；而阴离子就比喻成洋葱，它会让你哭，所以是"阴性的"（"negative"在化学中表示阴性的，指心情时表示负面的）。

　　从来没有能面面俱到的比喻，但所有的科学模型也只不过是一种类比，这就意味着它们在某种特定意义下也不成立。[2] 但这不碍事，类比（还有模型）之所以重要，是因为对数学和科学概念或过程背后的核心观点，它能让你获得直观形象的理解。有趣的是，比喻和类比在帮我们摆脱定式效应（我们之前提到过，指你困在一个错误的解决问题思路上）上也有不小功劳。举个例子，多道低强度射线可以有效摧毁癌症肿瘤也许不好理解，但换个角度想想，士兵从不同方向同时袭击一个堡垒呢？[3] 这就可以帮学生打开思路了。

　　比喻或类比还可以让概念牢牢留在脑海中，因为它们把新概念和已有的神经结构联系在了一起。这有点像用描图纸描画图样，比喻和类比至少让问题变得有迹可循。如果有时你想不出任何比喻或类比，就在手中拿支笔，再在面前放张纸，写写画画都可以，不过一两分钟的随手勾写，你可能就会收到意想不到的惊喜。

科学中的比喻和形象化的想象 ❍ ⊕ ❍

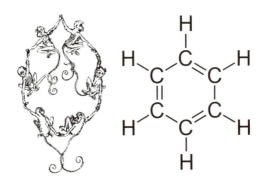

比喻和想象就是要让某个概念栩栩如生地浮现在眼前，在推动科学和工程领域的进步上，它们功不可没。[4] 在 19 世纪，化学家开始对分子的微观世界进行猜想，并对其形象化之后，化学领域的进步可谓突飞猛进。这张有趣的插图中，猴子构成了苯环的结构。这张插图曾刊印在德国化学学术生活 1886 年的一篇圈内调侃文章中。[5] 注意，单键是用猴子的爪子代表的，双键位置则是它们的尾巴。

间隔重复有助于向记忆存储概念

集中注意力能把一些东西送入临时性的工作记忆，但想让这个"东西"从工作记忆转移到长期记忆，有两个前提：它应当是便于记忆的［我的沙发上有一只飞天（flying）骡子（mule）嚷嚷着 $F = ma$），而且还要得到多次重复才行，否则，你的自然生理代谢过程就会像贪吃的小吸血鬼，把最新形成、还不明显的联结模型一扫而光。这些专门清扫暗淡模型的小吸血鬼其实不坏，因为我们身边的大多事情都无关紧要，如果全记在脑子里，你就会像个守财奴，让自己深陷在回忆的垃圾山中。

所以，如果你无心去重复要记的内容，那些"代谢吸血鬼"就
会趁新记忆还不够牢固时把它们吸走。

重复至关重要，甚至让你难忘的事，也要通过重复让它们牢牢驻守在长期记忆中。但该重复多少次才好呢？再者，隔多久重复一次才比较好呢？[6]而且有什么技巧可以使重复过程的效果更显著吗？

研究给了我们启发，让我们举个实际例子。比如，你想记住有关密度的知识——密度的符号是写法奇特的 ρ，读作"rou"，它是以标准单位"千克每立方米"来测量的。

你怎样才能便捷有效地把它封存在记忆中呢？（现在你知道，把小信息组块存入长期记忆有助于逐步形成对一个学科的宏观认识。）

你可能会找一张索引卡，在一面写上"ρ"，在另一面写上其他信息。**书写会把要学的知识编译（将信息转换为神经记忆结构的一部分）到你更深的记忆中。**当你写出"千克每立方米"时，你可能对 1 千克会有一个模糊的感受（单纯感受一下它的质量）：这 1 千克就藏在长宽高刚好 1 米的大号行李中。要记忆的内容被你变得越好记，再回想就越容易。你也会通过大声读出这个词和词义，让听觉神经联结到材料内容上去。

接下来，看着卡片上写有"ρ"的这一面，试着想起另一面都写了些什么。如果想不起来，翻过卡片提示自己一下。如果想起来了，那就把它放到一边。

现在去做点别的，也许可以准备另一张卡片考考自己。攒了几张卡片之后，试着从头到尾过一遍，看看自己是不是都记得。（这能帮你进行穿插式的学习。）如果有点吃力，也别大惊小怪。只要你把卡片顺利地过了一遍，就把它们放在一边。等到睡前再拿出来看一遍。要记住，你的大脑在睡眠中会不断重复神经模式，并整理拼凑解决方案。

你可以把需要记忆的内容简要重复几天，可以是每天早上或晚上的几分钟，偶尔要记得改变一下卡片顺序。随着记忆逐渐深刻，延长重复的间隔时间。越发熟练的你通过延长时间间隔，把这些内容牢固地封存在脑海中。[7]（Anki 翻卡系统已经内置了随机重复算法，可进行从几天到几个月不等的重复。）

有趣的是，记住人名最好的办法之一就是在你第一次听到这个名字后，一次次延长回忆名字的重复间隔。[8]不去复习的内容，更容易缩水或被你直接忘掉。你的代谢吸血鬼会吸走记忆间的联结。这就是为什么**考前复习时要慎重决定跳过某些内容，那些与考试相关却没复习过的内容会成为你的障碍。**[9]

间隔重复：对学生和教授一样管用 ⊕ ⊕ ⊗

我一直建议我的学生用几天或是几周时间做间隔重复，不光是在我的分析课程中要这么做，我的古典工程史课程也一样。要想记住那些奇怪的名词术语，最好的办法就是重复练上好几天。实际上，我就是这样备课的——有好几天，都会留一段时间大声重复那些术语，这样在课堂上它们就会脱口而出。

——费边·哈迪普瑞诺·谭（Fabian Hadipriono Tan）

俄亥俄州立大学，土木工程学教授

该你试试了！

创造有益学习的比喻

想出一个你正在学的概念。在截然不同的领域里是否存在另外的过程或观点，和你现在所学的这个概念有多多少少的相似之处？能不能想出这么个比喻来。（要是听起来还有点傻，更会给你加分哦！）

创建意群

记忆的另外一个关键就是创造意群，它能简化学习内容。比如你要记忆四种可以驱赶吸血鬼的植物：大蒜、玫瑰、山楂和芥末。四个单词的首字母简写连起来就是 GRHM，所以你只要记住 GRAHAM 牌全麦饼干就好。（这样每次回想这四样东西的时候，只要在记忆宫殿的厨房餐桌上找到全麦饼干，再扔掉它名字里的元音字母就搞定了。）

至于数字，把它们和难忘的事件联系在一起会更好记。比如，1965 年可能是你某个亲戚的出生年份。或者也可以把数字和你熟悉的计数系统联系在一起。比如，11.0 秒是百米短跑里的好成绩，而75 也许是编织一顶滑雪帽的起针针数。个人来说，我喜欢把数字和特定年龄的感受联系在一起。数字 18 就很好记，那是我离开家闯世界的年纪。如果是 104，那时的我大概会是个幸福的曾祖母。

另外，很多学科会有帮学生记住概念的**背诵口诀**，口诀中每个单词的首字母也是你要记的另一个单词列表中每个单词的首字母。医学领域就是例子，遍地都是记忆口诀。例如，"来自得州的老人吃蜘蛛"（作者原话 "Old People from Texas Eat Spiders" 的大写首字母是指颅骨的几块骨头，它们分别是 Occipitale、Parietale、Frontale、Temporale、Ethmoidale、Sphenoidale）。

另一个例子是十进制中的逢十进位法："亨利王在喝巧克力奶时死去"（King Henry died while drinking chocolate milk）可以这样解读首字母：国王（king—kilo—1000）；亨利（Henry—hecto—100）；死（died—deca—10）；"在……时"（while—one—1）；喝（drinking—deci—0.1）；巧克力（chocolate—centi—0.01）；牛奶（milk—milli—0.001）。

这些记忆法经过时间的考验，证实了自己的效用。如果你是在背诵一些普遍为人所用的内容，完全可以去网上搜索一下，看是否有人已经想出了独特的记忆窍门。如果没有也没关系，自己来想一个吧。

别把记忆窍门与真正的知识混为一谈 ◎ ⬡ ◈ ▶

化学里有这么一种说法" skit ti vicer man feconi kuzin"，节奏很像说唱音乐。它代表的是元素周期表里过渡金属元素的第一排（钪、钛、钒、铬、锰、铁、钴、镍、铜、锌）。其他过渡金属元素也还有别的记忆窍门。比如，学生要记住银、金和铜是一族的，可以想着它们都可以用来铸币。

可问题是，有些学生却以为，认为它们都能铸币所以同处一族。但实际是因为它们的化学性质和原子价相似。

这就是学生有时把记忆窍门当作知识本身的典型例子。一定要警惕，分清楚什么是事实，而什么只是帮助记忆的比喻或类比。

——威廉·彼得罗（Willian Pietro）
化学教授，任教于安大略州多伦多市的约克大学

编故事

注意到了吗？我们之前提到的意群往往构造出了一个故事背景，哪怕它的内容很短。可怜的亨利王就根本不该去喝巧克力牛奶！广义上的"讲故事"一直都是理解和储存信息的重要方式。约克大学科学技术史的教授维拉·帕弗拉就告诉她的学生，别把上课就当上课，要把每节课看作有情节、人物和整体主旨的故事。最精

彩的数学、科学课堂常常像一场惊悚电影——以引人入胜的问题开场，而你必须探个究竟。如果你的导师或课本呈现学习材料的方式，不是通过一个让人想要一探究竟的问题，那就自己找找有没有这样的问题，然后动手解决它，[10] 而且在编记忆诀窍的时候，别忘了编故事也很重要。

动笔写写 ➔ ◫ ➔

每当学生来找我，我强调的第一件事，就是你的手脑之间有直接的联系，通过重写及梳理笔记，大量信息被分解为小而易懂的组块，这个过程很关键。很多学生喜欢在 Word 文档或者是 PPT 上写笔记，每次他们遇到困难，我都会先说：别打字，动手写。毫无例外，在动笔之后，他们在接下来的学习板块中有了更好的表现。

——杰森·德尚（Jason Dechant）
课程主任，匹茨堡大学护理学院，健康促进及发展系

肌肉记忆

我们之前提到过，把内容手写在卡片上有助于强化记忆。尽管这一领域的研究几近空白，[11] 但许多教育者都观察到了一种现象，即有一种肌肉记忆似乎和动手书写有关。例如，第一次看某方程式，从中你几乎看不出任何端倪。但如果你有所思考地把它在纸上写上几遍，好神奇，这个方程在你脑海中变得鲜活，且有了意义。如出一辙，有些学习者会觉得朗读问题和公式能增进理解。不过可别做一个方程写一百遍的傻事。头几次可能会有意义，但再往后就

会变成机械动作。你大可以用后面这些时间做点别的。

自言自语 ❯ ⊕ ❯

　　我常常告诉我的学生，说给自己听比反复阅读或是用马克笔画标记更有用。他们一脸迷惑地看着我，就好像我是个彻头彻尾的疯子（这也说不定哦）。但的确有很多学生回来告诉我，这个方法的确很有用，现在它已经成为他们的学习工具之一。

——迪娜·三吉（Dina Miyoshi）
圣迭戈梅萨学院心理学助理教授

真正的肌肉记忆

　　如果你确实想让自己的记忆力和整体学习能力得到大幅提高，最好的办法之一就是进行体育锻炼。最近几项动物和人类的实验发现，规律的锻炼可以让记忆力和学习能力得到实质性的提升。锻炼似乎有助于促进记忆力相关脑区中新神经元的形成。锻炼也会生成新的信号通路，[12] 而且，似乎不同类型的锻炼——跑步或散步和力量练习相比，在分子层面产生的效果会有略微不同。但有氧运动和阻力训练都会对学习和记忆发挥强大的效果。

记忆诀窍帮你更快成为高手

　　这个是压轴之作。不用文字而用思维图像来记忆事物，你能更轻松地达到专家水平。换句话说，学会用视觉化方法处理数学和科学概念是达到大师境界强有力的手段，[13] 同时运用其他记忆窍门也会大幅增强学习和记忆的能力。

纯粹主义者可能会对此嗤之以鼻，说这些投机取巧的小把戏算不上真正的学习。但研究显示，运用这些技巧的学生明显有更好的表现。[14] 另外，关于成为专家的方法，相关成像研究显示，这些记忆工具会加速组块获取和宏观视野的形成，使学习者从新手更快地成长为入门级专家，甚至只需短短几周。[15] 记忆窍门可以帮我们拓展工作记忆，并让人更容易获取长期记忆内容。

更有甚者，记忆过程本身也锻炼了创造力。这些创新技巧记得越多，你的创造力也就越强。这是因为，未来的可能联结虽然还没出现，可你已经提前为它们铺垫了各种天马行空的可能。甚至是第一次对概念进行内化吸收的时候，这种准备工作就已经开始了。这种类型的"记忆肌肉"得到越多的练习，你在记忆方面就越轻松。最开始，你可能要花上一刻钟才能为某个方程找到生动的图像，并把它安置在记忆宫殿的厨房水槽里，不过第二次可能就只需要几分钟。

同时你还会意识到，当你开始内化吸收这些关键内容，花点时间去记忆材料最关键的要点，你的理解会更深入。单纯在书中扫一眼这些公式，完全达不到你这时的理解深度。你将能在考试中、生活中得心应手地运用这些公式。

关于演员背剧本的方法，有项研究表示，演员会尽量避免逐字记忆。相反，他们会根据自己对角色需求和动机的理解来背台词。[16] 同样，记忆练习中最重要的就是去理解公式和解题步骤真正的含义。理解会对记忆过程有很大的帮助。

你可能不同意，说自己没那么多创造力，再说每个方程和原理本身可没有什么宏大的动机或苛刻的情感需求要帮你来理解和记住它。但记住，每个人内心都有个孩子。你的儿童般的创造力仍如同以往，你要做的只是伸出手抓住它。

记忆窍门效果非凡 ❯❯❯

　　在读工程学学位时，我同时在考护理医师执照（而且只有两个月的备考时间），但我得记忆无数成人和儿童患者的药物名称和剂量。起初，这些记忆内容对我如同泰山压顶，尤其是一旦记错还会危及患者生命。但我很快找到让学习变轻松的技巧，比如说，呋塞米，也叫"速尿"，用于帮助身体排泄液体。我要背下剂量是 40 毫克。40 这个数字非常巧，我刚好可以把它和药名放在一起记忆（请注意读音 four-0 semide＝furosemide）。这种小把戏可以帮我把知识牢牢粘在脑袋里。我现在完全不用思考，它就像条件反射一样，印象极为深刻。

　　　　　　　　　　　　——威廉·科勒（William Koehler）

　　　　　　　　　　　　机械工程二年级

该你试试了！

一边唱歌一边学

　　给你要记住的定义、积分或者科学公式编首歌。无论用哪种技巧，记住重要概念都会帮你把复杂问题变简单，让你得以更快更轻松的解决。

本章小结

- ✓ 比喻可以帮你更快地学会难懂的概念。
- ✓ 重复是在记忆消退前对其进行巩固的必要动作。
- ✓ 意群和口诀可以帮你简化学习内容，构成组块，这样就能更轻松地存储记忆了。
- ✓ 编故事，哪怕故事听起来会有点笨拙，但它也会让学习内容更好记。
- ✓ 写和说在一定上都有加强记忆的作用。
- ✓ 体育锻炼对新的神经元生长、新联结形成有强大的促进作用。

驻足与回顾

还记得在不同地点思考所学内容有多重要吗？复习这一章节的要点时不妨用上这个技巧。人们有时会因故地重游找回曾经的感觉，从而触发学习记忆，哪怕只是扶手椅的柔软触感，坐在咖啡屋听到的音乐，或是店里墙上的照片。

学习提升

1. 拿出一张纸，给你要理解的数学或科学概念创造一个形象的类比或口诀。

2. 从在你正在读的数学或科学教材里挑一章，创立一个相关问题，它会让你想去思考更多未知。

3. 入睡前，在脑海里回顾要学的知识。为了加速这个过程，醒来时的第一件事也要这样做。

学会自我欣赏

形成直观认识

体育运动会为我们数学和科学的学习方法带来不少启发。比如拿打棒球来说，要学会击打动作，仅仅一天是不够的，但你的身体会在长期不停重复的过程中，不断完善挥动球棒的动作。不断重复会产生肌肉记忆，于是只要一个想法，即组块，就能让你的身体随之而动，而不必总要回想击球的所有复杂步骤。[1]

同理，一旦你在数学和科学的学习中明白了原理，就不用反复向自己解释方法。你不必一个个地数出口袋里的 100 颗豆子，再摆成 10 排，每排 10 颗豆子，才能得出 $10 \times 10 = 100$。到一定时候，记忆自然会给你答案。比如，做同底数幂的乘法，记住只要将相同底数的指数，即上标数字相加即可得到答案（$10^4 \times 10^5 = 10^9$）。如果你常用这个套路来解决多类不同问题，你就会发现自己既明白了套路背后的原因，又明白了得到答案的方法。比起从书里找或让老师给出一个约定俗成的解释，这样得到的理解要深刻得多。你的大脑构建出具有意义的模型，从而产生更深刻的认识，而仅靠别人告知答案，你是达不到这个效果的。要记住，人们会试着理解他们感知到的信息。单纯听别人讲道理，是很难学会任何复杂概念的。（正如数学老师所说："数学可不是用来看着玩的。"）

象棋大师、急诊室医生、战斗机飞行员，还有许多其他的专家通常得在极短的时间内做出复杂的决定。这时他们会关闭自己的意识系统，转而依赖于久经磨炼的直觉，倾尽一切去利用根深蒂固的思维组块。[2] 在一定时候，如果主动让意识去"理解"自己行为的原因，就会放慢你的脚步，搅扰你的思路，从而导致更糟糕的决定。

有很多老师和教授往往会在无意中恪守规则。一个有趣的研究给出了说明，镜头拍下 6 个做心肺复苏（CPR）的人，但其中只有 1 位是专业医护人员。[3] 实验要求专业医护人员观看视频，猜这 6 个人当中到底谁才是真正的专业人士。90% 有"真才实学"的专业医护人员都选对了答案，他们不约而同地回答说："那个人看起来心里有数。"[4] 而心肺复苏教练却只有 30% 的时间选对了人。这些吹毛求疵的理论家批判视频中的专业人士，说人家没有停下来，去测量合适的放置双手的位置。相比于实操性，是否严格遵从规则，倒成了他们更在乎的东西。

一旦你明白了数学和科学问题的原理，就不用再反复为自己阐释解题方法了。想太多会发懵。

不必羡慕天才

奥运健儿并不是周末慢跑几个小时就速度超群，也不是闲暇时举几次哑铃就力拔千斤；象棋大师也不是靠临时抱佛脚就能构筑起自己的神经结构。相反，他们都是在日积月累中，伴随着大量练习，才慢慢建立起自己的知识库的，他们在练习中形成了从宏观角度理解问题的能力。这样的练习把记忆痕迹牢牢储存在了长期记忆的仓库里，当你需要时就可以轻松快速地找到神经模型。[5]

让我们回想一下象棋大师马格努斯·卡尔森（Magnus Carlsen）——他不仅擅长快棋赛，常规赛也不在话下。卡尔森对曾经数以千计的棋局有着超乎常人的掌握——看一眼棋盘上终局棋子的排布，他就能从几百年间的上万场棋赛中找出这种棋局，并立刻告诉你是哪一场。也就是说，卡尔森创造了一个特大型的组块资料库，里面包含了各种不同的棋局走法。他能蜻蜓点水般地迅速浏览组块，从中找出当时的选手，在面临与自己相似的情境下采用过的走法。[6]

卡尔森做到的事并没有什么特别，尽管身为佼佼者，古往今来也只有少数人足以与他匹敌。但对于象棋大师来说，至少用10年时间练习钻研，习得数以千计的记忆组块模型，这种做法再典型不过了。[7]相较业余选手，这些现成的模型能让大师们在任意棋局中更迅速地辨认出关键棋步，他们练就出一副专业眼神，这让他们在任何情况下都能立刻察觉出最佳的行棋之道。[8]

等等，象棋大师和能心算6位数乘法的人，难道不是因为天赋异禀吗？不，当然不全是这样。坦白一点——智力因素很重要。较聪慧的大脑，常常相当于拥有着内存更大的工作记忆。这样，你的记忆快车或许就能同时承载9件事，而不是只有4件，就像斗牛犬扑向猎物一般，学习数学和科学变得更加势不可当。

但其实呢？强大的记忆力会让你很难发挥创造力。

这是为什么呢？

这要归因于我们又爱又恨的——思维定式。你的大脑中已经掌握的固有知识会阻碍你接受新的想法。超强的工作记忆会死死抓住原来的想法，导致新观念难以找到进入的空隙。我们可以让这种极强的专注力偶尔犯"多动症"，呼吸一口新鲜空气——换句话说，"多动症"能够转移你的注意力，即使当时你并不想移开目光。解决复杂问题的能力会让你在简单问题上钻牛角尖，结果就是南辕北辙，忽略了更简单、更显而易见的解决方法。研究表明，越是聪明的人越容易在繁芜复杂的问题上迷失自我。而头脑略逊一筹的人反而更容易找到更简单的解决方法。[9]

知道什么并不重要，如何思考才是关键 ✪ 🌐 ➡

> 经验告诉我，GRE 高分和最终的职业成就几乎成反比。确实，很多得分垫底的学生反而特别成功，而很多"天才"却出于各种原因而中途落败。[10]
>
> ——比尔·赛特勒（Bill Zettler）博士
> 年度教师荣誉称号获得者，生物学教授，长期学术顾问，就职
> 于佛罗里达州，根斯维尔，佛罗里达大学

如果你也属于记忆能力有限的人群（这类人经常在课堂上走神、做白日梦，而且他们必须在安静的地方才能集中注意力，以便尽最大可能地使用工作记忆），那么，欢迎你加入创造者的大家族。拥有相对较小的工作记忆空间，意味着能更轻松地归纳学习内容，让新旧知识更有创意地结合在一起。因为工作记忆从前额叶皮层的专注能力中形成，它不会死死地将所有信息给锁住，所以你的大脑的其他部分更容易向它输入信息。大脑的其他部分包括：感觉皮层——这里不仅与周围环境的步调更加一致，而且是梦的源头，更不用说，其实你的创意点子也都源自这里。[11] 有时你需要下更大的功夫（甚至不是偶尔，是经常）才能理解事情来由，可你一旦对这些信息进行组块，就可以颠来倒去地把玩这个组块——让它走上创造之路，到达你未敢想象过的风景！

在思维组块的过程中，还有另外一点值得注意：国际象棋，通

常被视为高等文化水平者的领域，但其中一些精英玩家差不多就只有普通智力水平。这些中等智力者之所以能超越某些智商更高的玩家，是因为他们练得更多。[12] 这才是关键所在。无论智力水平如何的象棋选手，都需要勤加练习来培养天赋。**训练，尤其是对学习材料中最困难的部分更要刻意训练，这样才能让那些拥有普通智力的人有机会上升到"天赋异禀"的境界。**就像你可以通过练习举重让自己增长肌肉，你也可以通过练习某些神经模型来加深并拓宽你的思维。有趣的是，训练也会拓展你的工作记忆。关注回想的研究者发现，练习反向重复记忆更长的数字，似乎对提高工作记忆有效果。[13]

但是那些天资聪慧的人也有自己的难处。有时候这些孩子会受到打压，因此他们不得不隐藏或者压抑自己的才华，再让他们走出来会很难。[14] 聪明的人有时更挣扎，因为他们会更容易看到症结所在，不论是好是坏。特别聪明的人比那些智商平平的人更易拖延，因为在成长过程中，拖延总是屡试不爽，也就是说他们在早年更不大可能去学会某些关键生活技能。

不管是凭过人天资还是靠勤奋拼搏才掌握了基础知识，你都应该意识到，不是你一个人会有骗子心理——某次考试碰巧发挥得不错，紧接着的考试也撞了运，真可谓侥幸，可是他们（你的家人和朋友）最终还是会发现你的水平不过如此。这种感觉再平常不过了，它甚至还有自己的名字——"冒名顶替症候群"。[15] 如果你因为感到自身不足而痛苦，你要知道有同样心理感受的人大有人在，他们只是保持沉默了而已。

每个人的天赋各有不同。就像古谚语说的："当上帝为你关闭了一扇门，他一定会为你打开一扇窗。"请你仰起头，睁开眼，专注于你的那扇窗。

触碰无限可能 ⊕ ⊕ ⊘

有些人认为发散的、直觉性的思考方式与我们的心灵更加步调一致。发散思维促成的创造力似乎超越人的理解范围。

就像阿尔伯特·爱因斯坦所说："生活的方式只有两种：一种是生活中无奇迹；另一种是生活中事事皆奇迹。"

不要小看自己 ⊕ ⊕ ⊘

我是学校里辅导科学奥林匹克竞赛的老师。在过去的 9 年里，我们赢得了 8 次州冠军。今年我们在州赛落后了一分，平时我们通常会进全国前 10。我们发现很多尖子生（也就是全科 A + 生）在科学奥林匹克竞赛的压力下表现一般，还不如那些平时心智上有所把握，能将知识转化为自己用的"二等生"。有趣的是，往往那些表现超长的"二等生"（如果可以这么称呼他们）并没觉得自己比班里的尖子生聪明。但我更愿意培养那些看起来表现并没有那么优秀的学生，他们更能够有创意地思考，这也是科学奥林匹克竞赛的要求所在，他们不像一些尖子生，如果给出的问题无法与大脑中的记忆组块相匹配就会手足无措。

——马克·波特（Mark Porter）

生物老师，任教于加利福尼亚，萨克拉门托，

Mira Loma 高中

本章小结

✓ 一定时候，在能熟练运用组块资料之后，你便开始不再去纠结于每

一个小细节，而是自然而然地去解决问题。

✓ 有些学生能快速掌握材料，和他们一起学习确实会给人不小的打击。但是"平均水平"的学生有时在主动性上、把事情做完的能力上以及创造力上会有优势。

✓ 把握创造力的一部分关键是要能从专注模式转换到更放松的、白日梦一般的发散模式。

✓ 太过专注会阻碍你发现真正要找的答案——就像用锤子钉一颗螺钉，因为你已经认定了那是一颗钉子。当你卡在一个问题上，有时候最好的方法就是把它放下，转而解决其他问题，或者干脆小睡一会儿。

{ 驻足与回顾 }

合上书，看看别处，本章的主要思想是什么？停下来，同时试着回想整本书目前为止最重要的观点。

学习提升

1. 想一想，自己有没有在哪个领域坚持不懈，并如愿以偿。或者，有没有一个新的领域，让你想坚持一下？在低迷时期，觉得自己停滞不前时，你有没有什么后备计划？

2. 人们经常希望自己别再发呆神游了，因为这会打断他们真正要专注的活动，比如认真听一堂重要的课。下面哪种方式对你更有效——强迫自己保持专注？或是意识到自己神游时再把自己的注意力拉回来？

从迟钝的笨孩子到人生赢家：尼克·阿普尔亚德的故事

尼克·阿普尔亚德（Nick Appleyard）在一个高科技公司担任副主席，管理整个美洲业务部，该公司开发并支持很多高级物理仿真工具，运用于太空、汽车、能源、生物医药及其他很多经济领域。早些年，他在英国的谢菲尔德大学获得了机械工程学位：

在我的成长过程中，脑子迟钝、问题儿童成了我的标签。它们对我的影响很深。我感觉我的老师们对我不抱任何成功的希望。雪上加霜的是，我的父母也一样觉得我无药可救，对我的学习进度感到沮丧。我觉得我的父亲是最失望的那个人，他是大型实习医院的高级内科医师。（我后来才知道在他的童年时代也跟我有过相同的境遇。）而这个恶性循环，打击了我生活各个方面的自信。

那么问题到底出在哪里？数学及和数学有关的一切——分数、乘法表、长除法、代数等，全都枯燥乏味，毫无意义。

有一天，事情出现了转机，但当时我并没有意识到。父亲带了一台电脑回家。我曾耳闻很多小孩十几岁就能够编出广受喜爱的电脑游戏，之后一夜暴富。我也想成为他们当中的一个。

我读书，我练习，我编更难的程序，无一例外都涉及一些数学知识。终于，我的一个编程作品，被当时很流行的一家英国计算机杂志接受并发表了——这对于我来说简直太刺激了。

现在我每天都会看到数学在得到怎样的应用，诸如应用于下一代汽车的设计，将火箭送入太空，分析人类的身体如何运转。

数学不再毫无意义。而它变成了奇迹的源头，更造就了一个伟大的职业！

塑造你的大脑

改变思维，改变人生

这一次，11 岁的圣地亚哥·拉蒙 – 卡哈尔（Santiago Ramóny Cajal）又犯了错，他造的小火炮把邻居崭新的大木门炸开了花。在 19 世纪 60 年代的西班牙乡下，惩罚胡作非为的不良少年没有什么特别措施。就这样，小卡哈尔发现自己被锁进了满是跳蚤的牢房。

卡哈尔固执而又叛逆。他只对艺术情有独钟。可是光是涂涂画画能有什么用呢？自从他对其他科目放任自流，特别是对数学和科学更是不闻不问，这之后他看起来更是没救了。

卡哈尔的父亲唐·胡斯托（Don Justo）是个白手起家、不苟言笑的男人。他们家和权贵显要根本沾不上边。由于迫切想让儿子学会自我约束，变得稳重点，唐·胡斯托让他拜一位理发师学艺。情况更加糟糕，卡哈尔对学习的态度更是放任自流。为了让他迷途知返，老师揍过他，也饿过他，到头来都没用。卡哈尔是老师的噩梦，又可笑又荒唐，从没守过规矩。

卡哈尔获得了诺贝尔奖。世人对神经系统结构与功能的理解离不开他在这一领域做出的许多重要贡献。[1] 在这张图上，卡哈尔看起来更像一位艺术家而不是科学家。他的眼中依然流露着年少时的调皮，不知这调皮曾让他惹过多少麻烦。

卡哈尔一生曾和许多杰出的科学家相识共事，这些科学家远比他聪明多了。然而他在自传中曾坦白指出：尽管杰出的人能够取得非凡的成就，但是他们也会像所有人一样粗心大意，也会有所偏颇。卡哈尔认为他成功的关键在于毅力（"资质平平之辈的优秀品质"[2]）、灵活的应变能力以及谦虚认错的态度。然而这一切的背后，是亲爱的妻子多娜·加西亚（Doña Silvería Fañanás García）对他的支持（这对夫妇生了7个孩子）。卡哈尔认为，任何人甚至普通智力的人都能够塑造自己的大脑。这样即使是最没天赋的人也会有丰厚的收获。[3]

谁能想到卡哈尔有一天不仅获得了诺贝尔奖，最终还成了现代神经学之父呢?

改变思维，改变生活

卡哈尔已经 20 出头，不良少年的他转而开始投入医学的传统研究。他自己也奇怪，是不是脑袋"厌倦了轻率和另类的举止，想要安定下来了呢"? [4]

髓鞘是一种脂质"绝缘组织"，它能让信号在神经元内快速传送，有证据表明，它们通常到人二十几岁时才停止生长。这就解释了为什么青少年常常难以克制冲动——因为意图区与控制区之间的纽带并未完全形成。[5]

先天的不足，能靠后天的勤勉和专注弥补。可以说，努力可以弥补欠缺的天赋，甚至创造天才。[6]

——圣地亚哥·拉蒙 – 卡哈尔

然而当你运用神经回路时，会促进回路表面髓鞘的形成——更不用说促成其他许多微观的变化了。[7]练习能够加强大脑不同区域间的联系，为大脑的控制中心与知识存储中心搭建高速公路。以卡哈尔的例子看，似乎在他的自然成长过程中，经过自身对思维的培养，终于得以掌控自身的全部行为。[8]

人们在练习这些思维的过程中，这些思维会使用到某些神经元，这样可能会促进神经环路的成长。[9] 我们对神经发育的理解尚未成熟，但是有件事却变得越来越明显——通过改变自身的思考方式，我们也能让大脑内部发生显著变化。

卡哈尔尤其有趣的一点是尽管他不是天才，却取得了许多伟大的成就，至少他不是传统意义上的天才。令卡哈尔深感遗憾的，是他"在措辞上从来不曾迅速、准确、清晰"。[10] 更糟糕的是，一旦情绪化起来，他甚至几乎说不出话来。他做不到死记硬背，在学校鹦鹉学舌般地模仿信息虽然会得到表扬，可对于他而言困难而痛苦。卡哈尔能做到的最多只是理解并记住核心概念，他常常对自己不尽人意的理解力感到绝望。[11] 然而，如今神经科学研究中一些最激动人心的领域，几乎都以卡哈尔的最初发现为基础。[12]

卡哈尔后来回忆说，他的老师在能力好坏的认识上，看起来可悲得离谱。在他的老师眼中，反应快被等同于智商高，记得住被等同于能力强，服从即品行端正。[13] 除了"一些缺点"，卡哈尔的成功也让我们看到，甚至到了今天，老师会如何轻易地低估他们的学生，而学生又会如何低估自己。

搭建深层组块

卡哈尔在医学院断断续续地完成了学业。他在古巴做过军医，又多次在竞争激烈的教授评选测试中落败，卡哈尔最终取得细胞组织学教授的职位，研究生物细胞的微观解剖。

在研究脑细胞及神经系统的工作中，每日清晨的卡哈尔都会小心翼翼地准备显微镜载玻片。接下来的几个小时里，他开始仔细观察那些被染色剂着过色的细胞。下午，他回想心中的抽象画，看看自己对早上的观察内容还能记得多少，然后开始画细胞。每次画完，卡哈尔会将自己画的细胞与显微镜下观察到的进行比较，然后接着回去画，再观察，再回去画，如此周而复始。只有他的画真正捕捉到了经过综合后的精髓，卡哈尔才收手，得到这个精髓不是观察一张玻片就够的，而是致力于一整套单一细胞类型的玻片集合才能得到。[14]

　　卡哈尔是一位摄影大师，他甚至是用西班牙语写彩色摄影方法类书籍的第一人，但他从不认为照片能够捕捉到他眼中的精彩。能做到的只有他的艺术手段，他从思维里抽象出现实，即组块过程，这是帮人们看见组块精髓的最佳办法。

　　合成内容（synthesis）是一种神经模型，它可以是抽象化内容、组块或主旨概念。**高质量组块构成的神经模型，不仅能与我们钻研的学科产生共鸣，也能在其他学科或生活领域产生反响。抽象化能让概念从一个领域转到另一个领域**。[15] 这就是为什么伟大的艺术、诗歌、音乐以及文学会如此震撼人心。掌握组块后，它会在我们的脑海中获得新生，也就是说，我们会形成一些能增强并启迪已有神经模型的想法，这使我们更好地去看清并发展其他相关模型。

　　一旦创造的组块构成了神经模型，我们便能轻松地将组块模型传授给他人，就像卡哈尔以及几千年来许多其他伟大的艺术家、诗人、科学家、作家所做的一样。一旦他人掌握了组块，他们不仅能运用，还能驾轻就熟地创造新组块来运用到自己生活中的其他领域，这也是创造过程的一个重要部分。

　　这里我们能清楚地看到左边的那个组块，即波状起伏的神经丝带，和右边的组块极为相似。这意味着一旦你掌握了某一科目的组块，要理解或创造其他科目中的类似组块也就简单多了。这个道理同样适用于数学，纵观物理、化学、工程学，有时经济学、商学、人类行为模式中也能发现它的影子。所以物理或工程专业学生，会比读英语或历史专业的学生更容易考取工商管理硕士学位。[16]

　　通过比喻或实体类比也能构造组块，这些组块甚至能使一个领域的概念对另一个领域产生影响。[17]这就是为什么热爱数学、科学、技术的人常意外地发现他们会受益于运动、音乐、语言、艺术或文学等方面的活动或知识。懂得如何学习语言促进了我在数学、科学方面的学习。

　　快速学习数学和科学的关键，是要意识到每个所学概念几乎都可以与你已有的知识进行类比，这就是做比较。[18]有时比喻或类比并不十分贴切，比如把血管比喻成高速公路，或把核反应类比为倒塌中的多米诺骨牌。但这些简单的类比和比喻能作为强大的工具，帮你利用现有的神经结构，让它如脚手架般让你迅速地构建新的更复杂的神经结构。开始用这个新的神经结构后，你会发现比起最初的简单结构，它不知好用多少。再构建其他领域的新结构时，这些结构又为比喻或类比提供了来源。（确实，这就是物理学家与工程师在金融领域特别吃香的原因。）以伊曼纽尔·德曼（Emanual Derman）来说，他原是在理论粒子物理学领域研究成果颇丰的物理学家，后就职于高盛集团，最终开发出了blackderman-toy（BDT）利率模式。最终德曼担任了此公司定量风险策略组主管。

本章小结

✓ 大脑发育的速度因人而异。许多人的大脑在 25 岁后才发育成熟。

✓ 在科学界，许多令人敬仰的重量级人物，起初显然是前途渺茫的问题少年。

✓ 在科学、数学、技术领域取得成功的专业人士，逐渐习得的一个特质，就是学会如何组块——提炼关键思想。

✓ 比喻或实体类比也能构造组块，这些组块能使一个截然不同的领域的概念对另一个领域产生影响。

✓ 无论你当前或今后有怎样的职业道路，要有开放心态，保证自己的学习宝库中常备数学和科学知识。你能因此储存更多的组块，从而更精明地应对生活、工作中的各种困难和挑战。

> **驻足与回顾**
>
> 　　合上书，转开视线，想想本章有哪些主要思想？你会发现，如果把这些主要思想联系到你的生活工作中，回想会更容易些。

学习提升

1. 在圣地亚哥·拉蒙－卡哈尔的职业生涯中，他找到一种能将自己的艺术热忱与科学痴迷结合起来的方式。你所认识的名人、亲友或熟人身上有过相似的经历吗？你的生活中会有这种结合吗？

2. 你怎样才能避免陷入这种思维方式，认为反应快的人更聪明？

3. 中规中矩地做事有利有弊。拿卡哈尔的人生与自己做对比。什么时候按别人说的做才真正有益？自己是否曾按别人说的做却无意办了错事？

4. 与卡哈尔的缺点相比，你自身的局限是什么？你怎样才能将自己的劣势转变为优势呢？

借方程的诗歌打开心灵之眼

解开标准方程下每一句话的含义

诗人西尔维娅·普拉斯（Sylvia Plath）曾写道："第一天上物理课简直像下地狱。"[1] 她继续说：

> 一个名叫曼兹（Manzi）先生的黑矮男人，扯着高亢而浑浊的嗓音，身着紧身蓝色西装站在教室前，手中正拿着一个小木球。他把球放在一个有沟槽的斜坡上，让它一直滚到底。之后他开始讲，设加速度为 a，时间为 t，而突然间，他就开始在黑板上洋洋洒洒地写满了字母、数字和等号，于是我的大脑就这样熄火了。

至少在这段重述普拉斯生平的半自传性文字中有写到，曼兹先生曾写过一本 400 多页的书，其中没有图画和照片，只有图表和公式。

这就如同，你试着去欣赏普拉斯的诗，但不是靠自己读，而是听旁人讲。在普拉斯的故事版本中，她是唯一在这门课上拿了 A 等成绩的学生，但物理还是给她留下了恐惧感。

毕竟，数学是理性的诗歌，而诗是心灵的数学。

——戴维·尤金·史密斯（David Eugene Smith）

美国数学家和教育家

物理学家理查德·费曼的物理导论课则完全不同。诺贝尔奖得主费曼是个热情洋溢的人，平时打邦戈小鼓引以为乐，说起话来的样子更像个务实的出租车司机，而不像什么尖头尖脑的知识分子。

在费曼 11 岁左右时，一次不经意的对话对他产生了天翻地覆的影响。他告诉朋友，思考不过是内心的自言自语。

"是这样吗？"费曼的朋友说，"你知道汽车曲轴的形状极其复杂吧？"

"对，知道又怎样？"

"不错。现在告诉我，你在自言自语的时候，是怎么描述这形状的？"

正是这么一问，费曼认识到，思想能表现为语言就能表现为形象。[2]

后来他写道，还是学生的他，曾努力想象一些概念并对其进行形象化，比如电磁波，它是肉眼看不见的能量流，从阳光到手机信号都由它来承载。可他难以用语言描述心中所见。[3] 如果连世界上最了不起的科学家之一都想象不出该如何看待一些（公认的难以想象的）物理学概念，那我们普通人该怎么办呢？

　　我们可以在诗歌的国度找到鼓舞和灵感。[4]让我们来看几句歌词,这几句来自美国歌手兼词曲作家乔纳森·库尔顿(Jonathan Coulton)写的一首歌,叫作"曼德博集",[5]歌曲内容有关一位著名数学家——贝努瓦·曼德尔布罗特(Benoit Mandelbrot)。

> 天堂的曼德尔布罗特啊
> 他让我们在混沌中看见秩序,无望中看见希望
> 他的几何学在别人跌倒的地方获得了成功
> 所以,如果你迷失了方向,会有一只蝴蝶拍打翅膀
> 远在百万公里之外,一个小奇迹将送你归乡

　　在库尔顿动人的词句中,他捕捉到了曼德尔布罗特杰出的数学精髓,由此我们能在脑中形成图像——只见蝴蝶的翅膀轻柔一振,传播开来,甚至会在百万公里以外的地方造成影响。

　　曼德尔布罗特创造的新式几何让我们懂得,那些有时看起来粗糙混乱的事物,比如云和海岸线,却在一定程度上存在规律。视觉的复杂性可以由简单规则创造出来,正如现代动画电影制作中的神奇手段。库尔顿的诗歌也影射出了曼德尔布罗特成就中蕴含的概念——宇宙某部分细小、微妙的变化,最终会对其他一切产生影响。

　　你越去看库尔顿的歌词,便越会发现这概念能在生活各个方面得到更多应用——你对曼德尔布罗特的成果理解得越深刻,这些意义便越发明晰。

　　正如诗歌、方程中也存在隐藏的含义。如果正在看物理方程式的你是个新手,而且也未曾有人教过你怎么去看懂符号下鲜活的内涵,那么这些方程表达式对于你而言就是一片死寂。只有当你开始学习,并将隐藏内容赋予方程表达式,它的内涵才开始跳跃、流动,最后如同获得生命一般呈现于你。

在一篇经典论文中，物理学家杰弗里·普伦蒂斯（Jeffrey Prentis）比较了物理学新手和成熟的物理学家在看待方程时的差异。[6]新手看方程，不过就是在记忆中互不相关的海量方程中添加一个记忆内容。然而，层次更高的学生和物理学家，能在心中看见方程背后的意义，能看见它是怎样被置于宏观背景之下的，甚至会对方程的一些部分感同身受。

> 数学家要有些诗人气质，才算得上名副其实。
>
> ——卡尔·魏尔斯特拉斯（Karl Weierstrass）
> 德国数学家

当你把字母 a 看作加速度，你也许会有在车里踩油门的感觉。轰的一声！你感受到了加速的推背感。

可每当你看到字母 a 都需要唤起这种感觉吗？当然不必，你可不想唤起学习中的每一个小细节，否则自己会疯掉的。但是，如果你看到方程中遍布 a 的身影并在努力分析它的含义，那么那种推背感应盘旋在你的大脑后台，就像一个时刻准备溜进工作记忆的组块。

同样，当你把 m 看作质量，你也许会感受到一块 50 磅巨石慵懒的惯性，要搬动它可是个大工程。当你把 F 看作力，借心灵之眼你也许会看到力背后的秘密，正如方程 $F = ma$ 所示，力的大小取决于质量和加速度：ma。也许你能体会到 F 背后的奥妙。力把一种举升的气势（加速度），作用在巨石慵懒的质量上。

让我们再来点锦上添花。物理术语做功意味着能量。当我们推动（把力作用在）一件东西，让它通过一段距离，我们就做了功（那是我们在提供能量）。我们可以将此概念加密到符号中，让它如诗般简洁：$W = Fd$。一旦我们看见 W 代表做功，那么我们便可通过心灵之眼，甚至通过身体感受，去想象这背后的含义。最终，我们提取出了一行方程之诗，就像下面这样

$$W$$
$$W = Fd$$
$$W = (ma)\ d$$

换句话说，符号和方程背后都存在隐藏信息——一旦你对概念更熟悉，它们的含义就会更清晰。尽管科学家不这么表述，但他们会经常将方程看作一种诗歌形式，以此可以迅速用符号记下他们正尝试去看清和理解的事。善于观察者能认识到一首诗的深度，诗中会有许多可能含义。同样，在学识上不断成熟的学生，借心灵之眼也能渐渐学会看清方程背后的隐藏含义，甚至凭直觉形成不同解读。并不意外，图、表格或其他图像也具有隐藏含义——在心灵之眼中，它们所呈现的内涵甚至比纸上的内容更丰富。

简化学习内容并对其拟人

此前我们提到过这点，既然我们对如何想象方程背后的概念已有了更深的领悟，那现在它值得我们来重新审视。**努力学习数学和科学的时候，我们能做的最重要的一件事，就是给脑中的抽象概念赋予生命**。例如，圣地亚哥·拉蒙－卡哈尔对待眼前微观场景，就像在看待一群居住在其中的小生命，它们有希望和梦想，就像人类自己。[7] 爵士查尔斯·谢林顿（Charles Sherrington），是卡哈尔的同事和朋友，同时他也是突触（synapse）一词的创造者，他告诉朋

友，他从来没见过有哪位科学家能像卡哈尔一样让自己的工作充满生命力。谢林顿猜想这也许是促使卡哈尔达到他成功高度的一个关键因素。

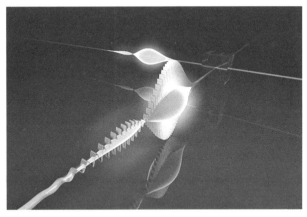

爱因斯坦能把自己想象为一个光子。[8] 这是意大利物理学家马可·贝里尼（Marco Bellini）制造的强激光脉冲（在图中靠前位置），它用于测量单个光子的形状（在图中靠后位置），我们可以通过观看这幅美丽的图景去理解爱因斯坦眼中的画面。

爱因斯坦的相对论并非源自他的数学才能（他经常需要与数学家合作来取得进展），而是源自他"假装"的能力。他想象自己是一个以光速移动的光子，然后想象第二个光子会怎样看他。第二个光子会看到并感受到什么呢？

芭芭拉·麦克林托克（Barbara McClintock）因发现基因换位（"跳跃基因"会改变自己在 DNA 链上的位置）的存在而获得诺贝尔奖，她曾写过自己如何对其研究的玉米植株进行想象："我甚至能看到染色体的内部成分——实际上一切就在那里。因为我几乎感觉自己就像置身其中，而染色体是我的朋友，这感觉让我惊奇。"[9]

遗传学先驱芭芭拉·麦克林托克把她在处理的分子元素想象成庞然大物。和其他诺贝尔奖得主一样，她对研究下的元素进行了拟人，甚至和它们交朋友。

或许在心灵之眼的注视下，把正在研究的这些元素和生物机制想象成活物，还让它们有了自己的感觉和思想，会显得有些愚蠢。但是这个方法很奏效，它让研究对象鲜活起来，还能帮你看清并理解一些现象，而仅仅看枯燥数字和公式是无法靠直觉感受这些现象的。

简化也很重要。为了方便自己理解，理查德·费曼，本章前部分说到的那位打邦戈鼓的物理学家，他要求科学家和数学家简单阐释他们的概念，他这个做法是出了名的。出人意料的是，无论概念多么复杂，几乎任何一个概念都可以得到简单解释。为了酝酿简单解释，你把复杂材料分解成几个关键要素，结果你对材料的理解更加深刻了。[10] 学习专家斯科特·杨（Scott Young）发展了这个理念，他称之为费曼法，这个方法要求人们找到简单的比喻或类比来帮助他们理解概念要旨。[11]

传奇人物查尔斯·达尔文的做法也跟这个差不多。在他试着对一个概念做出解释时，会想象有个人刚刚走进自己的书房。他会放下笔，努力用最简单的语言来解释它。这让他知道了如何将概念用文字描述出来。类似地，网站 Reddit.com 有一个叫作"像 5 岁孩子一样做解释"的板块，在那里任何人都可以发帖寻求复杂主题的简单解答。[12]

你可能会觉得，需要先理解才能给出解释。但是注意，当你和身边的人谈论学习的时候发生了什么。在试图对他人和自己做出解释时，你常会惊奇地发现，理解常常是解释的产物，而非先有理解才有解释。这就是为什么老师常说，他们第一次真正理解教学材料，是在自己去教学生的时候。

认识你很高兴！ ◎ ⦿ ❯

学习有机化学的难度和去认识一些新人物比起来没什么两样。每一个元素都有自己独特的个性。你越了解它们的性格，就越能读懂它们的处境，并能预知它们在相互作用中会产生的结果。

——凯瑟琳·诺尔塔（Kathleen Nolta）
哲学博士，化学高级讲师和金苹果奖得主，该奖项授予
密歇根大学公认优秀教员

该你试试了！

脑中的自导自演

想象自己置身于研究内容之中——你正从细胞或电子的视角，甚至从一个数学概念的角度在看世界。试着和你的新朋友表演一出戏，想象它们会有怎样的感受和反应。

迁移：把所学的知识运用到新背景中

迁移是把所学的知识从一个知识背景应用到别处的能力。比如，或许你学了一门外语之后，发现学第二门外语就比学第一门外语要轻松了。那是因为当你学过第一门外语，你获得了基本的语言学习技巧，同时你也潜在地学会了相似的新单词和语法结构，它们便迁移到了你的第二门外语学习中。[13]

学习数学但只把它应用在一个特定学科，比如会计、工程或经济学，这就有点像决意不再认真学另一门外语——只坚守着一种语言就行，只需额外再多学几个英语单词就行。许多数学家觉得，完全针对特定学科去学数学的方法，会让你更难以灵活且创造性地运用数学。

他们觉得如果你按他们教的方式学数学，即围绕着抽象且形成了组块的概念精髓，而脑中没有特定应用范畴，你就能获得轻松将知识迁移到各种应用的技能。也可以说，获得这样的技能，就如同语言学习中获得了语言的基本学习技巧一样。比如，你也许是一个物理系学生，但你能通过运用你的抽象数学知识，迅速领悟如何将数学运用到其他极不相同的领域，比如应用到生物、金融，或者甚至是心理学过程中去。

这也是数学家喜欢从抽象角度教数学的部分原因，因为这样不必立刻把视野缩小到具体的应用上去。他们想让你看到概念的精髓，考虑到这样会更容易把概念迁移到多种问题上去。[14] 如果用语言学做类比，就像是他们并不希望你只学会如何用特定语言说"我跑"这个短语，不管是阿尔巴尼亚语、立陶宛语还是冰岛语，而是期望你能理解更基本的概念，比如有一类词汇叫动词，它们需要变位。

这其中的困境在于，如果你把概念直接应用到具体问题，往往会更易于掌握一种数学思想，即使这么做之后再要把概念迁移到新领域会有更大难度。不出所料，我们最终会看到，对于具体和抽象的数学学习法总是争论不断。于是数学家退后一步，试图把握高地，以确保学习过程围绕着抽象方法进行。相反，工程、商科等许多其他专业则自然偏向专门应用于特定领域的数学，并以此来提高学生的参与感，同时也避免学生抱怨"我什么时候才能用到这个"。具体的应用数学也被这个问题困扰，数学教材中许多"现实世界"的问答题都只不过是做了单薄伪装就搬上书本给学生练习。最终我们看到，具体和抽象的方法各有利弊。

迁移的好处在于，随着一门学科内容难度的增进，迁移往往能让学生学得轻松一些。正如匹兹堡大学教授杰森·德尚（Jason Dechant）说："我总告诉我的学生，随着他们护理项目的进展，要学的东西会越来越少，可他们不相信我的话。实际上，他们每个学期都越学越多，他们只是更善于将所学知识整合到一起。"

拖延问题最严重的方面之一，就是不停打断自己注意力去查看手机短信、电子邮件或其他更新，这会干扰迁移的进行。时常中断手中工作不仅会让学生无法深入学习，也让他们无法将所学的那一点知识轻松迁移到别的问题上。[15] 你可能认为，自己查看手机短信时，并没放下学习，但现实情况是，你的大脑因为没有足够的专注时间而无法形成固化神经组块，但这些组块才是将概念迁移到其他区域的核心。

概念迁移，效果不错 ◐◍◑

我在五大湖学会了钓鱼技巧，去年就到佛罗里达礁群去小试牛刀。完全不同的鱼类，完全不同的鱼饵，还用了从没用过的钓法，但是效果不错。人们觉得我病得不轻，但有趣的是我让他们看到这样确实能抓到鱼。

——帕特里克·司克金（Patrick Scoggin）

历史专业大四学生

本章小结

✓ 方程只是抽象和简化概念的方法。这说明，方程包含的深层含义，与诗歌中的深层内涵有相似之处。

✓ 你的"心灵之眼"之所以重要，是因为它帮你在脑中排演，并把学过的知识拟人化。

✓ 迁移是把所学知识从一个知识背景应用到别处的能力。

✓ 关键是要掌握一个数学概念的组块精髓，这会有利于概念迁移和将之应用到新途径中。

✓ 在学习过程中一心多用会让学习无法深入，这样会限制你迁移所学知识的能力。

{ **驻足与回顾**

合上书，转开视线，想想本章有哪些要点？你能在心中用符号描绘出这些概念吗？ }

学习提升

1. 写一首方程之诗，用几句话展现一个标准方程背后的内涵。

2. 写写如何对你在学的一些概念进行自导自演。你认为这场戏里的各位角色会有哪些现实感受，又会发生怎样的互动？

3. 拿出一个你学过的数学概念，看看这个概念是怎样应用到具体实例中的。退回一步看看这个应用实例，你是否可以体会到其背后存在的抽象概念组块。你能想出一个完全不同的方式去运用那个概念吗？

学习的复兴

自学的价值

查尔斯·达尔文（Charles Darwin）的进化论让他成了人类历史上最有影响力的人物之一，而像他这样的人通常被认为是天生英才。也许出乎你意料的是，像卡哈尔一样，达尔文也曾是个糟糕的学生。他从医学院退学，而让他父亲惊恐的是，他竟转而以博物学家的身份踏上环球航行之路。只身在外，达尔文依靠自己，却有了从全新视角看待他所收集数据的机会。

比智力更重要的往往是毅力。[1] 以自学为目标去接触学习材料，能让你以一种独一无二的方式从入门走向精通。通常，不管你的老师多么优秀或课本多么经典，只有当你溜去看看同一领域的其他书籍或视频，才会发现单从老师或课本中学到的不过是冰山一角，事实上这门学科的维度多元而立体，仅这一角就联系着很多其他有趣而迷人的课题，你都可以选择了解。

神经外科医生本·卡尔森（Ben Carson）在外科手术上取得的开拓性创新让他荣获总统自由勋章，但起初他却经常挂科，还曾被医学院劝退。卡尔森知道，自己看书时学习效果最好，而不是在课堂上。于是他反其道而行，不再听课，好让自己有更多的时间可以专心学习书本知识。从此他的成绩突飞猛进，往事皆为浮云。（要注意的是，这一学习技巧并不适于所有人——如果你用这个故事作为逃课的借口，那是自找麻烦！）

在科学、数学和技术等领域，很多人都不得不开辟一条属于自己的学习之路，要么是因为他们别无选择，要么是出于各种原因放弃了先前的学习机会。研究显示，学生自己主动参与课题，而非仅听他人言传，会取得最好的学习效果。[2] 一个学生要能靠自己剖析学习材料，且偶尔从同学那得到反馈，才是关键。

在慎重考虑转行医生之后，已经是成年人的圣地亚哥·拉蒙－卡哈尔，在得知自己必须学习大学微积分时曾心惊肉跳。他年少时从没认真对待过数学，对学习材料甚至缺乏最基本的理解。他不得不回头把旧书翻个遍，抓耳挠腮地钻研基础知识。然而，因为个人目标的驱使，卡哈尔学得更为深入。

> 导师给初学者最美妙的激励莫过于此：比起宣扬伟人曾经的辉煌成就——那高不可攀的成就会让人目瞪口呆又灰心丧气，反而是为他指出每一个科学发现的根源，指出导致之前一系列错误和过失的做法——从人类的角度出发，要精确解释科学发现，这种信息至关重要。[3]
>
> ——圣地亚哥·拉蒙 – 卡哈尔

发明家兼作家威廉·坎宽巴（William Kamkwamba），1987 年生于非洲。他早年上不起学，只能去村里的图书馆自学，在那里他偶然发现了一本叫作《能源利用》（*Using Energy*）的书。坎万巴不是仅仅读一读了事。才 15 岁的他，就利用这本书来引导自己去主动学习：他建造了属于自己的风车。他的邻居称他为"misala"——就是疯子的意思。但正是他的创造力帮助他的村庄发电，使用自来水，并激发了非洲乡村技术创新。[4]

美国神经学家兼药理学家坎迪丝·珀特（Candace Pert）接受过良好的教育，并在约翰·霍普金斯大学获得了药理学博士学位。但是她的部分灵感和后续的成功都源于一个非同寻常的起因。就在她进入医学研究院之前，一次骑马发生意外，导致她背部受伤，整个夏天她都饱受治疗的痛苦。[5]正是这段疼痛和止痛治疗的经历推动了她的科学研究。不顾导师的劝阻，坎迪丝取得了一些重大的首次发现，其中就包括鸦片受体，这是人类在毒瘾认识上的重大进展。

大学不是学习的唯一途径。在我们这个时代，很多颇具影响力的名人，像比尔·盖茨（Bill Gates）、拉里·艾里森（Larry Ellison）、迈克尔·戴尔（Michael Dell）、马克·扎克伯格（Mark Zuckerberg）、詹姆斯·卡梅伦（James Cameron）、史蒂夫·乔布斯（Steve Jobs），还有史蒂夫·沃兹尼亚克（Steve Wozniak）都从大学辍学了。将来我们还会看到一些精彩创新的例子，而这些人就是那些能将传统和非传统学习的优点结合到自学中去的人。

你能做到的最重要事情之一，就是对自己的学业负责。在以老师为中心的学习方法中，老师被当成答案的掌握者，这会让学生不经意间对课堂学习产生无助感。[6]令人惊讶的是，教师评估系统可能会加强这种无助感，因为这样的教学系统，会让你把自己的失败归咎于老师，认为其缺乏激励或指导能力。[7]而以学生为中心的学习方法是，学生要克服困难互相学习，并引导自己来掌握学习材料，这方法有着极好的学习效果。

好老师的价值

偶尔当你有机会向名副其实的优秀导师或老师讨教，是很幸运的，这机会一出现，就要把握住。要训练自己克服"囫囵吞枣"的学习阶段，并迫使自己直击问题真正要害，而不是借机会向老师炫耀自己学过什么。你越往这个方向努力就会越轻松，甚至在毫无意识中就已经发生了改变。你在很多方面会越发感到受益匪浅——老师从广博经验中提炼出的一句简单的话，甚至会从此改变你未来的人生轨迹。同时一定要对指导你的人心怀感恩，重要的是要让他们知道，他们的帮助是有意义的。

但要小心，别让自己成为"黏人的学生"。尤其是和善的老师会特别吸引一些学生，而这类学生真正渴求的是导师对他们膨胀自我的关注，而远不只是某个实际问题的答案。再好的老师也没有办法满足那些"永远无法满足的"需求。

同样也要谨防自己陷入"我的答案当然正确"的心理，明明是错的还要强迫老师跟随你糟糕的逻辑步骤。偶尔也许你可以最终证明出自己是对的，但对于大多数老师来说，尤其是对数学和科学领域里水平较高的老师，尝试跟着你不知所云、漏洞百出的思维就像在听一首不着调的歌，简直是吃力不讨好的痛苦折磨。一般来说，最好的做法是重新梳理思路，然后听听老师的建议。当你最终明白了答案，就可以回头纠正你以前犯过的错误。（通常你会意识到，一步失误"满盘皆输"，甚至自己都无法用语言来形容之前的方法有多离谱。）好的老师和导师通常都是大忙人，所以你要聪明地利用他们的时间。

有真才实学的优秀教师会让学习材料看起来简单而有深度，他们既能设立让学生互相学习的机制，又会去鼓舞学生自主学习。比如塞尔索·巴塔利亚（Celso Batalha），埃佛格林谷学院著名的物理教授，他为他的学生建立了一个非常受欢迎的阅读小组，让学生去了解学习的方法。很多教授在课堂中运用"主动式教学"和"合作式教学"的技巧，让学生能主动参与教学内容并相互学习。[8]

多年来有件事非常令人惊讶。我遇到的很多优秀老师中，一些人告诉我他们年轻的时候非常害羞，不敢在观众面前讲话，甚至认为自己智商不够，根本不敢想象自己有一天会成为一名老师。但他们最终吃惊地发现，那些曾被他们认为是缺点的特质，最终推动他们成了体贴周到、富有创造力的导师或教授。似乎正是他们的内向，让他们成了比他人更体贴、更敏感的人。过去的不如意让他们谦虚地意识到，要有耐心，而非误以为自己无所不知。

另一个自学的理由：古怪的试题

我们回来看看高中和大学的传统学习，在那里，只要稍微了解一些考试内幕知识，你就能成功通过考试。数学和科学老师有一个秘密，那就是他们经常会抽取课本中必读材料外的问题作为考题。毕竟，每个学期都要出新的考题，这对于老师来说也有难度。这就意味着，那些试题往往会在措辞或解法上稍有不同，可即使你觉得自己已对课本和课堂内容得心应手，这些试题也能杀你个措手不及。结果你认为自己不是学数学和科学的那块料，但其实你真正需要做的，只是在整个学期的学习中，换个角度看待学习材料。

提防智力"狙击手"

圣地亚哥·拉蒙－卡哈尔不仅对如何做科研有非常深入的了解，同时也对人际交往颇有认识。他提醒同学，总会有人批评或者低估你的任何努力或成绩。每个人都会遇到这样的状况，不仅仅只是诺贝尔奖得主。如果你在你的研究领域小有成就，那么周围的人就会感受到威胁。你的成就越大，攻击你并贬低你付出的人就会越多。

而另一方面，如果你考试挂科，或许还会遇到一些话中带刺的人，比如他们会说你其实没这方面天赋。失败并没那么可怕。你要分析自己的问题所在，作为前车之鉴，让自己将来做得更好一些。比起成功，失败是更好的老师，它会让你反思自己的学习方式。

某些"慢"学生之所以在数学和科学的学习中挣扎，是因为那些在别人眼里显而易见的概念，他们却难以理解。很不幸，这些学生有时会认为自己不够灵光。但事实上，他们更加慢条斯理的思考方式，能让他们注意到一些别人忽视掉的困惑细节。这就像徒步旅行者会注意到松树的香味，会发现树丛中小动物的踪迹，而那些驱车前行者只顾着以每小时 70 千米的速度向前奔跑。但可悲的是，有些导师会觉得，一些普通学生提出的看似简单的问题是对他们的侮辱。他们不会承认这些问题的思考价值，反而可能会无礼打发提问者："我是怎么跟大家讲的你就怎么做。"而这只会让提问的学生觉得自己笨，而且疑惑更深。（要记住，有些指导老师可能不知道你是否认真思考了材料，或认为你没有自主理解问题，这些情况在我行为叛逆的高中时期就出现过。）

任何时候，如果你觉得自己难以搞懂"显而易见"的道理，不要灰心。去问问你的同学或者上网求助。另一个实用窍门就是试着找到一位颇具好评的指导老师，而他也刚好教同样的课。这些指导老师常常会理解你的感受，有时候会愿意帮助你，只要你不过分麻烦他们。你要提醒自己，不明白只是暂时的，真实情况并不像当下这般看似令人崩溃。

你会发现，当你进入职场之后（也许你还没涉足），比起接受反馈和竭尽全力做到最好，很多人会更有兴趣去肯定自己的观点，这会让他们显得精明强干。在这种情况下，以开放之心接受建设性建议和批评，和看似有建设性意义却饱含恶意的言论和批评，是有天壤之别的。不管是什么批评，如果你感受到很强烈的情绪，或觉得自己很肯定（"我是对的"），那意味着你没有在真正聆听批评背后的意思，或者，你需要回过头，从更加客观的角度重新检查。

我们时常听到人们说，同理心对所有人都有好处，但其实不是。[9] 重要的是，你得学着时不时地调整到平心静气的状态，这不仅能帮你专心学习，也可以让你无视那些以挫败你为乐的人。这种现象非常常见，人们通常表现得有多合作，他们就有多好胜。对于年轻人来说，这种冷静的心态似乎难以掌握。我们会很自然地对投身其中的事物感到兴奋，我们也希望相信每个人都通情达理，希望每个人对我们都是心存善意的。

　　就像卡哈尔，正因为别人在某些事情上说你不行，你也一样要去骄傲地追求成功。**你是自己的骄傲，尤其应该骄傲于那些让你"与众不同"的特质，并把它用作你成功的秘密法宝。**借你与生俱来的逆反心理反抗偏见，不要轻信他人对你下的结论。

该你试试了！

理解"缺点"的价值

　　从自己身上挑出一个像是缺点的特质，描述它是如何帮助你学习，或帮你进行创造性的、独立的思考并让你从中受益的。你能不能想出什么办法能够削弱这个缺点的负面影响，甚至提升它的积极作用？

本章小结

- ✓ 自主学习是最深入、最有效的学习方式之一：
  - ■ 自主学习能够提高你独立思考的能力；
  - ■ 有时它会帮你解答出老师的奇怪考题。
- ✓ 在学习中，毅力往往比智力更重要。
- ✓ 锻炼自己去接触那些你敬仰的人。你会结识学识渊博的新导师，往往他们的一席话可能会改变你的未来。但是请爱惜他们的时间。
- ✓ 如果你没能快速掌握学习材料的重点，不要灰心。常让人惊讶的是，"学得慢"的学生会抓住根本问题，而这些部分通常为进度较快的学生所遗漏。真正了解前因后果能让你从更深层次理解问题。

✓ 人人都是既有竞争意识又有合作意识。总是会有人批评或低估所有你付出的努力，你要学着对这些问题淡然处之。

{ **驻足与回顾**

　　合上书，转开视线，本章的主要观点是什么？哪一个观点是最重要的，或者哪几个观点都很重要？ }

学习提升

1. 没有正式学习项目的引导，自学会有哪些优势和劣势？

2. 在维基百科上查询短语——自学成才的名单（list of autodidacts），看看在为数众多的自学成才者当中，你最想效仿哪一位？为什么？

3. 从熟人中选出一个你颇为钦佩但从未交谈过的人（不能是名人）。做个搭讪计划，从问候和自我介绍开始，然后采取行动。

纽约时报科学作家尼古拉斯·韦德的独立思想

　　尼古拉斯·韦德（Nicholas Wade）是纽约时报科学时代版块（Science Times）的专栏作家。作为一个独立思考者，韦德将之归功于与他祖父相似的独立思考——这是一位在泰坦尼克号沉船事件中极少数的男性生还者之一。因为当大多数人听从谣言转移到轮船左舷的时候，韦德的祖父跟随他的直觉，从容不迫地挪向另一边的右舷（因此得以死里逃生）。

这里，在讲述科学家和数学家的书中，尼古拉斯认为以下几本最有趣。

《知无涯者：拉马努金传》（*The Man Who Knew Infinity: A Life of the Genius Ramanujan*），罗伯特·卡尼格尔著。这本书讲述了一位不可思议的贫寒少年成为知识天才的故事，故事就发生在印度天才数学少年拉马努金和他的朋友——英国数学家 G. H. 哈代之间。我最喜欢的片段这样写道：⊖

一次哈代去看望拉马努金，在伦敦乘坐的出租车车号 1729 引起了哈代的注意。他一定琢磨了好一会儿，因为他走进拉马努金的房间时，拉马努金正躺在床上，而他招呼也没来得及打，就冲口而出对这个数字表示不满。他说："这是一个毫无意义的数。"还加上一句说，他希望这不是一个恶兆。

"不，哈代，"拉马努金说，"它是一个非常有意思的数，在一切可以用两种不同方式表示成为两数立方之和的数中，它是最小的一个。"

《高贵的野蛮人》（*Noble Savages*），拿破仑·夏侬著。作者笔下美妙的历险故事，让人了解到在完全陌生的文化中该如何生存和发展。作者夏侬原本是一名工程师。他的科学研究让我们对文化发展方式的理解发生了转变。

《数学大师》（*Men of Mathematics*），E. T. 贝尔著。对于在如何思考这个充满魅力的话题上饶有兴趣的人，都会发现这是一部让人拍案叫绝的经典。没有人会遗忘聪明绝顶却难逃厄运的埃瓦里斯特·伽罗瓦（Évariste Galois），在他知道自己即将离开人世的前一天晚上，他急切而潦草地写完最后的遗愿和嘱托，

⊖ 该译文取自乐士、齐民友译本。——译者注

追赶着时间在笔下拾取他丰富头脑中的伟大思想，他要赶在他预料中的死亡来临之前。他不时停顿，在书页空白处写下"我没时间了，没时间了"，然后继续万般焦急地涂写下一个纲要。尽管伽罗瓦无疑在人生最后一夜为他毕生的著作做了最后的润色，但说实话，在为数不多激动人心的故事之中，贝尔教授或许还是少有地对伽罗瓦的故事进行了夸张。可是贝尔教授的这本书激励了一代又一代的男男女女。

避免自负

团队合作的力量

弗雷德遇到了一个问题——他的左手不能动了。这并非意料之外，一个月前他边洗澡边唱歌时，右脑突发致命的缺血性脑中风。大脑的右半球控制左侧身体，这就是他为何左手不能动。

然而他真正的问题远比这要严重。尽管他无法控制左手运动，但他坚持，甚至是深信不疑，他左手没有问题。有时他会借口说自己是太累了，累到一根手指都不想动。有时他会说左手明明已经动过了，只是你们没看到。他甚至会偷偷借助右手移动左手，然后大声宣布左手刚刚自己移动了。

幸运的是，几个月后，弗雷德的左手逐渐恢复了知觉。他把自己之前自欺欺人地相信几星期就能从中风中复原的故事当作笑谈讲给医生听，并且非常开心可以回到会计的工作中去。

然而种种迹象表明，回归工作的弗雷德却是今非昔比。他过去是个温柔体贴的人，现在却固执己见，自以为是。

不仅如此，他曾经非常热衷于恶作剧，现在对别人的笑话却只是似懂非懂地点头。他高超的投资技能也消失得无影无踪，盲目乐观和过度自信取代了谨慎小心。

更糟糕的是，他似乎失去了体察情绪的能力。他未经妻子同意就试图卖掉她的车，还对妻子的不满表示惊讶。当家中陪伴多年的爱犬去世时，他的妻子和孩子都在伤心哭泣，他却平静地抱着爆米花坐在一边看着他们，就像在看一场电影。

令人费解的是，他的智力，包括惊人的数字能力却丝毫未损。他仍然可以飞快地整理出一份交易损益表，解出复杂的代数题。但反常之处在于，如果他的计算出了错，无论这错误多么荒诞无稽，比如一家热狗摊亏损上 10 亿，他都不会感到有问题。他不会跳出数字本身，根据常识或从整件事情上意识到"等等，这不对"。

事实上，弗雷德是典型的"右半球大范围知觉障碍"的受害者。[1]中风使弗雷德大脑右半球的大部分区域失去功能。尽管他的大脑还能运转，但只是部分的。

尽管我们需要警惕，"左脑/右脑"的假设是浅显的，也不完全正确，但我们同样不想泼洗澡水时把孩子一起泼出去，全然不顾那些暗示了左右脑差异的有价值研究。[2]认知能力涉及大脑的许多区域，弗雷德的故事就提醒了我们这项能力受到限制时的危险。的确，就算我们不完全使用能力，也不会受到这么大的影响。但即使极小的缺失，都有可能对工作带来意想不到的负面影响。

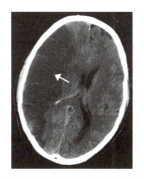

脑部 CT 图上箭头所指的阴影就是缺血性脑中风造成的伤害。

避免过度自信

大量研究证实，右脑有助于我们退开一步，从全局着手考虑问题。[3] 因此右脑受损的人通常不会有"啊哈"这样灵光一现的时刻。这就是为什么弗雷德没办法抓住笑话的笑点。事实证明，右脑在对把事情导入正规和"代入现实情境"中起到至关重要的作用。[4]

某种意义上，**如果你一口气做完作业或者试卷，而完全不回头检查，你就是放弃了使用一部分的大脑。**不停下来换换脑子，再回去从整体上看看自己所做的工作，就不知道结果是否说得通。[5] 著名的神经科学家 V. S. 拉马钱德兰这样说：右脑的任务就是扮演魔鬼代言人的角色，不停地质疑现状寻找矛盾；而左脑则坚持事物原本的样子。[6] 这一观点与心理学家迈克尔·葛詹尼加的开创性研究相呼应，他认为左脑为我们解释这个世界，并不遗余力地保护这些解释不被更改。[7]

在专注模式下工作时，很容易在假设和计算中出很多小错误。如果一开始就有了偏差，即使其余的都正确，结果也是错误的。有时答案甚至会错到可笑，比如算出地球的周长只有 2.5（2 又 1/2）

英尺[⊖]。但你不会在意这些根本说不通的结果，因为专注模式只在乎计算过程本身。

这就是专注模式，也就是依赖左脑的分析模式的问题。它使你条分缕析并保持乐观，但同时大量研究也显示了它潜在的死板、教条、自我中心的可能性。

当你万分肯定自己完成的作业或试卷没有问题时，不好意思，这可能是过度自信的观点，由左脑产生。当你回头检查时，你的左右脑之间才有了更多互动的机会，互相取长补短，从不同角度发挥各自的能力。

数学不好的人往往会落入"套公式"的陷阱，他们迫切地想要归纳书本和老师的做法，然后把问题直接套进公式就万事大吉。而会学习的人则会检查自己所做的一切，确保是行得通的。他们会思考方程的意义，它们从何而来。

> 第一准则就是你不能自己欺骗自己，因为自己是世界上最容易被骗的人。[8]
>
> ——理查德·费曼（Richard Feynman）
> 物理学家，建议如何避免伪科学浑水摸鱼

集思广益的价值

尼尔斯·波尔曾全身心地投入到曼哈顿计划中，这一计划是美国在第二次世界大战时期提出的，力争在纳粹德国之前造出原子

⊖　1 英尺 ≈ 0.3048 米。

弹。他是当时在世的最伟大的物理学家之一，可最终这一地位却使他无法在物理学上真正进行思考。

波尔被尊称为天才，因为他凭直觉提出的量子理论被认为无懈可击。这同时意味着无人能和他进行对等讨论与思考。无论他提出的点子多荒谬，其他参与原子弹研发的物理学家都会用"啊""天呐"这样的方式附和他，将他的话奉为至理名言。

波尔用巧妙的方式处理了这个挑战。

那就是在物理学上初生牛犊不怕虎的理查德·费曼。费曼不惧权威，无论与谁共事都一样，这让他成了波尔的秘密武器。在洛斯阿拉莫斯几百名杰出的物理学家中，费曼只能算是后辈。但在和其他物理学家会面之前，波尔总要先单独和他讨论一番，这是为何？因为只有费曼没有被波尔的权威吓倒，他还会指出波尔的一些愚蠢想法。[9]

1925 年，波尔和爱因斯坦靠在椅子上聊天。

波尔清楚，只要对方有所见解，与人合作、集思广益都会有所帮助。凭借个人的努力分析工作，无论是两种模式还是左右脑，都难免会有不足。毕竟，每个人都有盲区。乐观的专注模式会本能地跳过错误，尤其是错误本来就是你自己造成的时候。[10] 更糟糕的是，有时你甚至还盲目地相信自己能搞定一切，但事实是你不能。（这种状况并不少见，比如你以为自己能考得很好，结果却惊讶地发现自己根本没及格。）

和朋友一起学习能让你更容易看出自己哪里理解有偏差。朋友和队友都会成为有问必答的大容量发散模式，在你的大脑之外，为你弥补缺失或忽视的地方，而且就像我们之前说到过的，向朋友解释也有助于你建立起自己的理解。

合作的重要性不仅体现在解决问题上，在你想要职业规划时也大有裨益。队友一句简单的建议，比如上一门热情的教授开的课，或者应聘一个新的职位，都有可能扭转你的人生道路。社会学家马克·格兰诺维特的论文《弱连接理论》是社会学中最常被引用的一篇文章。其中提到，你的熟人数量，而非好友数量，保证了你能得知的最新信息以及工作中的成功。[11] 毕竟，你的好友圈和你的社交圈基本重合。但熟人和同学却很可能处于不同的社交圈中，这意味着你能接触到的"脑外"发散模式被指数倍扩大了。

和你一起学习的同学应当具有积极的批判性，至少偶尔要是这样。对团队中创造力的研究表明，那些气氛和缓不做批判的互动讨论，不如允许甚至渴求批评的讨论有效。[12] 如果你或你的同伴认为你的理解有误，最重要的是坦诚说出来，然后具体讨论何处有误，不要担忧这会伤害到对方的感情。当然，你不会想平白地得罪别人，但过多担心批评而塑造出的"安全环境"，实际上会抹杀建设性和创造力，因为你会过多地注意人而不是事。像费曼一样，你要了解，无论是你给别人的还是别人给你的批评，都是对事不对人的。这关系你要了解的事物本身。人们往往意识不到，竞争是一件好事，它可以激发最大的潜能，是激进的合作。

和密友、伙伴、同学等一起讨论还有别的好处。你通常不太介意在朋友面前出丑，当然，还是不要太出丑，至少不要经常如此。和别人一起学习，有点像在观众面前排演节目。调查表明，当众表演让你更容易学会随机应变，在考试或演讲这类有压力的环境下会让你表现得更好。[13] 另外一项集体学习的优势则体现在可靠来源也有可能出错时。无论你的导师或是书本多出色，也必然会有出错的时候。你的朋友可以为你验证和解答令人困惑的结果，防止你因为书上离谱的错误而钻牛角尖，从而浪费好几个小时。

最后提醒一下，团队学习对数学、科学、工程和技术类学科非常有效。然而，如果团队学习变成了社交活动，那就不是这样了。减少闲谈，跟上节奏，完成作业。[14] 如果你发现讨论会推迟了5~15分钟才开始，成员还没读材料，或者讨论经常跑题，那么尽快换一个学习小组。

内向性格者的团队合作

我性格内向，不爱和别人合作。但当大学工程学学得不好时（那是 20 世纪 80 年代的事了），我决定找个帮手，尽管我还是不想和人合作。因为那时还没有网上聊天，我们就写便条贴在对方的宿舍门上。我和同学杰夫有这样的规矩：我会写"1）1.7 米 / 秒"，这就是第一题答案是 1.7 米 / 秒的意思。等我洗完澡回来，看到杰夫写了"不，1）11 米 / 秒"，表示他认为第一题的答案是 11 米 / 秒。我绝望地回去检查自己的作业，果然发现了问题，可第二次算出来的结果是 8.45 米 / 秒。杰夫正在宿舍里练吉他，一看见我来找他，连吉他都没有放下就开始和我激烈地讨论。然后我们各自思考自己过程，我突然发现答案是 9.37 米/秒，他也发现了。这样我们就完全搞定了这次的作业。就是这样，如果你不喜欢小组合作，仍然有其他只需要极少互动的合作方式。

——保罗·布鲁尔斯（Paul Blowers）
亚利桑那大学杰出教授（源自他杰出的教学贡献）

本章小结

✓ 即使你自信一切没有任何问题，专注模式还是会让你不经意地犯下致命的错误。温故知新，不同的神经活动过程可以让你重新审视结果，抓出错误。

✓ 和愿意提出不同见解的伙伴一起讨论，可以：

- 找出你想法中的错误；

- 更容易学会随机应变，更好地应对有压力的处境；

- 确保你真的理解了你想让别人解释的知识，巩固已有的知识并提高学习能力；

- 建立起重要的职业关系，帮你做出更好的选择。

✓ 学习中的批评，无论你是批评者还是被批评者，都应该客观对待。它们是在帮助你理解所处理的问题。

小心不要自欺欺人。

驻足回顾

合上书，转开视线，这一章主要讲了什么？当你和朋友在一起时，试着回忆上面说的方法，让你的朋友知道他们的帮助对你有多宝贵！

学习提升

1.举一个例子：你原本对某件事百分之百确定，结果却证明你是错的。经过这样或类似的事情，你是否更听得进别人对你想法的批评了呢？

2.如何使你们的学习小组更有效率？

3.如果你所在的小组讨论的不是你的学习内容，该如何处理？

物理学教授布拉德·罗斯对学习的见解[一]

　　我在课上反复强调，先思考再计算。我很不喜欢很多学生用的"公式法"，而且我发现自己必须经常提醒他们，方程不只是一个有输入有输出的表达式。方程描述了我们的物理世界如何运转。对于我来说，理解一个方程的关键，在于理解它所描述的故事。对方程的定性理解远比定量计算出答案更重要。

　　以下是几条建议。

　　1.通常情况下，检查计算过程花的时间比解决问题要少得多。因为没花 2 分钟检查，导致花了 20 分钟做出来的题错误，这就太可惜了。

　　2.量纲分析是你的朋友。如果方程两侧的计量单位不同类，那就肯定出错了。你不能把秒和米加在一起，它们一个表示时间，一个表示长度。就像一堆苹果加上一堆石头，结果什么也不是。你可以回头检查过程，错误很可能就发生在单位不再匹

　　⊖　布拉德·罗斯是美国物理学会董事，及 *Intermediate Physics For Medicine And Biology* 一书的作者之一。

配的那一步。有人让我帮忙看投递给专业期刊的投稿论文，其中也会出现这样的问题。

3. 你要思考方程的意义，这样可以对计算结果有所预期。如果差很多，要不是你想错了，要不是你算错了。无论是哪一种，搞清楚之后你就赢了。

4.（这个稍微有点难）对一个复杂的式子，变量分别取极限，让它趋于零或无穷，然后看结果是否对你理解方程的含义有所帮助。

参加考试

考试本身就是效果非凡的学习经历

虽然前面已经提过，但还是有必要把下面这句话"大写加粗"重申一遍：**考试本身就是一种效果非凡的学习经历**。这意味着，你投入考试的一切努力有着举足轻重的意义，包括一些基础小测试，如测试自己能否回想起知识点，还有备考时对解题能力的测试。在学习内容相同的前提下，如果比较同样一个小时的学习或考试，你会发现用这一个小时来考试能学得更多，记得更牢。似乎考试有让人精神集中的美妙效果。

几乎本书中我们谈及的所有内容，都是为了让读者直接而自然地认识考试这个学习过程——它只是一般学习步骤的一个延伸。那我们就直奔主题，讲讲本章乃至本书的核心主题之一——用于检查考前复习是否到位的检查清单。

备考检查清单

理查德·菲尔德（Richard Felder）教授是工程学教育界的一个神话——他在帮助全球学生学好数学和科学方面的贡献，可以说不亚于或者说甚至胜过20世纪其他任何一位教育工作者。[1]菲尔德教授采用的一个帮助学生最简单或许也是最有效的技巧，是对考试成绩不满意的学生，他会在他们备忘录里罗列一些内容。[2]

你们很多人都跟自己的老师说过，上次考试的成绩远低于自己对学习材料理解的真实水平。还有些人问过，要怎么做才能避免下次考试重蹈覆辙。

我来问你几个问题，看看你是如何准备考试的。一定要尽可能地如实回答。如果你对大部分问题的回答都是"否"，那么你的考试成绩不理想也不奇怪。如果下次考完试，你还有很多回答都是"否"，那你的成绩不理想就更不足为奇了。如果你大部分的答案都是"是"，而考试分数却很低，那肯定有别的原因。跟自己的导师或咨询顾问见个面，看看能否找出原因所在，或许是个好主意。

你会注意到，有些问题会假设你是和同学合作完成的作业——你或是把自己独立得到的答案跟别人比较，或实际上就是和他人一起做出的答案。两种做法都可以。实际上，如果你是完全独自一个人学习，而考试成绩又不理想的话，我会强烈建议你在下次考试前，找一两个学伴一起学习或做作业。（不过，对待这种做法也要小心，因为要是你光看别人而自己不动手，那么对你反而可能弊大于利。）

可一旦你填好下面这个检查清单，那么"我该如何备考"的问题就迎刃而解了。你该做的就是：

尽你所能对以下大部分问题做出肯定回答。

备考检查清单

只有经常做到以下描述的事情，才能回答"是"（偶尔做到或从没做到选"否"）。

家庭作业

__是__否　1.你有没有尽力去理解课本内容？（带着目的去找相关例题不算在内。）

__是__否　2.你是否有跟同学一同解决作业问题，或者至少跟他们核对过答案？

__是__否　3.你在跟同学合作之前，有没有先试着自己大致写出每道题的解法？

备考

你记下的回答中"是"越多，说明你复习得越好。如果你的回答里有两个及以上的"否"，那你可能要认真考虑在下次考试前改变一下复习策略。

__是__否　4.你是否积极地参与了家庭作业的小组讨论（贡献点子，提出问题）？

__是__否　5.当你遇到困难的时候，有没有请教老师或助教？

__是__否　6.你交作业的时候，是否完全理解了所有问题的答案？

__是__否　7. 当不明白家庭作业的题目解法时，你有没有在课上提问寻求解释？

__是__否　8. 如果你有学习指导手册，你有在考试前仔细通读过一遍吗？确定手册上的所有题目都会做了吗？

__是__否　9. 你有没有试过快速列出解题纲要，而不在基础计算上花时间？

__是__否　10. 你是否有和同学一起复习过学习指导手册和问题，并互相提问？

__是__否　11. 如果考前有复习课，你是否参加过，并在课上提出任何你不太确定的问题？

__是__否　12. 你在考前有没有保证合理的睡眠？（如果这个问题的答案是"否"的话，那前面 1～11 的答案可能都不重要了。）

__是__否　总分

由难入简法

应对数学和科学考试，学生常被传授的经典策略是，从最简单的题目入手。这个策略是基于这样一种观念：当你做完了相对简单的题目，就会有信心面对更难的题目。

这个策略对一些人有效果，不过这主要因为，不管什么策略总会有它的适用人群。然而不幸的是，对于大多数人来说，这个策略带来的是反作用。难题通常更耗时，这意味着你更应该先做这些难题，而且难题也迫切需要发散模式来发挥创造力。但是想要进入发散模式，你就别紧盯着那些最想去解决的难题！

那要怎么办呢？是先做简单题目，还是先做难题？

答案是先从难题入手，但是马上跳回简单题目。我来解释一下。

试卷一发下来，先快速浏览一遍，对试卷内容有个大致印象。（对任何考试你都应该这么做。）放眼去找看起来最难的题目。

那么，**开始做题时，就先做看起来最难的那道**。不过要做好准备，一旦你发现自己已经一两分钟没有进展，或者感觉可能想偏了，就要立刻抽身出来。

这个做法不是一般的好用。"由难入简"法会把首个最难题目装进你的大脑，然后转移注意力。靠这两步就能让发散模式开始运转了。

如果首道难题进展不顺，那就跳到下一道简单的题目，把它做出来，或能做多少是多少，之后接着做另一道看起来很难的题目，并努力取得一点点进展。一旦感到陷入了困境或停滞不前，就再换一道简单些的题目去做。

> 我跟我的学生讲，忧虑的作用有好有坏。适当的忧虑能赋予你动力，帮你集中注意力，而不当的忧虑只会浪费精力。
>
> ——鲍勃·布拉德肖（Bob Bradshaw）
> 奥龙尼大学数学教授

当你回头去看那些较难的题目，你往往会开心地发现，下一步解法或是一些解题步骤变得更加明晰了。你也许无法一口气做完整道题，但在换到另一道能有所进展的题目之前，你至少可以在这道题上更进一步。

从某种角度说，运用了这种考试策略，你就会像一位高效的厨师。等着牛排煎熟的同时，你可以快速切好番茄做配菜，然后给汤调个味，再去翻一翻煎得嗞嗞响的洋葱。由难入简法通过让大脑各个部分同时处理不同的想法，来提高大脑的利用效率。[3]

在考试中运用由难入简法，能够保证你至少每道题都做上一点。这种方法也能有效防止你陷入思维定式，即一直在错误的思路中徘徊不前，因为这个方法会让你有机会多次多角度审视问题。如果你的老师会根据步骤给分，这个方法就更有用了。

这个方法唯一的难度在于，一旦你发现已经过去了一两分钟却仍止步不前，就必须足够自觉地从这道题目中抽身。对于大多数学生来说，这轻而易举。但对于有些人，则需要一定的自律和意志力才办得到。无论如何，你现在应该非常清楚地意识到了，用错地方的坚持可能会给数学和科学的学习造成不必要的困难。

这或许也就说明了，为什么有些考生前脚一走出考场，后脚就想到了答案。当他们放弃继续做题，注意力就被转移了，由此产生出发散模式所需的一点点牵引力，让发散模式得以运转，并把答案反馈给你。不用说，为时已晚。

有时人们会担心，要是先给一道题开个头，然后又抽身转去做别的题，这样也许会乱了考试的阵脚。可这对于大部分人来说都不是问题，毕竟一名厨师是要学会把各种菜同时做好端上桌去的。但如果你还是不放心本策略对你的效果，你可以先拿作业题试试。

要注意，由难入简法在某些情况下是不适用的。如果老师给难题设置的分值很低（有的老师就喜欢这么做），你最好还是把主要精力放在其他题目上。有一些上机资格考试是不让回头检查的，那么如果这时候遇到难题，最好的办法，就是从腹部深吸一两口气（记得也要呼出来），然后尽力而为吧。而如果你在考前复习得不充分，那就无计可施了。要尽量把简单题目的分数都拿到手。

克服考前恐惧 ➡ ⊕ ⇨

　　我一直跟我的学生说要敢于直面恐惧。通常来说，你最大的恐惧就是怕自己的分数达不到要求，从而影响自己选择的职业道路。如何克服这种恐惧？很简单。制订一个计划 B，作为备选职业。一旦为最坏的意外都备好了对策，你会惊讶地发现恐惧感开始减退了。

　　努力学习，一直奋战到考试来临，然后就顺其自然吧。对自己说："嗯，让我看看自己能答对多少道。再不济我也还有别的职业选择呢。"这样做有助于释放压力，能让你发挥得更好，也更容易向首选目标靠拢。

——特蕾西·马格兰（Tracey Margrann）

鞍峰学院生物科学教授

考试中出现焦虑的原因及对策

　　如果你在考试时总觉得压力过大，请记住，在压力下人的身体会释放出一些化学物质，比如皮质醇，它会导致你掌心出汗，心跳加速，胃里就像打结一般。不过有意思的是，研究发现，一切的关键在于你如何解读这些症状，也就是你如何向自己解释压力从何而来。如果你转变一下想法，不去想"我好怕这次考试啊"，而是想"这次考试让我很兴奋，我要做到最好"，你的表现可能就会大有改观。[4]

　　对于考试恐慌人群来说，还有一个好建议就是把注意力暂时转移到自己的呼吸上来。 放松腹部，把手放在上面，慢慢深吸一口气。你应感到手在向外移动，甚至同时感到整个胸腔如一个膨胀的桶在向外扩张。

通过这样的深呼吸，可以把氧气输送到大脑的关键区域。它示意着"一切正常"并帮你冷静下来。不过，不要到考试那天才开始这样深呼吸。你要是能提前几周开始练习，每天随意花上一两分钟就足够了，到考试的时候，你就能更加轻易地进入这种呼吸模式。（要记住，常练不忘！）发试卷前，在紧张的最后时刻里，进入这种深呼吸模式会极有帮助。（没错，你要是有兴趣，可以找到大量的相关手机应用来帮助自己。）

另外一个技巧和正念（mindfulness）有关。[5] 这个技巧需要你学会区分两个概念：一种是自然产生的想法（我下周有个重要的考试）；另一种是随之而来的情感投射（如果我不及格，我就会被逐出本专业，那时我该如何是好啊）。这些附随其后的想法，是发散模式投射出的浮光掠影，甚至只需简单练习上几周，学着重新看待这些念头和感觉，把它们看作单纯附随的情感投射，似乎就能帮助你的大脑放松和平静下来。比起纯粹努力去遏制这种干扰性念头，改变自己的应对方式效果会好更多。学生若能花上几周来练习这种正念，将会有更好的考试表现，受到那些念头的干扰也会减少。

现在你就能理解了，为什么考试中最难的题目等最后才做会造成麻烦。因为当你所剩时间越来越少，压力会越来越大，却恰恰还面临着最难的题目。当压力剧增，你会努力聚精会神，想着集中注意力就能够解决问题了，然而你的专注反而会让发散模式无法开始工作。

结果呢？就是"分析导致瘫痪"⊖。[6] 而"由难入简"法有助于避免这种情况的发生。

⊖ 即面临大量选择时，因过度地分析及计划，反而无法做出任何决择或行动。

对 "猜" 选择题答案和模拟考试的几点提示 ⊙ ⊕ ➡

　　我给学生考选择题的时候，时常发现他们还没完全理解题干要求，就断然开始读选项了。我建议他们先把选项遮起来，尝试回忆知识，这样就可以先靠自己算出答案。

　　每当我的学生跟我抱怨，说模拟考试比真实考试要简单太多太多的时候，我都会问：是什么因素混淆了视听，使两者显得如此不同？你做模拟题的时候，是不是在家里轻轻松松听着音乐？或是跟同学一起做的卷子？还是没有时间限制？是手边有现成的题解或课堂材料吗？这些状况和拥挤考场里争分夺秒的情景完全不能相提并论。我鼓励那些有考试恐惧症的人，带着模拟试卷去另一个教室做（到你能溜进去的大课，神不知鬼不觉地混在教室后排）。

——苏珊·拉吉娜·赫伯特（Susan Sajna Hebert）
湖首大学心理学教授

考前的最后把关

　　考前一天，要快速浏览复习材料，重温一遍。在第二天的考试里，专注模式和发散模式的 "肌肉" 对你都必不可少，所以前一天不要太拼自己的脑力。（这就像你不会在马拉松前一天去参加 10 英里⊖赛跑是一个道理。）如果大考前一天自己似乎难以投入刻苦学习，也不要感到愧疚。如果你已经准备得当，会有这样一种自然反应：你会下意识收敛能量，为第二天保存脑力。

⊖　1 英里≈1.6093 千米。

在考试过程中，也别忘了，大脑会蒙骗你，让你以为自己做的题就是对的，即使事实并非如此。这意味着，**只要条件允许，眨一下眼，转移一下注意力，然后从全局视角二次检查自己的答案，问自己："这样解答真的合理吗？"**通常来说，解题方法都不止一种，换个检查问题的视角会给你一个验证答案的绝好机会。

如果除了按自己的逻辑推导就没别的检查办法，要记住，甚至最优秀的数学、科学、工程学学生也曾在一些简单问题上犯错，比如漏掉了负号，加错了数字，或"忘掉原子"等。只要你尽可能把这些小错误检查出来就好。在科学课上，保证等式两边运算单位一致，也是检查自己解题正确与否的重要线索。

考试的做题顺序也很重要。学生一般都喜欢从前往后做试卷。等到了检查答案时，有时似乎从后往前检查能让你的大脑获得更新鲜的视角，你也因此更容易检查出错误。

不过凡事无绝对。有时候你明明学得很努力，可掌管考试的神仙偏和你对着干。但如果你准备充分，通过练习且建立起强大的解题技巧库，还选择了明智的考试策略，你就会发现，幸运之神会对你越来越眷顾。

本章小结

- ✓ 考前一晚睡眠不足会让你之前所做的任何其他准备都付之东流。
- ✓ 考试是一件严肃的事。像战斗机飞行员或医生一样仔细检查备考清单，能大幅度地提高你的成功率。
- ✓ 就像由难入简法，一些有悖常识的策略会让你的大脑有机会反思难度更大的题目，就算当时你正专注于解答其他更直观浅显的题目。
- ✓ 在压力下人的身体会释放出一些化学物质。让一切结果决然不同的关键，就在于你如何看待身体对这些化学物质的反应。如果你转变思维，不去想"我好怕这次考试"，而是想"这次考试让我好激动，我要做到最好"，你的表现会大有改观。

✓ 如果你在考试中感到恐慌，可以暂时把注意力转移到自己的呼吸上来。放松腹部，把手放在上面，慢慢地深吸一口气。你应感到手在向外移动，甚至同时感到整个胸腔如一个膨胀的桶在向外扩张。

✓ 你的大脑会欺骗你，让你以为自己做的就是对的，即使事实并非如此。这意味着，只要条件允许，眨一下眼，转移一下注意力，然后从全局视角二次检查自己的答案，问自己："这样解答真的合理吗？"

{ **驻足与回顾**

　　合上书，移开视线想一想：本章有哪些主要思想？哪些与考试有关的方法特别值得一试？ }

学习提升

1. 考试之前，有个尤其重要的准备步骤是什么？（提示：如果这一步没做到，其他的准备都不重要了。）

2. 请说明，若在考试中运用由难入简法，你如何判断何时该让自己从一道难题中抽身？

3. 据建议，深呼吸法有助于缓解恐慌感。在你看来，为什么讨论中要强调，呼吸时不仅要让上胸腔扩张也要让腹部起伏？

4. 你觉得在考试中，为什么检查答案前要先试着转移一下注意力？

心理学家西恩·贝洛克谈如何避免可怕的
"窒息（发懵）"

西恩·贝洛克（Sian Beilock）是芝加哥大学的一名心理学教授。对于如何减少高压情境下的恐慌感，她是世界领先专家之一，也是《窒息：揭示关键时刻大脑不犯错的秘密》（*What the Secrets of the Brain Reveal about Getting It Right When You Have To?*）一书的作者。[7]

高压状况下的学习和表现会把你置于巨大的压力之下。然而越来越多的研究机构表明，通过非常简单的心理干预就能降低考试中的焦虑感，并提高课堂学习效果。这些心理干预并不是教授你学术知识，其目的在于改变你的心态。

我的研究团队发现，如果在考前片刻写下自己对于临近考试的感觉和想法，就能有效地减轻压力对考场表现的负面影响。我们认为，书写有助于释放脑中的负面想法，让它们不会总在紧要关头出现让你分心。

你在掌握学习材料时进行的许多自测也会带来少量压力感，这种压力会让你在真实考试更强大的压力下有所准备。正如你在本书中学过的，在学习中进行自我测试是把知识印在脑海里的绝佳办法，这样等你到了考场的高压环境下，能更容易回忆起这些知识。

还有一个事实：消极的自言自语，即你的脑海中产生的负面念头，确实会影响到你的表现，所以一定要保证让积极的言语和内心想法贯穿整个备考过程。如果想避免消极心态，就算你心情绝望得如同末日来临，你也要打断这个思绪。如果你搞砸了一道题，或者甚至搞砸了很多道题，也要振作精神，把注意力放在下一道题上。

最后，学生在考试中发懵的原因之一，是他们连眼前的题目都没审清楚，就火急火燎地直接开始做题。学会在动手做题前或遇到障碍时停顿几秒，会有助于你看清解题思路——也就是说，这能帮你预防发懵，以免最后突然发现，花了那么久自己却走进了一条死胡同。

你一定能学会把压力控制在一定范围内。神奇的是，你并不想把压力一并扼杀，因为在关键时刻，少量的压力会有助于你发挥最佳状态。

祝你好运！

释放无限潜力

学习的 10 个好方法和 10 个误区

理查德·费曼，就是那位以玩邦戈鼓为乐，还获得了诺贝尔奖的物理学家，他是个乐天派。但是有那么几年，在他的生命中最好也是最坏的那几年里，他的生活热情经受了逆境的考验。

在 20 世纪 40 年代初，他的爱妻艾琳（Arlene），躺在偏远的医院里，因患肺结核生命垂危。他几乎无法从工作中脱身去看望她，因为他身处与世隔绝的新墨西哥州的洛斯阿拉莫斯镇（Los Alamo），正致力于第二次世界大战最关键计划之一——绝密的曼哈顿计划。那时，费曼没有名气，也没有什么特权。

一天工作结束后，为了不让大脑闲置，防止出现焦虑和无聊的苗头，费曼开始专注于窥探人们最深处最黑暗的秘密：他开始研究如何打开保险箱。

但要成为一个精通的保险箱破解者并不容易。费曼培养着自己的直觉，去掌握锁具的内部结构，他像钢琴演奏家一样练习解锁，让自己在发现密码的前几位后，可以快速地尝试剩下的排列组合。

最终，费曼偶然了解到，最近有一位专业锁匠受聘来到洛斯阿拉莫斯——这是一位真正能在几秒钟内开锁的专家。

身边有位专家，真是近水楼台！费曼意识到只有跟这个人交朋友，他才能得到最深奥的解锁诀窍。

在这本书里，我们探索了看待学习的新方式。有时我们发现，**越是迫不及待想得到答案，越是事与愿违。**这就几乎如同，当你过快地伸出右手，左手会自动伸出来把它拉回去。

伟大的艺术家、科学家、工程师还有像马格努斯·卡尔森这样的象棋大师，首先靠集中注意力利用他们大脑的自然节奏，努力在脑中思考问题，之后再将注意力转向别处。这种在专注和发散模式下交替思考的方法，能让思维的云朵更容易漂移到大脑的新领域。最终，这一片片云朵，经过再提炼、再蓬松，就能为你带回一部分有用的解题思路。

大脑的重塑由你掌握。重塑的关键在于坚持不懈——明智地对待你大脑的优势和弱点。

要提升专注力，你只需从容地重新定向自己对干扰信号的反应，比如手机铃声或短信提示音。番茄工作法是一种让人在短时间内保持专注的方法。借助它的强大作用，你能转移你的习惯性反应，即那些好心办坏事的小恶魔。一旦完成了一轮辛苦而专注的工作，紧接着你就能切实享受到精神上的放松了。

长期以来不断努力的结果是在每个新的学习期间，你都会收获如同被水泥加固一般的稳健神经结构。在专注工作期间搭配着有规律的放松，不仅能让我们在学习中获得更多的乐趣，还能学得更加深入。放松时段让我们有时间去获得新视角，让我们能将手头任务的全貌和它的背景信息结合起来。

要警惕，我们大脑的某些部分会让我们自我感觉良好，无论我们做了什么，无论错得多么离谱。真是谢谢大脑帮的倒忙了。确实，一定程度上由于我们的大脑会自欺欺人，我们才会在考试交卷前会返回去做检查，我们会问自己这么做真的合理吗？通过确保我们后退一步，从新视角看待我们的工作；通过回想做自我测试，并让朋友对我们提问，这样我们能更好地捕捉到学习中的能力错觉。这些错觉，就和任何理解不到位一样，都是我们走在数学和科学学习成功之路上的绊脚石。

经常是临阵磨枪的死记硬背，让许多学习层次较低的学习者错以为他们已经搞懂了数学和科学知识。等到要开始学习更高层次的知识时，他们薄弱的理解就会轰然倒塌。但逐渐了解大脑真正的学习方式之后，我们不会再简单认为记忆背诵就是一件坏事。我们现在知道，对掌握数学和科学至关重要的一点，是要让透彻理解的组块成为自己根深蒂固且久经磨炼的一部分。我们也知道，正如在最后关头才开始赛前训练，运动员是无法养成肌肉一样。学生如果在学习数学和科学的过程中拖拖拉拉，他们也不能培养出固化的神经组块。

无论我们年龄多大、心智多么老练，我们大脑的某些部分依然是孩子。因此，若有时感到挫败沮丧，那就是大脑中"孩子"给我们的信号，该喘口气休息一下了。但我们脑中永远的孩子也让我们有潜能去放手行动，它还会运用我们的创造力帮我们想象、记忆，让我们与数学和科学知识为友，并帮我们真正理解那些一开始极有难度的概念。

我们发现，有时要是把执着用错了地方，也就是只在同一个问题上没完没了地兜圈子，会让我们解决这道题目的能力受到限制。

然而同时，纵览全局和持之以恒的品质，几乎在任何领域都是成功的关键。遇到悲观论调和人生坎坷在所难免，虽然它们让我们的目标和梦想显得遥不可及，但通过这种旷日持久的坚持不懈，能让我们度过这一时不顺。

本书的中心主题是了解学习自相矛盾的本质。解决问题少不了专注力，然而专注也会限制我们的解题能力。虽说坚持不懈是关键，可难免我们也会因此而百思不得其解。获取专业知识的一个关键方面是记忆，但它也会让我们只见树木不见森林。采用比喻能让我们获得新概念，但它也会让我们对错误的概念执迷不悟。

无论你采取小组学习还是自学，无论初学时或难或易，无论学习内容抽象还是具体，获得了成功还是失败……到头来，经过融合学习中许多自相矛盾的特点，我们所做的一切努力便增添了更多的价值和意义。

世界上最擅长思考的人长久以来在用的一个窍门就是简化——用小孩子都能听懂的语言解释事物。简化，这就是理查德·费曼的方法，他对他认识的某些最晦涩难懂的理论数学家提出了质疑，让他们用简单形式来表达自己的复杂理论。

结果他们做到了。所以你也能行。就像费曼和圣地亚哥·拉蒙 – 卡哈尔，你也能利用学习上的优势帮你实现梦想。

就在他修炼自己开锁技能的期间，费曼与这位专业锁匠成了朋友。经过一段时间的交流，费曼逐渐撇开表面的客套，向谈话的更深处挖掘，这样才能理解这位锁匠高超技艺背后的精微玄妙之处。

一天深夜，这最宝贵的秘密总算真相大白。

锁匠的秘密是，唯有他知道锁具制造商的默认设置。

了解了锁具的默认设置，锁匠才得以打开一些保险箱，因为它们的设置自从制造出来后就没变化过。尽管人们以为开锁是施了法术，其实根本上说，只要简单理解这装置是怎么从制造商那生产出来的，就真相大白了。

和费曼一样，你会有醍醐灌顶的领悟——如何让理解变得更简单、更轻松，并让自己少些沮丧。通过了解大脑的默认设置，即自然的学习和思考方式，再利用好这个优势，你也一样能成为专家。

在本书开头，我提到一些能让数学和科学变得清晰易懂的简单思维小技巧。这些小技巧不仅对数学差的人有帮助，也能让已经学得不错的人受益。在阅读这本书的过程中，你已经遍览了所有这些技巧。但你现在知道了，把握被组块简化过的思想精髓才是王道。所以下面我要做最后的思想总结——它们是这本书中一些核心观点的组块精华，我提炼为 10 个好的和 10 个坏的学习法则。

记住，幸运女神只眷顾努力的人。了解一些学习方法也不会有什么坏处。

10 个好的学习法则

1. **运用回想**。读完一页书，看向别处并回想主要观点。少做标记，没记住之前不要画重点，要先回忆。在去教室的路上或不同于先前学习空间的室内，试着回忆要点。回忆的能力，即能够得到自己心中的想法，是学好知识的关键标志之一。

2. **自我测试**。任何内容皆可测试。无论何时皆可测试。抽认卡片是你的良师益友。

3. **对问题进行组块**。搭建组块的过程就是理解问题、练习解题方法的过程，有了组块才能在脑中瞬间闪现答案。解决一个问题之后，要将其重新排演一遍。确保在许久没接触这道题后，你还能解答出问题的每个步骤。把问题当成一首歌，在心里学着一遍遍地唱，这样让信息合成为一个流畅的组块，任何时候都能任你提取使用。

4. **间隔开重复动作**。无论学哪门课，不要安排得太集中，要像运动员一样每天安排些练习量。你的大脑就像一块肌肉，它一次只能处理某学科上一定的练习量。

5. **在练习中交替使用不同解题技巧**。做任何练习的期间不要只用一种解题技巧，否则一段时间过后，你只是在模仿自己之前解题的老路子。解题方法要混合使用在不同的题型上。这么做会让你同时知道如何以及何时用一个解题方法。（书本一般都不会以这样的方式编写，所以你需要靠自己去这么做。）每一门作业和考试之后，要回顾错题，确保理解自己的犯错原因，之后重新解答一遍。想要最高效地学习，就在抽认卡片的一面用手写（别用键盘打字）下问题，再在另一面写下答案。（用手书写比起打字时构建的神经结构更坚实。）如果你想把它上传到智能手机的应用软件里，你也许会把卡片拍下来。你可以用不同的题型随机测试自己。另一个测试自己的方法，是随机翻开书本挑一个问题，看看自己能不能在很久没碰这道题之后还能给出解答。

6. **注意休息**。有一种常见现象，是学数学或科学时，你会难以解答或理解一些初次遇到的问题或概念。这就是为什么每天学一点，比集中在一天学会好很多。当你对一道数学或科学上的难题灰心丧气时，可以休息一下，这样你大脑的另一部分就能在后台接着工作。

7. **使用解释性的提问和简单类比**。无论何时遇到难懂概念的困扰，都要自己想一想，怎样解释才能让 10 岁小孩都明白这个概念？使用类比真的有用，比如电流就像水流。不要只想解释，要大声说出来或者写下来。凭着嘴上说手上写的功夫，你能把所学知识编译（将知识转换到神经记忆结构中）到更深的记忆中。

8. **专注**。关掉手机和电脑上所有会干扰你的提示音和闹铃，并在计时器上设定25分钟。你要在25分钟之内集中注意力，并尽可能勤奋工作。计时器的时间一到，给自己一个小小的、有趣的奖励。一天中安排几个这样的工作期间，能实实在在地推进你的学习进度。试着规定学习时间和地点，不要瞄电脑和手机，让学习变得自然而然。

9. **困难的事情最先做**。最清醒的时候，要去做一天中最困难的事情。

10. **心理对照**。想象过去的你，对比通过学习能够成就的那个自己。在你的工作区域贴一张图或几句话来提醒自己的梦想。如果觉得自己缺乏动力了，就看看它们。对你和你爱的人，这么做一定值得！

10个坏的学习法则 ◎ ⊕ ◎

你要避免这些方法，因为它们会浪费你的时间，甚至还会让你以为自己真的在学习！

1. **被动重复阅读**。很被动地坐着看书，目光再次扫过书页上看过的内容。除非你能闭卷回忆要点，证明读过的材料进入了你的大脑，否则重复阅读就是浪费时间。

2. **满眼尽是重点标记**。在文中标记重点，会让大脑以为自己已经记住了学习内容，但实际上你只是手上动动（大脑记没记就不一定了）。在书上各处适当标记是不为过的，有时它会帮你突出重点。但是，如果把它当成辅助记忆的工具，就要确保自己标记下的内容也记在脑子里了。

3. **瞄一眼解题方法，就觉得胸有成竹**。这是学生学习时所犯的最糟糕的一个错误。你要做到的，是不看答案也能一步步解决问题。

4. **等到火烧眉毛才开始学习。**你会在田径运动会开始前的最后一刻才开始猛练一番吗？你的大脑如同一块肌肉，它每次在一个科目上能够应付的练习量是有限的。

5. **已经清楚解法，但仍反复解答同一题型。**如果练习中你只是坐在那解决相似的问题，你实际并没有在备考，而这就像一场盛大的篮球赛来临之际，你却只做控球这一种练习。

6. **与朋友一起把学习变成了闲聊。**和朋友核对解题方法，拿自己知道的问题相互提问，这会让学习更有趣，同时暴露你的思维缺陷，并让你的学习更深入。但是，如果任务还没完成，共同学习却成了闲谈打趣，你可就在浪费时间了，这时就该换个学习小组了。

7. **做题前忽视读课本。**还不会游泳的时候你会轻易跳进泳池吗？教科书就是你的游泳教练，它会指引你通向答案。如果嫌麻烦而疏于读书，你不仅会犯错，还会浪费时间。在你开始读书之前，快速浏览一遍章节和板块内容，能让你对它有个大致的概念。

8. **有疑问点，却不找导师或同学核对并解决。**教授会习惯性地为那些充满困惑的学生指点迷津——这是我们教师的职责。让我们担心的是不来提问的学生。希望你别成为其中之一。

9. **时常分心，却还以为自己能学得足够深入。**每次受到即时短信或谈话的影响，你能在学习上投入的脑力都会变得更少。每一次被打断注意力，小小的神经都会被再次连根拔起，无法在脑中扎根生长。

10. **睡眠不足**。睡眠中，你的大脑会将解题技巧拼凑在一起，同时它也会对你睡前习得的任何内容进行反复练习。长时间的疲劳会让毒素在脑中堆积，毒素会破坏神经连接，让你无法用它们快速有效地思考。如果考前没睡好，就算之前做过怎样的努力也无济于事。

驻足与回顾

合上书，转开视线，本书中最重要的概念有哪些？在回忆的时候，也去考虑一下你会如何利用这些概念重新组织自己的学习。

后　　记

我八年级的数学和科学老师对我的生活影响很大。在他的帮助下，我不再是班级垫底，他还鼓励我努力向优秀看齐。结果我高中时回报给老师的几何课分数，就是两个 D。我只是没法靠自己理解学习材料，也没有那样的殊荣，能有一个伟大的老师以我需要的方式敦促我的功课。上大学之后，我才终于弄明白了。但是过程中遭受过无数打击。当时多希望能有一本这样的书。

转眼到了 15 年后。我的女儿写数学作业就跟上刑一样，这副惨不忍睹，简直是但丁都没有勇气描述的地狱。她在一个难点上摔过跤，可还会接二连三地继续摔跤。她终于哭完了，开始围着题目绕圈子，最终找出了答案。可我没法让她停止这种无谓的折腾，没法让她退后一步重新振作。于是我让她读了这本书。她说的第一句话就是："要是我在学校的时候有这么一本书就好了！"

这本书的内容，就是源于科学家长久以来的一系列具有高效产出潜力的学习建议。不幸的是，这些建议几乎从未得到有效的解读，好让一般学生也能轻松地掌握和使用。不是所有的科学家都能做到解读有方，也不是所有的作家都对科学有十足的把握。在这本书中，芭芭拉·奥克利教授妙手穿针，把这两样结合在了一起。她对这些学习策略进行了生动的举例和说明，不仅揭示出这些点子的作用，还证明了它们的可靠性。我问我的女儿为什么喜欢书中的那些学习建议，尽管中学时我也曾向她建议过其中的一些方法，她说："芭芭拉教授会告诉你为什么要这样做，很有道理。"这让做家长的我再次受到了打击！

你尽管读过了这本书，接触到了一些虽然简单却非常有效的学习策略，但得说一句，这些策略不是仅会让你在数学和科学方面受益。如你所见，这些学习策略的产生都基于大量有关人脑如何运作的证据。虽然在情感和认知的相互作用上的文字描述少之又少，这作用却是所有学习的关键组成部分。我的女儿以她自己的方式指出，学习并不是有学习策略就够了。你必须相信这些学习策略可以发挥实际作用。你在这本书中读到的这些明晰又具说服力的例证，会让你拥有尝试这些技巧的自信，会让你放下那些常让我们功亏一篑的怀疑和抗拒心理。当然，学习是具有个人经验性质的。一旦你认真施展这些策略并评估自己的表现和态度，它们的效果就得到了最终证明。

我现在是一名大学教授，多年来我已经给成千上万的学生提过建议。我的很多学生都尽可能地避免数学和科学课程，因为他们"不擅长"或"不喜欢"。我给学生的建议总是和给我女儿的一模一样："先学好了，再看是不是还想放弃。"毕竟，教育不就是应该让学生能更有把握地应对挑战吗？

还记得学开车有多难吗？现在，他们开车儿乎行云流水，这让你觉得他们独立了，你会很珍视这种贯穿他们成年生活的独立感。只要对本书中所提及的新学习策略抱以开放的心态，学习者现在就有机会走出焦虑和回避，走向成功和自信。

主动权在你手上，你可以变得更好！

——詹姆斯·麦迪逊大学心理学系教授
戴维 B. 丹尼尔（David B. Daniel）哲学博士

致　　谢

感谢每一位在写作过程中支持过我的人。我想声明的是：本书中任何事实或解读错误都由我个人负责。如果不慎遗漏了哪位的名字，在此深表歉意。

这一切努力的背后是我丈夫 Philip Oakley 给予我的坚定不移的支持和鼓励，他的热情和超凡的洞察力给予我很大的帮助。30 年前，我们在南极站相遇。是的，我一直走到世界的尽头才遇见这个完美的男人。他是我的灵魂伴侣、我的英雄。（你知道吗，他就是拼图中出现的那个人。）

感谢在我的教学生涯中一直给予我帮助的高级导师 Richard Felder 教授，他对我的职业生涯产生了不可估量的影响。Kevin Mendez 是本书的插图作者，他绘制的插图令人惊艳，我由衷地敬佩他的艺术才能和眼界。我们的大女儿 Rosie Oakley 在我写书始终，向我提供了敏锐的解读和超乎想象的鼓励，而我们的小女儿 Rachel Oakley 则总是为我们的生活撑起一片蓝天。

我的好朋友 Amy Alkon 有 X 射线般的编辑之眼，她不可思议的才能总能让她嗅出值得改进之处。在她的帮助下，这本书的内容才得以达到如此清晰、精确和智慧的高度。我的老朋友，美国国家科学院的 Guruprasad Madhavan 以及我们共同的朋友 Josh Brandoff，帮助我在宏观内涵上更好地把握了全书。写作指导

Daphne Gray-Grant 在写书过程中也是非常出色的支持者。

我尤其要感谢杰出的文学代理商 Rita Rosenkranz。我最深的感谢要送给企鹅出版社的 Sara Carder 和 Joanna Ng，他们在出版业界的洞察力、编辑敏锐度和广袤的专业知识给了这本书无与伦比的支持。我祝愿每一位作者都能幸运到能与 Joanna Ng 这样卓越的编辑共事。同时，我也要感谢 Amy J.Schneider，她的编辑能力简直是这本书的福音。

特别感谢 Paul Kruchko，正是因为他的一个简单提问——你是如何改变的，启发我写出了这本书。感谢图书馆馆际借阅部的 Dante Rance 一如既往的周到服务，甚至不惜提供了许多分外的帮助。同时，我也感谢能力出众的 Pat Clark。在写书过程中，我得到了很多同事的大力支持，尤其是数学专业的 Anna Spagnuolo 教授、László Lipták、Laura Wicklund；护理专业的 Barb Penprase、Kelly Berishaj；工程专业的 Chris Kobus、Mike Polis、Mohammad-Reza Siadat、Lorenzo Smith；物理专业的 Brad Roth。感谢 CD-adapco 的美国区培训经理 Aaron Bird 和他的同事——公司副总裁 Nick Appleyard，他给予了极大的帮助。同时，我要感谢 Tony Prohaska 敏锐的编辑眼光。

感谢以下各位分享了他们杰出的专业知识：Sian Beilock，Marco Bellini, Robert M. Bilder, Maria Angeles Ramón y Cajal, Norman D. Cook, Terrence Deacon, Javier DeFelipe, Leonard DeGraaf, John Emsley, Norman Fortenberry, David C. Geary, Kary Mullis, Nancy Cosgrove Mullis, Robert J. Richards, Doug Rohrer, Sheryl Sorby, Neel Sundaresan 和 Nicholas Wade。

一些在 RateMyProfessors.com 中提及的，来自世界顶级大学和学院的教授为这本书做出了不可估量的贡献。他们的专业涉及数学、物理、化学、生物、科学、工程、商学、经济、金融、教育、心理、社会学、护理、英语。来自顶级"磁铁"高中（在招生上十分有吸引力的学校）的老师也做了杰出的贡献。特别感谢以下阅读全书或者部分章节，为本书提供建设性意见和观点的人士：
Lola Jean Aagaard-Boram, Shaheem Abrahams, John Q. Adams, Judi Addelston, April Lacsina Akeo, Ravel F. Ammerman, Rhonda Amsel, J. Scott Armstrong, Charles Bamforth, David E. Barrett, John Bartelt, Celso Batalha, Joyce Miller Bean, John Bell, Paul Berger, Sydney Bergman, Roberta L. Biby, Paul Blowers, Aby A. Boumarate, Daniel Boylan, Bob Bradshaw, David S. Bright, Ken Broun Jr.Mark E. Byrne, Lisa K. Davids, Thomas Day, Andrew DeBenedictis, Jason Dechant, Roxann DeLaet, Debra Gassner Dragone, Kelly Duffy, Alison Dunwoody, Ralph M. Feather Jr.A. Vennie Filippas, John Frye, Costa Gerousis, Richard A. Giaquinto, Michael Golde, Franklin F. Gorospe IV, Bruce Gurnick, Catherine Handschuh, Mike Harrington, Barrett Hazeltine, Susan Sajna Hebert, Linda Henderson, Mary M. Jensen, John Jones, Arnold Kondo, Patrycja Krakowiak, Anuska Larkin, Kenneth R. Leopold, Fok-Shuen Leung, Mark Levy, Karsten Look, Kenneth MacKenzie, Tracey Magrann, Barry Margulies, Robert Mayes, Nelson Maylone, Melissa McNulty, Elizabeth McPartlan, Heta-Maria Miller, Angelo B. Mingarelli, Norma Minter, Sherese Mitchell, Dina Miyoshi, Geraldine Moore, Charles Mullins, Richard Musgrave, Richard Nadel, Forrest Newman, Kathleen Nolta, Pierre-Philippe Ouimet, Delgel Pabalan, Susan Mary Paige, Jeff Parent, Vera Pavri, Larry Perez, William Pietro, Debra Poole, Mark Porter, Jeffrey Prentis, Adelaida Quesada, Robert Riordan, Linda Rogers, Janna Rosales, Mike Rosenthal, Joseph F. Santacroce, Oraldo"Buddy" Saucedo, Donald Sharpe, D. A. Smith 博士, Robert Snyder, Roger Solano, Frances R. Spielhagen, Hilary Sproule, William Sproule, Scott Paul Stevens, Akello Stone, James Stroud, Fabian Hadipriono Tan, Cyril

Thong, B. Lee Tuttle, Vin Urbanowski, Lynn Vazquez, Charles Weidman, Frank Werner, Dave Whittlesey, Nader Zamani, Bill Zettler 和 Ming Zhang。

感谢以下学生在引用段落、边侧栏目或是建议内容上做出的贡献：Natalee Baetens, Rhiannon Bailey, Lindsay Barber, Charlene Brisson, Randall Broadwell, Mary Cha, Kyle Chambers, Zachary Charter, Joel Cole, Bradley Cooper, Christopher Cooper, Aukury Cowart, Joseph Coyne, Michael Culver, Andrew Davenport, Katelind Davidson, Brandon Davis, Alexander Debusschere, Hannah DeVilbiss, Brenna Donovan, Shelby Drapinski, Trevor Drozd, Daniel Evola, Katherine Folk, Aaron Garofalo, Michael Gashaj, Emanuel Gjoni, Cassandra Gordon, Yusra Hasan, Erik Heirman, Thomas Herzog, Jessica Hill, Dylan Idzkowski, Weston Jeshurun, Emily Johns, Christopher Karras, Allison Kitchen, Bryan Klopp, William Koehle, Chelsey Kubacki, Nikolas Langley-Rogers, Xuejing Li, Christoper Loewe, Jonathon McCormick, Jake McNamara, Paula Meerschaert, Mateusz Miegoc, Kevin Moessner, Harry Mooradian, Nadia Noui-Mehidi, Michael Orrell, Michael Pariseau, Levi Parkinson, Rachael Polaczek, Michelle Radcliffe, Sunny Rishi, Jennifer Rose, Brian Schroll, Paul Schwalbe, Anthony Sciuto, Zac Shaw, David Smith, Kimberlee Somerville, Davy Sproule, P. J. Sproule, Dario Strazimiri, Jonathan Strong, Jonathan Sulek, Ravi Tadi, Aaron Teachout, Gregory Terry, Amber Trombetta, Rajiv Varma, Bingxu Wang, Fangfei Wang, Jessica Warholak, Shaun Wassell, Malcolm Whitehouse, Michael Whitney, David Wilson, Amanda Wolf, Anya Young, Hui Zhang 和 Cory Zink。

注　释

第 1 章：开启大门：每个人都能提升学习能力

1. 我向教育者推荐这本书《重新定向》（*Redirect*），作者是心理学教授 Timothy Wilson。书中描述了"失败到成功的故事"的深远意义（Wilson 2011）。帮助学生改变他们的内心表述方式是这本书的重要目标之一。在描绘改变和成长在思维模式中的重要性上，Carol Dweck（Dweck 2006）则是一位领军人物。

2. Sklar et al. 2012；Root-Bernstein and Root-Bernstein 1999, chap.1。

第 2 章：放松点：有时候太勤奋也是一种病

1. 静息模式讨论：Andrews-Hanna 2012；Raichle and Snyder 2007；Takeuchi et al. 2011。关于放松状态更广泛的探讨：Moussa et al. 2012. 在另外一系列研究中，Bruce Mangan 注意到 William James 关于边缘意识的描述包含如下特点："存在一种意识的'交替'，例如短暂但频繁浮现出来的潜意识，平时它是被意识的核心所压制的"（Cook 2002, p. 237; Mangan 1993）。

2. Immordino-Yang et al. 2012.

3. Edward de Bono 是创意学习的大师，他所采用的"竖直"（vertical）和"横向"（lateral）类似我所使用的"专注"和"发散"（de Bono 1970）。

　　　　敏锐的读者也许会发现，我曾提到过，当专注模式被激活时，有时发散模式仍然会在后台运作。然而研究显示，如静息状态（放松状态下的一种神经模式）等，在专注模式被激活时并不运作。事实到底是怎样的呢？作为一名教育工作者，同时也是学习者，我个人认为，当专注模式启动后，仍然有部分非专注性的任务可以在后台继续工作，只要专注模式不占用该脑区即可。某种程度上，我所使用的名词"发散模式"也许正是意味着"不那么专注的学习活动模式"，而非简单的"静息状态"。

4. 即使是大脑中相距略远的节点间也会有一些联结，这一点在之后的注意力章鱼部分会详细谈到。

5. 发散模式也许会用到前额叶区域，但它弥散性分布的联结更多，而且对看似无关的联结滤过性更弱。

6. 心理学家诺曼·库克曾提出过假设，认为人类心理学中心理论的第一要素为：①大脑左右半球之间的信息流；②支配性区域（左半球）和语言交流辅助影响机制间的信息互换（Cook 1989, p. 15）。但仍要注意的是，大脑半球间的差异曾被用于得出无数毫无真实性的过度解读和愚蠢的结论（Efron 1990）。

7. 根据 2012 年的全美学生参与度调查，工程学学生花在学习上的时间最多。四年级的工程学学生平均每周花 18 个小时，同年级教育学学生的平均时间是 15 个小时，而社会科学及商科学生则是 14 个小时。《纽约时报》上的一篇文章题目是"为什么科学专业改变他们的大脑（那东西难得吓人）"，退休的工程学名誉教授戴维 E. 古德伯格强调，高强度的微积分，以及物理学和化学学习需求会启动"数学 – 科学死亡行军"，会不断淘汰学生（Drew 2011）。

8. 关于数学思维演变的讨论，可以看 Geary 2005, chap.6.
　　　　当然，许多抽象的术语和数学没关系。然而，却有惊人数量的这些抽象符号和情绪相关。我们虽然不能亲眼看到这些术语，但我们可以感知它们，至少可以感知它们的重要方面。

《符号生物》(*The Symbolic Species*)的作者特伦斯·迪肯强调了数学中加密和解密问题的固有复杂性：

> 回想一下你第一次遇到某种全新的数学概念，例如递归减法（也就是除法）。通常情况下，这个概念的教法都是让孩子记住一套数字和符号的运算法则，然后利用这些法则一遍一遍地计算不同的数字，以期望他们可以"看出"这些对应的确切物理关系。学习过程最初要靠死记硬背（用我的话说就是"索引学习过程"），当他们可以漫不经心地完成这些任务，我们会希望他们能够看出这些运算和物理世界中发生的过程有什么关系。在某种程度上，如果进展顺利，孩子会"了解"符号和公式"背后"的共同点。于是，他们会根据更高级的记忆法——关于组合优化的可能性与他们所运算事物间的抽象联系，重新组织他们死记硬背下的知识。这一抽象化过程对于许多孩子来说非常困难。但是要考虑到，如果想要理解微积分，这一过程，甚至是对更抽象概念的理解都必不可少。微分就是递归除法，积分就是递归乘法，每种无限算下去的计算，都可以得到无穷小的数值（这是有可能的，因为它们是收敛的，可以推断而得，而非直接观察）。这种投射出无限算式细节的能力，解决了奇诺悖论，它通过描述看是根本不可能的。但问题不仅如此，（我们今天使用的）莱布尼茨的形式主义将无限递归缩减为一个单独的符号（或是说"积分符号"），因为一个人不可能永远运算下去。这使得微积分的符号计算与物理现实之间的联系更难以形象化。

> 因此，微积分运算式所指代的内容实际上是双重加密的。是的，我们大脑演化出的是处理物理事物的能力，所以对此当然会觉得很难。而数学是一种"加密形式"，不止是在表达方式上，解密本质上也是个艰难的过程，因为它呈现出的组合困难。这就是为什么加密能使人难以重获沟通中的引用内容。我想表达的是"这就是数学的本质"，与我们演化出的能力并不相关。出于相同的原因，解密编码信息也一样困难。

> 令我惊讶的是，我们明明都知道数学方程是加密了的信息，你要知

道秘钥才能解开编码，了解它在说什么。可我们还在疑惑为何高等数学很难教，并将其归咎于教育系统和糟糕的教师。在我看来，这和归咎于能力演化的做法并无二致。（与作者的私下交流，July 11, 2013。）

9. Bilalić et al. 2008.

10. Geary 2011。还可以参考里程碑式的文献《私人宇宙》（*A Private Universe*），可以在这里找到资源 http://www.learner.org/resources/series28.html?pop=yes&pid=9，它引发了很多关于"科学理解上的误解"的研究。

11. Alan Schoenfeld 在 1992 年的研究曾收集了"超过 100 份大学和高中学生做不熟悉的练习题的录像，其中大约 60% 的人的解决方式都是'阅读，快速做决定，管它行不行得通'"。你可以把它视为专注模式最糟糕的情况。

12. Goldacre 2010.

13. Gerardi et al. 2013.

14. 大脑不同半球之间的区别有时意义重大，但再强调一次，在这一领域做出任何论断都应该格外谨慎。诺曼·库克曾有过精妙的表述："20世纪 70 年代的许多探讨都与事实相去甚远，大脑两个半球间的差异突然之间被用于解释人类心理学的所有难题，包括潜意识、创造力和精神分裂，然而接下来不可避免的强烈反对也同样夸大其词（Cook 2002, p. 9）。"

15. Demaree et al. 2005; Gainotti 2012.

16. McGilchrist 2010; Mihov et al. 2010.

17. Nielsen et al. 2013.

18. 德·波诺（De Bono）在 1970 年为这一问题提出了一种新的解决方式，也为我们此处列出的问题提供了灵感。德·波诺的经典著作中包含大量极富洞见的问题，非常值得一读。

19. Immordino-Yang et al. 2012.

20. 我提到了专注模式和发散模式之间的往来互动，似乎大脑两个半球之间也有着类似的交互作用。我们可以从对鸡的研究中，一窥两个大脑半球间信息是如何往来流动的。学会不要啄苦珠子需要大脑两个半球之间记忆痕迹复杂的反复联动，更要花上数个小时（Güntürkün 2003）。

　　安可·博马观察到，"对于一项特定任务，我们观察到某一侧的偏重，并不意味着这一侧半球就在整个任务进程中都处于主导地位"。有证据显示，在某一阶段，也许右半球为主导，而在另一个阶段则切换到左半球占主导地位。对于某一项特定任务，不同阶段的相对难度也许决定了哪个半球占据主导地位"（Bouma 1990, p. 86）。

第 3 章：学习即创造：来自托马斯·爱迪生平底锅的启示

1. "脑距离模型"（cerebral distance model）由 Marcel Kinsbourne and Merrill Hiscock（1983）提出，其假设，脑中两项并行的任务所在的脑区越近，彼此间的相互干扰就越大。两项并行任务使用同一大脑半球时，尤其是同一脑区的情况下，确实会让事情变得一片混乱（Bouma 1990, p. 122）。或许发散模式更善于同时处理多项任务，这归因于发散过程不专注的本性。

2. Rocke 2010, p. 316, citing Gruber 1981.

3. Ibid., pp. 3-4.

4. Kaufman et al. 2010，特别是在 222 ~ 224 页上的 "免除抑制假说"；Takeuchi et al. 2012.

5. 在试图追溯这个传说出处的过程中，我联络了 Leonard DeGraaf，他是托马斯·爱迪生国家历史公园的档案保管员。他说："我听过爱迪生和落球的故事，但我从没看到任何可以证实此事的文档记录。我也不能确认这故事的起源。这也许是有一定事实基础的轶事之一，这成了爱迪生神话的一部分。"

6. Dalí 1948, p. 36.

7. Gabora and Ranjan 2013, p. 19.

8. Christopher Lee Niebauer and Garvey 2004。Niebauer 提到目标物和元级思考的差别。句中第三个似是而非的错误，顺便说一句，就是没有第三个错误。

9. Kapur and Bielczyc 2012，含有对"解题失败的重要性"的精彩论述。

10. 关于爱迪生实际表达及文字的各种讨论，请见 http://quoteinvestigator.com/2012/07/31/edison-lot-results.

11. Andrews-Hanna 2012；Raichle and Snyder 2007.

12. Doug Rohrer and Harold Pashler（2010, p. 406）说道："……近期对学习的时间动力学分析显示，比起传统的教学设定，将学习时间分散在一段更长的时间内，能让学习更加持久。"它与专注和休息状态网络的联系，将是未来研究的重要课题。请参阅 Immordino-Yang et al. 2012。换句话说，我在这里描述的内容，是对学习中会发生的事情做出的合理推测，但是需要在深入研究中得到进一步的证实。

13. Baumeister and Tierney 2011.

14. 我想说明的是，这些只是我对于什么能够促进发散模式下思考的"最佳猜想"。我的猜想基于观察人们会从何处获得最有创造力的"灵光一闪"的领悟。

15. Bilalić et al. 2008.

16. Nakano et al. 2012.

17. Kounios and Beeman 2009, p. 212.

18. Dijksterhuis et al. 2006.

19. 短期记忆是未经主动排演过的激活信息。工作记忆是短期记忆信息的子集。短期记忆信息即注意力集中和主动处理之所在（Baddeley et al. 2009）。

20. Cowan 2001.

21. 如果你对其中的神经分布感兴趣，长期记忆和工作记忆似乎在共同使用前额叶和顶叶的重叠区域。但内侧颞叶只用于长期记忆，并不用于工作记忆。请参阅 Guida et al. 2012, pp. 225-226, and Dudai 2004.

22. Baddeley et al. 2009, pp. 71-73；Carpenter et al. 2012。间隔性重复同时也被认为是分布式练习。Dunlosky et al. 2013, sec.9，对分布式练习提出精彩的综述。遗憾的是，如 Rohrer and Pashler 2007 中所说，许多教育者，特别是数学领域的，相信过度学习法是增强长期记忆的好方法，因此他们布置许多相似题目，最终变成了被迫劳动，无法给长期记忆带来一点好处。

23. Xie et al. 2013.

24. Stickgold and Ellenbogen 2008.

25. Ji and Wilson 2006；Oudiette et al. 2011.

26. Ellenbogen et al. 2007。发散模式或许也和潜在抑郁症存在关系——潜在抑郁症是指，极容易分散注意力，且轻易被干扰（Carson et al. 2003）。对于喜欢话说一半就换了思路的人，他们有希望开发一下创造力。

27. Erlacher and Schredl 2010.

28. Wamsley et al. 2010.

第 4 章：构建组块与避免能力错觉："口默念而心得解"的秘诀

1. Luria 1968.

2. Beilock 2010，pp. 151-154.

3. 儿童通过专注模式学习，但他们也会在不专注时使用发散模式学习，只是缺乏自主控制（Thompson-Schill et al. 2009）。换句话说，儿童看起来不像成人在学习新语言时那样需要用专注模式，也许这就是为什么年幼的孩子更容易学会一种新语言。但至少在一些专注模式下的学习，对超出幼儿期年龄段的学习者而言会有必要。

4. Guida et al. 2012, sec.8. 最近，Xin Jin，Fatuel Tecuapetla 和 Rui Costa 揭示出基底节中神经元的重要作用，它们发出信号将个体元素串联在一个行为序列中，这就是搭建组块的关键（Jin et al. 2014）。Rui Costa 已收到 200 万欧元资金以投入组块机制的研究，他的研究开展让我们拭目以待。

5. Brent and Felder 2012; Sweller et al. 2011, chap.8.

6. Alessandro Guida 和同事（2012, p. 235）注意到创造组块最初明显需要依赖前额叶区的工作记忆，组块是专注的产物，专注让组块联结在一起。随着专业水平的不断提高，这些组块驻留在颅顶骨区域的长期记忆中。记忆的一个非常不一样的方面在于它涉及了神经震荡节奏，这节奏有助于结合起大脑许多区域中的知觉和环境背景信息（Nyhus and Curran 2010）。可参考 Cho et al. 2012，以了解儿童在算术解题的提取流畅性方面的成像研究。

7. Baddeley et al. 2009, chap.6；Cree and McRae 2003.

8. Baddeley et al. 2009, pp. 101-104.

9. 我提到的"宏观图景"可以被想作一个认知模板。参见 Guida et al. 2012,尤其请参阅 sec.3.1。通过数学和科学的学习所产生的模板，会自然倾向于非固定形态，这与下象棋时产生的有清晰轮廓的模板并不相同。如 Guida 指出，组块搭建的速度非常快，但是涉及功能重组的模板的形成就需要时间，至少 5 周以上（Guida et al. 2012）。也可参见 Cooper and Sweller 1987 中对图式的讨论，以及 Mastascusa et al. 2011, pp. 23-43。要理解发展专业技能的相关概念，同样具有参考意义的是

Bransford et al. 2000, chap.2 中的讨论，先前知识会在我们学习新知识或相关内容的时候帮助我们，但是先前知识也会成为阻碍，因为它让我们更难在图式中做出改动。这个现象十分明显，从学生对物理概念错误的执念就能看出来，这执念对任何改进建议充满抗拒（Hake 1998; Halloun and Hestenes 1985）。一方面，如 Paul Pintrich 和他的同事（1993, p. 170）写道："对于学习者而言存在一个悖论：现行观念可能会形成一股抗拒概念转变的力量，但它们却也为学习者提供了框架，学习者可用框架来解释或理解新的、潜在的矛盾信息。

10. Geary et al. 2008, pages 46 through 47；Karpicke 2012；Karpicke et al. 2009；Karpicke and Grimaldi 2012；Kornell et al. 2009；Roediger and Karpicke 2006。总结综述请见 McDaniel and Callender 2008；Roediger and Butler 2011.

11. Karpicke et al. 2009, p. 471。也可参考达克效应（Dunning-Kruger effect），指认知不足者出现的盲目自信。Dunning et al. 2003；Kruger and Dunning 1999; Ehrlinger et al. 2008；Bursonet et al. 2006.

12. Karpicke et al. 2009, p. 111.

13. Dunlosky et al. 2013, sec.4.4.

14. Longcamp et al. 2008.

15. Dunlosky et al. 2013, sec.7.7.

16. 尤其请参考 Guida et al. 2012 的内容，其中注明了专家是如何使用长期记忆来拓展自己的工作记忆的。也可参见 Geary et al. 2008, 4-5，其中观察到"工作记忆容载量限制了数学表现，但是在练习中获得的不假思索（即时反应能力）能够克服这个限制"。

17. 这个变位词游戏的答案是" Madame Curie"。此题由 Meyran Kraus 提供，http://www.fun-with-words.com/anag_names.html.

18. Jeffrey Karpicke 和他的同事（2009）指出学习中的能力错觉和混字游戏困难之间的关系，在看见答案和没看答案的情形之间做比较。

19. Henry Roediger andMary Pyc（2012, p. 243）指出："在教育院校中的教授和老师，常为学生的创造力担忧，这个目标让人称赞。我们提倡的技巧，在基本的学习与概念和知识的记忆的提高上都有效果。同时一些人批判这种学习方法是"填鸭式的学习"或"纯粹记忆"，而不是创造性地对知识进行加工合成。难道教育不是为了培养孩子心中的好奇心、发现欲和创造力吗？回答当然是肯定的，但是我们会据理力争，因为扎实的知识基础是在特定领域进行创造的前提。若未掌握一套全面的知识概念，一个学生不可能在任何一门学科得到创造性的发现。学习任何科目的知识概念与创造性思考并不是必然对立的，两者是共生的关系。"

20. Geary 2005, chap.6；Johnson 2010.

21. Johnson 2010, p. 123.

22. Simonton 2004, p. 112.

23. 这是我自己对科学中的一个普遍感受所做的个人重述。Santiago Ramóny Cajal 在笔记中引用过 Duclaux 的话，"机会不会向想要的人微笑，而是赐予应得的人"。Cajal 接着说道，"科学界就像博彩，幸运眷顾的总是最大的赌注者——也就是说，换个类比来看，幸运眷顾的是不断在自己花园耕作的人"（Ramón y Cajal 1999, pp. 67-68）。Louis Pasteur 指出，"在观察的领域，机会青睐有准备的头脑"。相关表达还有拉丁谚语"幸运眷顾大胆的人"和英国空降特勤队的格言："勇者胜。"

24. Kounios and Beeman 2009 [1897]；Ramón y Cajal 1999, p. 5.

25. Rocke 2010.

26. Thurston, 1990, p. 846-847.

27. 参考 Karl Anders Ericsson 在专业技能发展上的基础研究（e.g., Ericsson 2009）。其他相关天赋发展的颇具洞察力的普遍方法，可参见 Coyle 2009; Greene 2012; Leonard 1991.

28. Karpicke and Blunt 2011a；Karpicke and Blunt 2011b。更多信息，还可

参考 Guida et al. 2012, p. 239.

29. 有趣的是，左脑前额叶区域在记忆编译阶段中会有活跃表现，同时右脑区域在提取记忆时会被激活。许多研究团体通过使用各种不同类型的成像技术，都报告了这一现象的存在（Cook 2002, p. 37）。提取已记住的内容的做法，会有可能在发散模式概念形成初期，创造出地图式的联结吗？ See also Geary et al. 2008, 4-6 to 4-7.

30. 这里当然需要说明一下。比如，要是让学生通过回忆材料内容，来决定概念地图上会有什么，又会怎样呢？这里无疑在不同学科上存在差异。比如一些涉及生物细胞内通讯过程的学科，出于本质，它们会在我们理解要点时，更主动地配合"概念地图"的方法。

31. Brown et al. 1989.

32. Johnson 2010, p. 110.

33. Baddeley et al. 2009, chap.8.

34. Ken Koedinger 是卡内基梅隆大学的人机交互与心理学教授，他说，"要最大限度地记住材料，最好一开始在短时间内把学生暴露在信息之中，然后不断将学生接触信息的时间加长。不同类型的信息，例如抽象概念与具体事实，需要安排不同的曝光时间"（引用自 Paul 2012）。

35. Dunlosky et al. 2013, sec.10；Roediger and Pyc 2012；Taylor and Rohrer 2010.

36. Rohrer and Pashler 2007.

37. 看起来用"题海战术"的方法呈现学习材料，会让教学中出现能力错觉。学生看起来学得很快，但是研究显示，他们忘得也快。Roediger and Pyc 在（2012, p. 244）中指出："研究结果显示出了为什么老师和学生容易轻易使用那些从长远来看反而效率更低的学习策略。学习时我们非常关注学习方式，我们喜欢采用那些让我们学得更轻松更快的策略。整组练习或题海练习就有这种效果。然而，为了让记忆有更好的长期表现，我们应该使用间隔和穿插的练习方法，但是在学习中，这个过程会显得更加艰巨。穿插学习法会增加学习之初的难度，但因为它让长期记忆效果更好，所以会更可取。"

38. Rohrer et al. 2013.

39. Doug Rohrer and Harold Pashler（2010, p. 406）注意到："……穿插练习不同题型（数学科学课本中少有提到这方法）对学习的提升效果显著。"

40. 来自与这位作者的私人谈话，2013 年 8 月 20 日。也可参阅 Carey 2012.

41. Longcamp et al. 2008.

42. 例证可见于 http://usefulshortcuts.com/alt-codes.

第 5 章：预防拖延：化"坏"习惯为好帮手

1. Emsley 2005, p. 103.

2. Chu and Choi 2005；Graham 2005；Partnoy 2012.

3. Steel（2007, p. 65）提到："根据估测，80% ~ 95% 的大学生处于拖延状态……大约 75% 认为自己是拖延者……几乎 50% 的人有持续的拖延问题。拖延的绝对总量是巨大的，据学生反应，拖延状态一般要占日常活动的 1/3，通常是发生在睡觉、玩耍或是看电视的活动上……更有甚者，这个比例有上升趋势…除了出现在大学期间，拖延现象也在人群中广泛存在，它长期影响着 15% ~ 20% 的成年人。"

4. Ainslie and Haslam 1992；Steel 2007.

5. Lyons and Beilock 2012.

6. Emmett 2000.

7. 更多综合讨论可见于 Duhigg 2012，其换过来引用了 Weick 1984 中的内容.

8. Robert Boice（1996, p. 155）提到，拖延似乎使清醒意识区的范围缩小了。另请见 pp. 118-119.

9. Boice 1996, p. 176.

10. Tice and Baumeister 1997.

11. Boice 1996, p. 131.

第 6 章：小恶魔无处不在：深入理解拖延的习惯

1. McClain 2011；Wan et al. 2011.

2. Duhigg 2012, p. 274.

3. Steel 2010, p. 190，引用 Oaten and Cheng 2006 and Oaten and Cheng 2007.

4. Baumeister and Tierney 2011, pp. 43-51.

5. Steel 2010，引用了 Robert Eisenberger，1992 和他人的原作。

6. Ibid., p. 128-130，其依次提到 Gabriele Oettingen 的论著。

7. Beilock 2010, pp. 34-35.

8. Ericsson et al. 2007.

9. Boice 1996, pp. 18-22.

10. Paul 2013.

第 7 章：搭建组块对抗发懵：如何增进专业知识并减轻焦虑

1. 很重要的一点是，大多讨论专家的文献，涵盖的都是训练多年才具有专业水准的人。但是专家和专业水准也分不同层次。例如，如果你知道 FBI 和 IBM 的缩写，就会很容易记住这两个字母序列，而不是作为孤立的六个字母组合。不过这个简单组块的前提是你已经是一个高手，不仅仅是相对 FBI 和 IBM 的意思来说是高手，也要精通罗马字母本身。想象一下，记住如下的藏语序列会有多困难：

当我们在教室学习数学和科学时，学习之初我们是具有一定专业知识储备的，而且在一个学期里应学的内容远不及象棋新手到大师所要经历的蜕变。学习某门课程时，你不会在一个学期内就看到神经上的显著变化，就像新手和大师的天壤之别。但是，即使只有几周，也会有一定迹象表现出你处理学习材料方法上的神经差异（Guida et al. 2012）。更加具体地说，Guida 和同事指出，专家更偏好使用大脑颞区，那里对于长期记忆非常关键（2012, p. 239）。换言之，当我们引导学生远离建立长期记忆结构时我们会让他们更难获得专业技能。当然，仅仅是专注于记忆而没有创造性运用也是一个问题。再次得说，任何单一的教学方法都可能被误用，多样性（撇开能力不谈）才是生命的精髓！

2. 我们也讨论了，学习一个主题时，在需要不同技巧的学习中使用穿插学习法。但是，怎样将穿插学习法运用到完全不同的学科中？遗憾的是，目前还没有相关研究文献（Roediger and Pyc 2012, p. 244），所以我的看法是，变化学习内容只是一种常识和普遍练习。这在未来研究中将是一个引人关注的有趣范畴。

3. Kalbfleisch 2004.

4. Guida 和同事指出，工作记忆［从而也包括长期记忆（LTM）］中的组块"会随着练习和专业技能的增加而变大……组块也会随着长期记忆知识的变多而更加丰富，因为更多的长期记忆知识与每一个组块联系了起来，而且一些长期记忆组块还可以反过来与知识相连。最终，如果一个人成为专家，那么组块间存在的联结可以生成高层次的组块。例如象棋比赛中，棋谱可以联结到布阵、走棋、策略和战术概念，也可以联结到其他棋谱。我们表示，如果存在长期记忆组块和知识结构，并且它们在专业技能领域有效，大脑的功能性重组就可以被监测到"。

5. Duke et al. 2009.

6. 想阅读"对刻意练习最有效情境"的综述，请参阅 Pachman et al. 2013.

7. Roediger and Karpicke 2006, p. 199.

8. Wan et al. 2011。这项研究试图定义神经回路，这个回路负责靠本能快速反应出将棋游戏的最佳棋步（两秒之内），将棋是一个极其复杂的策略类游戏。与快速、隐含和下意识的习惯相关联的大脑部分（the precuneus-caudate 回路）对专业棋手快速生成最佳棋步显得非常关键。也可参阅 McClain 2011.

9. Charness et al. 2005.

10. Karpicke et al. 2009; McDaniel and Callender 2008.

11. Fischer and Bidell 2006, pp. 363-370.

12. Roediger and Karpicke 2006，引用 William James 的《心理学原理》（*Principles of Psychology*）。

13. Beilock 2010, pp. 54-57.

14. Karpicke and Blunt, 2011b；Mastascusa et al. 2011, chap.6；Pyc and Rawson 2010；Roediger and Karpicke 2006；Rohrer and Pashler 2010。John Dunlosky 和同事在他们对于各种学习方法的深度综述（2013）中，出于测试具有的有效性、广适性和易用性，认为测试具有极高利用价值。另请参阅 Pennebaker et al 2013.

15. Keresztes et al. 2013 证明了测试通过稳定住脑区大范围网络的激活模式，可促进长期学习。

16. Pashler et al. 2005.

17. Dunlosky et al. 2013, sec. 8；Karpicke and Roediger 2008；Roediger and Karpicke 2006.

第 8 章：工具、建议和小技巧：最好用的学习应用和方法

1. Allen 2001, pp. 85, 86.

2. Steel 2010, p. 182.

3. Beilock 2010, pp. 162-165；Chiesa and Serretti 2009；Lutz et al. 2008.

4. 如有兴趣，更多详列资源请见 Association for Contemplative Mind in Higher Education 的网站，http://www.acmhe.org/.

5. Boice 1996, p. 59.

6. Ferriss 2010, p. 485.

7. Ibid., p. 487.

8. Fiore 2007, p. 44.

9. Scullin and McDaniel 2010.

10. Newport 2012；Newport 2006.

11. Fiore 2007, p. 82.

12. Baddeley et al. 2009, pp. 378-379.

第 9 章：拖延的小恶魔总结篇：你得和拖延症较较劲

1. Johansson 2012, chap.7.

2. Boice 1996, p. 120；Fiore 2007 chap.6.

3. Ibid., p. 125.

4. Amabile et al. 2002；Baer and Oldham 2006; Boice 1996, p. 66.

5. Rohrer, et al.（印刷中）.

6. Chi et al. 1981.

7. Noesner 2010.

8. Newport 2012，特别请见 chap.1（"Rule #1"）.

9. Nakano et al. 2012.

10. Duhigg 2012, p. 137.

11. Newport 2012.

12. 许多此类思考请参阅 Edelman 2012.

第 10 章　增强你的记忆力：大脑虽小，空间无限

1. Eleanor Maguire 和同事（2003）对例如世界记忆锦标赛等论坛中著名的
记忆大师进行了研究。"运用神经心理学的方法，以及结构和功能上的

脑成像，"他们发现记忆力超群不是因为特别聪明或是脑结构差异。相反，（他们）发现记性较好的人使用空间学习技巧，调动脑中海马体等区域，它们是记忆尤其是空间记忆的关键区域。

Tony Buzan 为普及记忆技巧的重要性做出巨大努力。他的书《运用完美记忆》（*Use Your Perfect Memory*）（Buzan，1991）中对于一些普及的技巧有更详细的介绍。

2. Eleanor Maguire 和同事（2003）注意到人们通常认为记忆技巧非常难以使用，但是，比如记忆宫殿技巧，对于记忆要紧事来说其实非常简单自然而且有效。

3. Cai et al. 2013；Foer 2011。Denise Cai 的研究表明如果一个脑半球（一般是左脑半球）负责语言，那么另一个半球会相应负责空间视觉能力。换言之，一个半球专门负责某项功能，说明另一个半球会负责别的功能。

4. Ross and Lawrence 1968.

5. Baddeley et al. 2009，pp. 363-365.

6. http://www.ted.com/talks/joshua_foer_feats_of_memory_anyone_can_do.html.

7. http://www.skillstoolbox.com/career-and-education-skills/learning-skills/memory-skills/mnemonics/applications-of-mnemonic-systems/how-to-memorize-formulas/.

8. 关于空间推理的重要性请参阅 Kellet al.2013.

第 11 章　记忆技巧多多益善：打造生动形象的比喻或类比

1. 19 世纪晚期物理学比喻的两个相关信息分别出自 Cat 2001 及 Lützen 2005。化学和更加广义上的其他科学领域中的比喻，参见 Rocke 2010，特别请详阅 chap.11。又见 Gentner and Jeziorski 1993。直观和形象化的部分超出了任何一本单独的作品可涵盖的范围，可参阅如《心理图像期刊》（*Journal of Mental Imagery*）。

2. 卓越的数学建模学家艾曼努尔·德尔曼（Emanuel Derman）写道："描述世界解决问题的理论必须建立于它自己的术语之上，能够独立存在，而模型往往依赖于他山之石。它们是将所研究之物与相似之物进行联系的比喻。这些相似都是片面的，因此模型必须对事物进行简化，缩减世界的维度。简单来说，理论告诉事物的本质。而模型仅仅告诉你它像什么"（Derman 2011, p. 6）。

3. Solomon 1994.

4. Rocke 2010, p. Xvi.

5. Ibid., p. 287, citing Berichte der Durstigen Chemischen Gesellschaft（1886），p. 3536。在化学领域，曾经出现过一个根本不存在的"口科"（口渴）问题。这一拙劣的模仿曾被寄送到《德国化学学会报告》（*Berichte der deutschen chemischen Gesellschaft*），现在已经无可查证了。但这确实是一个伪造的问题。

6. Rawson and Dunlosky 2011.

7. Dunlosky et al. 2013；Roediger and Pyc 2012。在一份关于学生的闪存卡应用的报告中，凯瑟琳·维斯曼和她的同事观察到："学生理解更高标准的练习（练习的量）的益处，但并不在意或理解延迟练习的益处（练习时间）。"

8. Morris et al. 2005.

9. Baddeley et al. 2009, pp. 207-209.

10. 你可能会觉得，我已经在本书中探讨了 SQ3R 学习的每个要素（有时是 SQ4R——浏览、提问、阅读、背诵、复习和书写）。你可能会问，为什么我没有在正文中对这一方法做更深入的探究。SQ3R 是心理学家弗朗西斯·普莱塞特·罗宾逊（Francis Pleasant Robinson）提出的一种通用学习工具。而数学和科学的学习核心在于解决问题，但 SQ3R 并不会直接指向这一部分。我不是唯一一个注意到这一点的人。正如物理学教授罗纳德·艾伦（Ronald Aaron）和他儿子罗宾·艾伦（Robin Aaron）在《提高你的物理成绩》（*Improve Your Physics Grade*）中写到的那样："……有一本心理学教程建议你用 SQ3R 方法学习……而有效的课堂笔记手段它推荐的则是 LISAN 方法……你真的觉得这些办法能帮上你吗？你相信圣诞老人吗？那复活节兔子呢？"（Aaron and Aaron 1984, p. 2.）

11. 有趣的是，这一领域鲜有成果，其中存在极少数有用内容不过是确认了手写比打字更能帮我们吸收信息。参见 Rivard and Straw 2000；Smoker et al. 2009；Velay and Longcamp 2012.

12. Cassilhas et al. 2012；Nagamatsu et al. 2013; van Praag et al. 1999.

13. Guida et al. 2012, p. 230；Leutner et al. 2009.

14. Levin et al. 1992 这一工作中描述了使用记忆诀窍的学生比按上下文记忆或是利用自由方式学习的学生表现更为优异。

15. Guida et al. 2012 指出记忆技巧的训练可以加速构建组块和知识结构的速度，从而帮助学习者更快地在该领域达到精通，因为他们可以将自己的部分长期记忆作为工作记忆来使用。

16. Baddeley et al. 2009, pp. 376-377 引用了 Helga and Tony Noice（2007）.

第 12 章　学会自我欣赏：形成直观认识

1. Jin et al. 2014.

2. Partnoy 2012, p. 73。Partnoy 接着指出，"有时精确理解我们无意识做的事会扼杀我们的自然天性。如果我们的自我意识太强，当我们需要直觉的时候往往会受到阻碍。而如果我们没有一点自我意识，直觉就总也得不到升华。困难在于，仅仅几秒钟的思考中要意识到可能会影响我们决定的因素……但不要太过注意它们，那样它们会变得木讷而毫无效果"（Partnoy 2012, p. 111）。

3. Partnoy 2012, p. 72，引用了 Klein 1999.

4. Klein 1999, p. 150，引用了 Klein and Klein 1981。但是要注意 Klein 和 Klein 1981 中所述的样本数目较少。

5. Mauro Pesenti 和同事（2001, p. 103）指出：“我们认为，非专业人士的算术才能并不源于不断增加的练习过程，而是专业人士和非专业人士计算时使用了不同脑区。我们发现，专家能够在‘短时间内耗费精力的记忆储存策略’和‘高效短暂的记忆编译和提取过程’间来回转换，这个转换过程由右侧额前骨区和内侧颞区来维持。”

　　早在 1899 年，才华横溢的心理学家 William James 在他经典的《与老师谈心理学》（*Talks to Teachers on Psychology*）一书中写道，“你们现在知道为什么‘恶补’是多么不可取了。填鸭或恶补是在考试前通过大量密集训练来记忆事物。但这样学到的知识，却几乎无法融会贯通。另一方面，同样的事物会在不同日子里、不同背景中重演，阅读、背诵、反复查看、再联系其他事物并回顾，然后这个事物就这样很好地嵌入了你的思维结构中。这就是为什么要给你的学生强调让他们习惯于不断运用”（William 2008, [1899], p. 73）。

6. 在一项经典研究中，William Chase 和 Herbert Simon（1973）发现象棋大师对下一步棋的灵感其实来自训练过程中业已形成的出色且迅速的感知模式。Fernand Gobet 和同事（2001, p. 236）将组块定义为“一组互相联系的要素，但与另一个组块中要素的联系并不强”。

7. Amidzic et al. 2001；Elo 1978；Simon 1974。Gobet and Simon 2000 引用了一个包含的 300 000 组块的图。

8. Gobet 2005。Gobet 继续指出，在某一个领域的专业知识并不会迁移至另一领域。确实如此，比如你学习了西班牙语，这对你在德国点酸菜一点帮助都没有。但是思维过程是很重要的。如果你学会了如何学习一门语言，那么在学另一门语言的时候就会非常容易。

　　再一次说明，如下象棋一样培养出的专业技能是非常可贵的，它给予你一系列神经结构，而它们类似于数学和科学的学习中所需的神经结构。即使这个神经结构简得只是你需要消化游戏规则，那么它就是有价值的见解。

9. Beilock 2010, pp. 77-78；White and Shah 2006.

10. 确实，在研究领域里，此类发现也获得了相当一部分的支持。详见 Simonton 2009.

11. Carson et al. 2003；Ellenbogen et al. 2007；White and Shah 2011.

12. Merim Bilalić 和同事（2007）指出某些象棋玩家智商在 108 到 116 之间，但由于他们进行了额外训练，也进入了精英玩家的队伍。而精英团队平均智商是 130。详见 Duckwortha andSeligman 2005.

   诺贝尔奖得主 Richard Feynman 喜欢说自己的智商相对偏低，只有 125，以此证明不管智力测试的结果如何，每个人的潜力其实是无限的、有待挖掘的。Feynman 显然还是有着天生聪慧的，不过他年少时就已经沉迷于通过练习来发展数学和物理知识和本能了（Gleick 1992）。

13. Klingberg 2008.

14. Silverman 2012.

15. Felder 1988。Justin Kruger and David Dunning（1999）指出："无能力者对自己的评价偏差源自自身失误，而极有能力者对自我认识的偏差，来自他人的失误。"

第 13 章　塑造你的大脑：改变思维，改变人生

1. DeFelipe 2002.

2. Ramón y Cajal 1937, 309.

3. Ramón y Cajal 1999 [1897], pp. xv-xvi；Ramón y Cajal 1937, p. 278.

4. Ramón y Cajal 1937, 154.

5. Fields 2008; Giedd 2004；Spear 2013.

6. Ramón y Cajal 1999 [1897].

7. Bengtsson et al. 2005；Spear 2013.

8. 卡哈尔可以做到计划明确，看他造出火炮就知道。但他似乎无法将自己的行为与大背景下产生的后果联系起来。沉浸在炮轰邻居家门的兴奋之中，他无法明显预估到自己会因此深陷麻烦之中。请参阅 Shannon et al. 2011，他们在问题青少年的功能连通性上的有趣发现，将背外侧运动前区与静息状态下的神经网络（"脑区的一个兴奋丛，它与自发、无束缚、自我指向的认知有关"，p.11241）联系在一起。随着问题少年逐渐成熟，他们的行为也有所改善，背外侧运动前区开始与注意力和控制网络相连接。

9. Bengtsson et al. 2005；Spear 2013；Thomas and Baker 2013。 如 Cibu Thomas 和同事（p. 226）提出："动物研究的例证显示，轴突和树突的大范围组织是非常稳定的，且成人大脑中，依赖于体验的结构可塑性会短暂地发生在大脑局部区域。"也就是说，我们可以对我们的大脑进行适度修改，但我们不要妄想做到全局改动。这都是常识。如果你想找到一本有关大脑可塑性话题的绝佳普及读物，请参阅 Doidge 2007。与此话题相关的最佳技术分析途径请见 Shaw and McEachern 2001。相应地，卡哈尔自己的著作现在获得了更多认可，他的成果为我们对大脑可塑性的理解奠定了基础（DeFelipe 2006）。

10. Ramón y Cajal 1937, p. 58.

11. bid., pp. 58, 131。理解要点的能力才是问题的要旨，它比逐字背诵的能力更重要。相对于"要旨"记忆，逐字背诵的编译方式不尽相同。请参阅 Geary et al. 2008, 4-9.

12. DeFelipe 2002.

13. Ramón y Cajal 1937, p. 59.

14. Root-Bernstein and Root-Bernstein 1999, pp. 88-89.

15. Bransford et al. 2000, chap.3；Mastascusa et al. 2011, chaps.9-10.

16. Fauconnier and Turner 2002.

17. Mastascusa et al. 2011, p. 165.

18. Gentner and Jeziorski 1993.

第 14 章　借方程的诗歌打开心灵之眼：解开标准方程下每一句话的含义

1. Plath 1971, p. 34.

2. Feynman 2001, p. 54.

3. Feynman 1965, 2010.

4. 这一部分基于 Prentis（1996）的精彩论文。

5. 出自歌曲"曼德博集"的片段，经过了作者 Jonathan Coulton 慷慨许可。完整歌词提供于以下地址 http://www.jonathancoulton.com/wiki/Mandelbrot_Set/Lyrics.

6. Prentis 1996.

7. Cannon 1949, p. xiii；Ramón y Cajal 1937, p. 363。与此相关，请参阅 Javier DeFelipe 的优秀作品《卡哈尔的灵魂蝴蝶》（*Butterflies of the Soul*），作品涵盖了神经科学研究早期创做出的美丽插图（DeFelipe 2010）。

8. Mastascusa et al. 2011, p. 165.

9. Keller 1984, p. 117.

10. 请参阅 Dunlosky et al. 2013 中详尽的问询和自我解答。

11. http://www.youtube.com/watch?v=FrNqSLPaZLc.

12. http://www.reddit.com/r/explainlikeimfive.

13. 另请参阅第 12 章尾注 8。

14. Mastascusa et al. 2011, chaps.9-10.

15. Foerde et al. 2006；Paul 2013.

第 15 章　学习的复兴：自学的价值

1. Colvin 2008；Coyle 2009；Gladwell 2008.

2. Deslauriers et al. 2011；Felder et al. 1998；Hake 1998；Mitra et al. 2005；总统科技顾问委员会（President's Council of Advisors on Science and Technology），2012.

3. Ramón y Cajal 1999 [1897].

4. Kamkwamba and Mealer 2009.

5. Pert 1997, p. 33.

6. McCord 1978。详见 Armstrong 2012 对相关研究的进一步探讨。Manu Kapur and Katerine Bielaczyc（2012）指出，如果导师的指导不过于严厉，那么学生的表现很可能会有意想不到的提高.

7. Oakley et al. 2003.

8. See Armstrong 2012 及其中参考文献.

9. Oakley 2013.

第 16 章　避免自负：团队合作的力量

1. Schutz 2005。"弗雷德"是具有"右脑宏观感知障碍"典型特征的假想综合体。

2. McGilchrist 在 2010 年对此提出了全面描述，支持半球功能存在差异的说法，Efron 1990 年发表的论述虽然已有些过时，但对半球研究提出的问题还是提供了非常值得注意的阐述。请参阅 Nielsen et al.2013；医学博士兼哲学博士 Jeff Anderson，参与了本项研究，他指出，"有些脑功能确实只发生在大脑的某一侧。语言由左脑负责，注意力更多由右脑负责。但人通常不会有一个更为发达的左脑或者右脑。这似乎是由神经的逐步联结决定的"（犹他大学公共关系卫生保健办公室 2013）。

3. McGilchrist 2010, pp. 192-194, 203.

4. Houdé and Tzourio-Mazoyer 2003。Houdé 2002 第 341 页写道："神经成像结果表明，在神经系统完整的主体中，右腹内侧前额叶皮层区域直接参与了逻辑意识的形成，也就是说，它把思想放入'逻辑路径'中，这样我们就可以进行演绎推理……因此，右脑内侧前额叶皮层可能是大脑误差修正工具中的情感组件。更准确地说，这个区域可能联络到了自我感觉装置，其能检测出可能发生逻辑推理错误的情况。"

5. 请参阅 Stephen Christman 和他的同事 2008, p. 403，其中指出，"左半球维持我们现有信念，而右脑适时评估更新那些信念。因此评估信念依赖两个半球之间的合作"。

6. Ramachandran 1999，p. 136.

7. Gazzaniga 2000；Gazzaniga et al. 1996.

8. Ramachandran 1999，p. 341。最初为 1974 年的加州理工学院毕业典礼上的演讲。

9. Feynman 1985，pp. 132-133.

10. Alan Baddeley 和他的学生（2009，pp. 148-149）写道："我们防止自尊心受打击的方法有很多。我们乐意听见表扬但是对于批评往往不以为然，常把批评归结于别人的偏见。我们倾向于在成功时抢功，却拒绝在失败时承担责任。如果这招数行不通，我们就会有选择地忘记失败，只记住成功和称赞。"（参考文献略。）

11. Granovetter 1983；Granovetter 1973.

12. Ellis et al. 2003.

13. Beilock 2010，p. 34.

14. Arum and Roksa 2010，p. 120.

第 17 章　参加考试：考试本身就是效果非凡的学习经历

1. 有关 STEM（science, technology, engineering, and mathematics）学科学习的海量有用分类信息，请访问 Felder 博士的网站：http://www4.ncsu.edu/unity/lockers/users/f/felder/public/.

2. Felder 1999。已获得 Richard Felder 和期刊《化工教育》的使用许可。

3. 想进一步了解这些文字的内涵，请参阅 McClain 2011 和 McClain 所引用的研究者们的著作。

4. Beilock 2010, pp. 140-141.

5. Mrazek et al. 2013.

6. Beilock（2010, p. 60）提出："压力下的运动员有时会以实际上会扰乱自身发挥的方式去控制自己的表现。这种控制，就是常提到的'分析导致瘫痪'，这种现象来源于过度活跃的前额叶皮层。"

7. Beilock 2010；http://www.sianbeilock.com/.

参 考 文 献

Aaron, R, and RH Aaron. *Improve Your Physics Grade*. New York: Wiley, 1984.

Ainslie, G, and N Haslam. "Self-control." In *Choice over Time*, edited by G Loewenstein and J Elster, 177–212. New York: Russell Sage Foundation, 1992.

Allen, D. *Getting Things Done*. New York: Penguin, 2001.

Amabile, TM, et al. "Creativity under the gun." *Harvard Business Review* 80, 8 (2002): 52.

Amidzic, O, et al. "Pattern of focal γ-bursts in chess players." *Nature* 412 (2001): 603–604.

Andrews-Hanna, JR. "The brain's default network and its adaptive role in internal mentation." *Neuroscientist* 18, 3 (2012): 251–270.

Armstrong, JS. "Natural learning in higher education." In *Encyclopedia of the Sciences of Learning*, 2426–2433. New York: Springer, 2012.

Arum, R, and J Roksa. *Academically Adrift*. Chicago: University of Chicago Press, 2010.

Baddeley, A, et al. *Memory*. New York: Psychology Press, 2009.

Baer, M, and GR Oldham. "The curvilinear relation between experienced creative time pressure and creativity: Moderating effects of openness to experience and support for creativity." *Journal of Applied Psychology* 91, 4 (2006): 963–970.

Baumeister, RF, and J Tierney. *Willpower*. New York: Penguin, 2011.

Beilock, S. *Choke:* New York: Free Press, 2010.

Bengtsson, SL, et al. "Extensive piano practicing has regionally specific effects on white matter development." *Nature Neuroscience* 8, 9 (2005): 1148–1150.

Bilalić, M, et al. "Does chess need intelligence?—A study with young chess players." *Intelligence* 35, 5 (2007): 457–470.

———. "Why good thoughts block better ones: The mechanism of the pernicious Einstellung (set) effect." *Cognition* 108, 3 (2008): 652–661.

Boice, R. *Procrastination and Blocking*. Westport, CT: Praeger, 1996.

Bouma, A. *Lateral Asymmetries and Hemispheric Specialization*. Rockland, MA: Swets & Zeitlinger, 1990.

Bransford, JD, et al. *How People Learn*. Washington, DC: National Academies Press, 2000.

Brent, R, and RM Felder. "Learning by solving solved problems." *Chemical Engineering Education* 46, 1 (2012): 29–30.

Brown, JS, et al. "Situated cognition and the culture of learning." *Educational Researcher* 18, 1 (1989): 32–42.

Burson K, et al. "Skilled or unskilled, but still unaware of it: how perceptions of difficulty drive miscalibration in relative comparisons." *Journal of Personality and Social Psychology* 90, 1 (2006): 60–77.

Buzan, T. *Use Your Perfect Memory*. New York: Penguin, 1991.

Cai, Q, et al. "Complementary hemispheric specialization for language production and visuospatial attention." *PNAS* 110, 4 (2013): E322–E330.

Cannon, DF. *Explorer of the Human Brain*. New York: Schuman, 1949.

Carey, B. "Cognitive science meets pre-algebra." *New York Times*, September 2, 2012; http://www.nytimes.com/2013/09/03/science/cognitive-science-meets-pre-algebra.html?ref=science.

Carpenter, SK, et al. "Using spacing to enhance diverse forms of learning: Review of recent research and implications for instruction." *Educational Psychology Review* 24, 3 (2012): 369–378.

Carson, SH, et al. "Decreased latent inhibition is associated with increased creative achievement in high-functioning individuals." *Journal of Personality and Social Psychology* 85, 3 (2003): 499–506.

Cassilhas, RC, et al. "Spatial memory is improved by aerobic and resistance exercise through divergent molecular mechanisms." *Neuroscience* 202 (2012): 309–17.

Cat, J. "On understanding: Maxwell on the methods of illustration and scientific metaphor." *Studies in History and Philosophy of Science Part B* 32, 3 (2001): 395–441.

Charness, N, et al. "The role of deliberate practice in chess expertise." *Applied Cognitive Psychology* 19, 2 (2005): 151–165.

Chase, WG, and HA Simon. "Perception in chess." *Cognitive Psychology* 4, 1 (1973): 55–81.

Chi, MTH, et al. "Categorization and representation of physics problems by experts and novices." *Cognitive Science* 5, 2 (1981): 121–152.

Chiesa, A, and A Serretti. "Mindfulness-based stress reduction for stress management in healthy people: A review and meta-analysis." *Journal of Alternative Complementary Medicine* 15, 5 (2009): 593–600.

Cho, S, et al. "Hippocampal-prefrontal engagement and dynamic causal interactions in the maturation of children's fact retrieval." *Journal of Cognitive Neuroscience* 24, 9 (2012): 1849–1866.

Christman, SD, et al. "Mixed-handed persons are more easily persuaded and are more gullible: Interhemispheric interaction and belief updating." *Laterality* 13, 5 (2008): 403–426.

Chu, A, and JN Choi. "Rethinking procrastination: Positive effects of 'active' procrastination behavior on attitudes and performance." *Journal of Social Psychology* 145, 3 (2005): 245–264.

Colvin, G. *Talent Is Overrated.* New York: Portfolio, 2008.

Cook, ND. *Tone of Voice and Mind.* Philadelphia: Benjamins, 2002.

———. "Toward a central dogma for psychology." *New Ideas in Psychology* 7, 1 (1989): 1–18.

Cooper, G, and J Sweller. "Effects of schema acquisition and rule automation on mathematical problem-solving transfer." *Journal of Educational Psychology* 79, 4 (1987): 347.

Cowan, N. "The magical number 4 in short-term memory: A reconsideration of mental storage capacity." *Behavioral and Brain Sciences* 24, 1 (2001): 87–114.

Coyle, D. *The Talent Code.* New York: Bantam, 2009.

Cree, GS, and K McRae. "Analyzing the factors underlying the structure and computation of the meaning of chipmunk, cherry, chisel, cheese, and cello (and many other such concrete nouns)." *Journal of Experimental Psychology: General* 132, 2 (2003): 163–200.

Dalí, S. *Fifty Secrets of Magic Craftsmanship.* New York: Dover, 1948 (reprint 1992).

de Bono, E. *Lateral Thinking.* New York: Harper Perennial, 1970.

DeFelipe, J. "Brain plasticity and mental processes: Cajal again." *Nature Reviews Neuroscience* 7, 10 (2006): 811–817.

———. *Cajal's Butterflies of the Soul: Science and Art.* New York: Oxford University Press, 2010.

———. "Sesquicentenary of the birthday of Santiago Ramón y Cajal, the father of modern neuroscience." *Trends in Neurosciences* 25, 9 (2002): 481–484.

Demaree, H, et al. "Brain lateralization of emotional processing: Historical roots and a future incorporating 'dominance.'" *Behavioral and Cognitive Neuroscience Reviews* 4, 1 (2005): 3–20.

Derman, E. *Models. Behaving. Badly.* New York: Free Press, 2011.

Deslauriers, L, et al. "Improved learning in a large-enrollment physics class." *Science* 332, 6031 (2011): 862–864.

Dijksterhuis, A, et al. "On making the right choice: The deliberation-without-attention effect." *Science* 311, 5763 (2006): 1005–1007.

Doidge, N. *The Brain That Changes Itself.* New York: Penguin, 2007.

Drew, C. "Why science majors change their minds (it's just so darn hard)." *New York Times*, November 4, 2011.

Duckworth, AL, and ME Seligman. "Self-discipline outdoes IQ in predicting academic performance of adolescents." *Psychological Science* 16, 12 (2005): 939–944.

Dudai, Y. "The neurobiology of consolidations, or, how stable is the engram?" *Annual Review of Psychology* 55 (2004): 51–86.

Duhigg, C. *The Power of Habit.* New York: Random House, 2012.

Duke, RA, et al. "It's not how much; it's how: Characteristics of practice behavior and retention of performance skills." *Journal of Research in Music Education* 56, 4 (2009): 310–321.

Dunlosky, J, et al. "Improving students' learning with effective learning techniques: Promising directions from cognitive and educational psychology." *Psychological Science in the Public Interest* 14, 1 (2013): 4–58.

Dunning, D, et al. "Why people fail to recognize their own incompetence." *Current Directions in Psychological Science* 12, 3 (2003): 83–87.

Dweck, C. *Mindset.* New York: Random House, 2006.

Edelman, S. *Change Your Thinking with CBT.* New York: Ebury, 2012.

Efron, R. *The Decline and Fall of Hemispheric Specialization.* Hillsdale, NJ: Erlbaum, 1990.

Ehrlinger, J, et al. "Why the unskilled are unaware: Further explorations of (absent) self-insight among the incompetent." *Organizational Behavior and Human Decision Processes* 105, 1 (2008): 98–121.

Eisenberger, R. "Learned industriousness." *Psychological Review* 99, 2 (1992): 248.

Ellenbogen, JM, et al. "Human relational memory requires time and sleep." *PNAS* 104, 18 (2007): 7723–7728.

Ellis, AP, et al. "Team learning: Collectively connecting the dots." *Journal of Applied Psychology* 88, 5 (2003): 821.

Elo, AE. *The Rating of Chessplayers, Past and Present.* London: Batsford, 1978.

Emmett, R. *The Procrastinator's Handbook.* New York: Walker, 2000.

Emsley, J. *The Elements of Murder.* New York: Oxford University Press, 2005.

Ericsson, KA. *Development of Professional Expertise.* New York: Cambridge University Press, 2009.

Ericsson, KA, et al. "The making of an expert." *Harvard Business Review* 85, 7/8 (2007): 114.

Erlacher, D, and M Schredl. "Practicing a motor task in a lucid dream enhances subsequent performance: A pilot study." *The Sport Psychologist* 24, 2 (2010): 157–167.

Fauconnier, G, and M Turner. *The Way We Think.* New York: Basic Books, 2002.

Felder, RM. "Memo to students who have been disappointed with their test grades." *Chemical Engineering Education* 33, 2 (1999): 136–137.

——————— "Impostors everywhere." *Chemical Engineering Education* 22, 4 (1988): 168–169.

Felder, RM, et al. "A longitudinal study of engineering student performance and retention. V. Comparisons with traditionally-taught students." *Journal of Engineering Education* 87, 4 (1998): 469–480.

Ferriss, T. *The 4-Hour Body.* New York: Crown, 2010.

Feynman, R. *The Feynman Lectures on Physics Vol. 2.* New York: Addison Wesley, 1965.

———. *"Surely You're Joking, Mr. Feynman."* New York: Norton, 1985.

———. *What Do You Care What Other People Think?* New York: Norton, 2001.

Fields, RD. "White matter in learning, cognition and psychiatric disorders." *Trends in Neurosciences* 31, 7 (2008): 361–370.

Fiore, NA. *The Now Habit.* New York: Penguin, 2007.

Fischer, KW, and TR Bidell. "Dynamic development of action, thought, and emotion." In *Theoretical Models of Human Development: Handbook of Child Psychology,* edited by W Damon and RM Lerner. New York: Wiley, 2006: 313–399.

Foer, J. *Moonwalking with Einstein.* New York: Penguin, 2011.

Foerde, K, et al. "Modulation of competing memory systems by distraction." *Proceedings of the National Academy of the Sciences* 103, 31 (2006): 11778–11783.

Gabora, L, and A Ranjan. "How insight emerges in a distributed, content-addressable memory." In *Neuroscience of Creativity,* edited by O Vartanian et al. Cambridge, MA: MIT Press, 2013: 19–43.

Gainotti, G. "Unconscious processing of emotions and the right hemisphere." *Neuropsychologia* 50, 2 (2012): 205–218.

Gazzaniga, MS. "Cerebral specialization and interhemispheric communication: Does the corpus callosum enable the human condition?" *Brain* 123, 7 (2000): 1293–1326.

Gazzaniga, MS, et al. "Collaboration between the hemispheres of a callosotomy patient: Emerging right hemisphere speech and the left hemisphere interpreter." *Brain* 119, 4 (1996): 1255–1262.

Geary, DC. *The Origin of Mind.* Washington, DC: American Psychological Association, 2005.

———. "Primal brain in the modern classroom." *Scientific American Mind* 22, 4 (2011): 44–49.

Geary, DC, et al. "Task Group Reports of the National Mathematics Advisory Panel; Chapter 4: Report of the Task Group on Learning Processes." 2008. http://www2.ed.gov/about/bdscomm/list/mathpanel/report/learning-processes.pdf.

Gentner, D, and M Jeziorski. "The shift from metaphor to analogy in western science." In *Metaphor and Thought,* edited by A Ortony. 447–480, Cambridge, UK: Cambridge University Press, 1993.

Gerardi, K, et al. "Numerical ability predicts mortgage default." *Proceedings of the National Academy of Sciences* 110, 28 (2013): 11267–11271.

Giedd, JN. "Structural magnetic resonance imaging of the adolescent brain." *Annals of the New York Academy of Sciences* 1021, 1 (2004): 77–85.

Gladwell, M. *Outliers.* New York: Hachette, 2008.

Gleick, J. *Genius.* New York: Pantheon Books, 1992.

Gobet, F. "Chunking models of expertise: Implications for education." *Applied Cognitive Psychology* 19, 2 (2005): 183–204.

Gobet, F, et al. "Chunking mechanisms in human learning." *Trends in Cognitive Sciences* 5, 6 (2001): 236–243.

Gobet, F, and HA Simon. "Five seconds or sixty? Presentation time in expert memory." *Cognitive Science* 24, 4 (2000): 651–682.

Goldacre, B. *Bad Science*. London: Faber & Faber, 2010.

Graham, P. "Good and bad procrastination." 2005. http://paulgraham.com/procrastination.html.

Granovetter, M. "The strength of weak ties: A network theory revisited." *Sociological Theory* 1, 1 (1983): 201–233.

Granovetter, MS. "The strength of weak ties." *American Journal of Sociology* (1973): 1360–1380.

Greene, R. *Mastery*. New York: Viking, 2012.

Gruber, HE. "On the relation between aha experiences and the construction of ideas." *History of Science Cambridge* 19, 1 (1981): 41–59.

Guida, A, et al. "How chunks, long-term working memory and templates offer a cognitive explanation for neuroimaging data on expertise acquisition: A two-stage framework." *Brain and Cognition* 79, 3 (2012): 221–244.

Güntürkün, O. "Hemispheric asymmetry in the visual system of birds." In *The Asymmetrical Brain*, edited by K Hugdahl and RJ Davidson, 3–36. Cambridge, MA: MIT Press, 2003.

Hake, RR. "Interactive-engagement versus traditional methods: A six-thousand-student survey of mechanics test data for introductory physics courses." *American Journal of Physics* 66 (1998): 64–74.

Halloun, IA, and D Hestenes. "The initial knowledge state of college physics students." *American Journal of Physics* 53, 11 (1985): 1043–1055.

Houdé, O. "Consciousness and unconsciousness of logical reasoning errors in the human brain." *Behavioral and Brain Sciences* 25, 3 (2002): 341–341.

Houdé, O, and N Tzourio-Mazoyer. "Neural foundations of logical and mathematical cognition." *Nature Reviews Neuroscience* 4, 6 (2003): 507–513.

Immordino-Yang, MH, et al. "Rest is not idleness: Implications of the brain's default mode for human development and education." *Perspectives on Psychological Science* 7, 4 (2012): 352–364.

James, W. *Principles of Psychology*. New York: Holt, 1890.

———. *Talks to Teachers on Psychology: And to Students on Some of Life's Ideals*. Rockville, MD: ARC Manor, 2008 [1899].

Ji, D, and MA Wilson. "Coordinated memory replay in the visual cortex and hippocampus during sleep." *Nature Neuroscience* 10, 1 (2006): 100–107.

Jin, X. "Basal ganglia subcircuits distinctively encode the parsing and concatenation of action sequences." *Nature Neuroscience* 17 (2014): 423–430.

Johansson, F. *The Click Moment*. New York: Penguin, 2012.

Johnson, S. *Where Good Ideas Come From*. New York: Riverhead, 2010.

Kalbfleisch, ML. "Functional neural anatomy of talent." *The Anatomical Record Part B: The New Anatomist* 277, 1 (2004): 21–36.

Kamkwamba, W, and B Mealer. *The Boy Who Harnessed the Wind*. New York: Morrow, 2009.

Kapur, M, and K Bielczyc. "Designing for productive failure." *Journal of the Learning Sciences* 21, 1 (2012): 45–83.

Karpicke, JD. "Retrieval-based learning: Active retrieval promotes meaningful learning." *Current Directions in Psychological Science* 21, 3 (2012): 157–163.

Karpicke, JD, and JR Blunt. "Response to comment on 'Retrieval practice produces more learning than elaborative studying with concept mapping.'" *Science* 334, 6055 (2011a): 453–453.

———. "Retrieval practice produces more learning than elaborative studying with concept mapping." *Science* 331, 6018 (2011b): 772–775.

Karpicke, JD, et al. "Metacognitive strategies in student learning: Do students practice retrieval when they study on their own?" *Memory* 17, 4 (2009): 471–479.

Karpicke, JD, and PJ Grimaldi. "Retrieval-based learning: A perspective for enhancing meaningful learning." *Educational Psychology Review* 24, 3 (2012): 401–418.

Karpicke, JD, and HL Roediger. "The critical importance of retrieval for learning." *Science* 319, 5865 (2008): 966–968.

Kaufman, AB, et al. "The neurobiological foundation of creative cognition." *Cambridge Handbook of Creativity* (2010): 216–232.

Kell, HJ, et al. "Creativity and technical innovation: Spatial ability's unique role." *Psychological Science* 24, 9 (2013): 1831–1836.

Keller, EF. *A Feeling for the Organism, 10th Aniversary Edition: The Life and Work of Barbara McClintock*. New York: Times Books, 1984.

Keresztes, A, et al. "Testing promotes long-term learning via stabilizing activation patterns in a large network of brain areas." *Cerebral Cortex* (advance access, published June 24, 2013).

Kinsbourne, M, and M Hiscock. "Asymmetries of dual-task performance." In *Cerebral Hemisphere Asymmetry*, edited by JB Hellige, 255–334. New York: Praeger, 1983.

Klein, G. *Sources of Power*. Cambridge, MA: MIT Press, 1999.

Klein, H, and G Klein. "Perceptual/cognitive analysis of proficient cardio-pulmonary resuscitation (CPR) performance." Midwestern Psychological Association Conference, Detroit, MI, 1981.

Klingberg, T. *The Overflowing Brain*. New York: Oxford University Press, 2008.

Kornell, N, et al. "Unsuccessful retrieval attempts enhance subsequent learning." *Journal of Experimental Psychology: Learning, Memory, and Cognition* 35, 4 (2009): 989.

Kounios, J, and M Beeman. "The Aha! moment: The cognitive neuroscience of insight." *Current Directions in Psychological Science* 18, 4 (2009): 210–216.

Kruger, J, and D Dunning. "Unskilled and unaware of it: How difficulties in one's own incompetence lead to inflated self-assessments." *Journal of Personality and Social Psychology* 77, 6 (1999): 1121–1134.

Leonard, G. *Mastery*. New York: Plume, 1991.

Leutner, D, et al. "Cognitive load and science text comprehension: Effects of drawing and mentally imaging text content." *Computers in Human Behavior* 25 (2009): 284–289.

Levin, JR, et al. "Mnemonic vocabulary instruction: Additional effectiveness evidence." *Contemporary Educational Psychology* 17, 2 (1992): 156–174.

Longcamp, M, et al. "Learning through hand- or typewriting influences visual recognition of new graphic shapes: Behavioral and functional imaging evidence." *Journal of Cognitive Neuroscience* 20, 5 (2008): 802–815.

Luria, AR. *The Mind of a Mnemonist.* Translated by L Solotaroff. New York: Basic Books, 1968.

Lutz, A, et al. "Attention regulation and monitoring in meditation." *Trends in Cognitive Sciences* 12, 4 (2008): 163.

Lützen, J. *Mechanistic Images in Geometric Form.* New York: Oxford University Press, 2005.

Lyons, IM, and SL Beilock. "When math hurts: Math anxiety predicts pain network activation in anticipation of doing math." *PLOS ONE* 7, 10 (2012): e48076.

Maguire, EA, et al. "Routes to remembering: The brains behind superior memory." *Nature Neuroscience* 6, 1 (2003): 90–95.

Mangan, BB. "Taking phenomenology seriously: The 'fringe' and its implications for cognitive research." *Consciousness and Cognition* 2, 2 (1993): 89–108.

Mastascusa, EJ, et al. *Effective Instruction for STEM Disciplines.* San Francisco: Jossey-Bass, 2011.

McClain, DL. "Harnessing the brain's right hemisphere to capture many kings." *New York Times*, January 24 (2011). http://www.nytimes.com/2011/01/25/science/25chess.html?_r=0.

McCord, J. "A thirty-year follow-up of treatment effects." *American Psychologist* 33, 3 (1978): 284.

McDaniel, MA, and AA Callender. "Cognition, memory, and education." In *Cognitive Psychology of Memory, Vol. 2 of Learning and Memory*, edited by HL Roediger, 819–843. Oxford, UK: Elsevier, 2008.

McGilchrist, I. *The Master and His Emissary.* New Haven, CT: Yale University Press, 2010.

Mihov, KM, et al. "Hemispheric specialization and creative thinking: A meta-analytic review of lateralization of creativity." *Brain and Cognition* 72, 3 (2010): 442–448.

Mitra, S, et al. "Acquisition of computing literacy on shared public computers: Children and the 'hole in the wall.'" *Australasian Journal of Educational Technology* 21, 3 (2005): 407.

Morris, PE, et al. "Strategies for learning proper names: Expanding retrieval practice, meaning and imagery." *Applied Cognitive Psychology* 19, 6 (2005): 779–798.

Moussa, MN, et al. "Consistency of network modules in resting-state fMRI connectome data." *PLOS ONE* 7, 8 (2012): e49428.

Mrazek, M, et al. "Mindfulness training improves working memory capacity and GRE performance while reducing mind wandering." *Psychological Science* 24, 5 (2013): 776–781.

Nagamatsu, LS, et al. "Physical activity improves verbal and spatial memory in adults with probable mild cognitive impairment: A 6-month randomized controlled trial." *Journal of Aging Research* (2013): 861893.

Nakano, T, et al. "Blink-related momentary activation of the default mode network while viewing videos." *Proceedings of the National Academy of Sciences* 110, 2 (2012): 702–706.

National Survey of Student Engagement. *Promoting Student Learning and Institutional Improvement: Lessons from NSSE at 13.* Bloomington: Indiana University Center for Postsecondary Research, 2012.

Newport, C. *How to Become a Straight-A Student.* New York: Random House, 2006.

———. *So Good They Can't Ignore You.* New York: Business Plus, 2012.

Niebauer, CL, and K Garvey. "Gödel, Escher, and degree of handedness: Differences in interhemispheric interaction predict differences in understanding self-reference." *Laterality: Asymmetries of Body, Brain and Cognition* 9, 1 (2004): 19–34.

Nielsen, JA, et al. "An evaluation of the left-brain vs. right-brain hypothesis with resting state functional connectivity magnetic resonance imaging." *PLOS ONE* 8, 8 (2013).

Noesner, G. *Stalling for Time.* New York: Random House, 2010.

Noice, H, and T Noice. "What studies of actors and acting can tell us about memory and cognitive functioning." *Current Directions in Psychological Science* 15, 1 (2006): 14–18.

Nyhus, E, and T Curran. "Functional role of gamma and theta oscillations in episodic memory." *Neuroscience and Biobehavioral Reviews* 34, 7 (2010): 1023–1035.

Oakley, BA. "Concepts and implications of altruism bias and pathological altruism." *Proceedings of the National Academy of Sciences* 110, Supplement 2 (2013): 10408–10415.

Oakley, B, et al. "Turning student groups into effective teams." *Journal of Student Centered Learning* 2, 1 (2003): 9–34.

Oaten, M, and K Cheng. "Improved self-control: The benefits of a regular program of academic study." *Basic and Applied Social Psychology* 28, 1 (2006): 1–16.

Oaten, M, and K Cheng. "Improvements in self-control from financial monitoring." *Journal of Economic Psychology* 28, 4 (2007): 487–501.

Oettingen, G, et al. "Turning fantasies about positive and negative futures into self-improvement goals." *Motivation and Emotion* 29, 4 (2005): 236–266.

Oettingen, G, and J Thorpe. "Fantasy realization and the bridging of time." In *Judgments over Time: The Interplay of Thoughts, Feelings, and Behaviors,* edited by Sanna, LA and EC Chang, 120–142. New York: Oxford University Press, 2006.

Oudiette, D, et al. "Evidence for the re-enactment of a recently learned behavior during sleepwalking." *PLOS ONE* 6, 3 (2011): e18056.

Pachman, M, et al. "Levels of knowledge and deliberate practice." *Journal of Experimental Psychology* 19, 2 (2013): 108–119.

Partnoy, F. *Wait.* New York: Public Affairs, 2012.

Pashler, H, et al. "When does feedback facilitate learning of words?" *Journal of Experimental Psychology: Learning, Memory, and Cognition* 31, 1 (2005): 3–8.

Paul, AM. "The machines are taking over." *New York Times,* September 14 (2012). http://www.nytimes.com/2012/09/16/magazine/how-computerized-tutors-are-learning-to-teach-humans.html?pagewanted=all.

————. "You'll never learn! Students can't resist multitasking, and it's impairing their memory." *Slate*, May 3 (2013). http://www.slate.com/articles/health_and _science/science/2013/05/multitasking_while_studying_divided_attention _and_technological_gadgets.3.html.

Pennebaker, JW, et al. "Daily online testing in large classes: Boosting college performance while reducing achievement gaps." *PLOS ONE* 8, 11 (2013): e79774.

Pert, CB. *Molecules of Emotion*. New York: Scribner, 1997.

Pesenti, M, et al. "Mental calculation in a prodigy is sustained by right prefrontal and medial temporal areas." *Nature Neuroscience* 4, 1 (2001): 103–108.

Pintrich, PR, et al. "Beyond cold conceptual change: The role of motivational beliefs and classroom contextual factors in the process of conceptual change." *Review of Educational Research* 63, 2 (1993): 167–199.

Plath, S. *The Bell Jar*. New York: Harper Perennial, 1971.

Prentis, JJ. "Equation poems." *American Journal of Physics* 64, 5 (1996): 532–538.

President's Council of Advisors on Science and Technology. *Engage to Excel: Producing One Million Additional College Graduates with Degrees in Science, Technology, Engineering, and Mathematics*. 2012. http://www.whitehouse.gov/sites/default/files/ microsites/ostp/pcast-engage-to-excel-final_feb.pdf

Pyc, MA, and KA Rawson. "Why testing improves memory: Mediator effectiveness hypothesis." *Science* 330, 6002 (2010): 335–335.

Raichle, ME, and AZ Snyder. "A default mode of brain function: A brief history of an evolving idea." *NeuroImage* 37, 4 (2007): 1083–1090.

Ramachandran, VS. *Phantoms in the Brain*. New York: Harper Perennial, 1999.

Ramón y Cajal, S. *Advice for a Young Investigator*. Translated by N Swanson and LW Swanson. Cambridge, MA: MIT Press, 1999 [1897].

————. *Recollections of My Life*. Cambridge, MA: MIT Press, 1937. Originally published as *Recuerdos de Mi Vida*, translated by EH Craigie (Madrid, 1901–1917).

Rawson, KA, and J Dunlosky. "Optimizing schedules of retrieval practice for durable and efficient learning: How much is enough?" *Journal of Experimental Psychology: General* 140, 3 (2011): 283–302.

Rivard, LP, and SB Straw. "The effect of talk and writing on learning science: An exploratory study." *Science Education* 84, 5 (2000): 566–593.

Rocke, AJ. *Image and Reality*. Chicago: University of Chicago Press, 2010.

Roediger, HL, and AC Butler. "The critical role of retrieval practice in long-term retention." *Trends in Cognitive Sciences* 15, 1 (2011): 20–27.

Roediger, HL, and JD Karpicke. "The power of testing memory: Basic research and implications for educational practice." *Perspectives on Psychological Science* 1, 3 (2006): 181–210.

Roediger, HL, and MA Pyc. "Inexpensive techniques to improve education: Applying cognitive psychology to enhance educational practice." *Journal of Applied Research in Memory and Cognition* 1, 4 (2012): 242–248.

Rohrer, D., Dedrick, R. F., & Burgess, K. (in press). The benefit of interleaved mathematics practice is not limited to superficially similar kinds of problems. *Psychonomic Bulletin & Review.*

Rohrer, D, and H Pashler. "Increasing retention without increasing study time." *Current Directions in Psychological Science* 16, 4 (2007): 183–186.

———. "Recent research on human learning challenges conventional instructional strategies." *Educational Researcher* 39, 5 (2010): 406–412.

Root-Bernstein, RS, and MM Root-Bernstein. *Sparks of Genius.* New York: Houghton Mifflin, 1999.

Ross, J, and KA Lawrence. "Some observations on memory artifice." *Psychonomic Science* 13, 2 (1968): 107–108.

Schoenfeld, AH. "Learning to think mathematically: Problem solving, metacognition, and sense-making in mathematics." In *Handbook for Research on Mathematics Teaching and Learning*, edited by D Grouws. 334–370, New York: Macmillan, 1992.

Schutz, LE. "Broad-perspective perceptual disorder of the right hemisphere." *Neuropsychology Review* 15, 1 (2005): 11–27.

Scullin, MK, and MA McDaniel. "Remembering to execute a goal: Sleep on it!" *Psychological Science* 21, 7 (2010): 1028–1035.

Shannon, BJ, et al. "Premotor functional connectivity predicts impulsivity in juvenile offenders." *Proceedings of the National Academy of Sciences* 108, 27 (2011): 11241–11245.

Shaw, CA, and JC McEachern, eds. *Toward a Theory of Neuroplasticity.* New York: Psychology Press, 2001.

Silverman, L. *Giftedness 101.* New York: Springer, 2012.

Simon, HA. "How big is a chunk?" *Science* 183, 4124 (1974): 482–488.

Simonton, DK. *Creativity in Science.* New York: Cambridge University Press, 2004.

———. *Scientific Genius.* New York: Cambridge University Press, 2009.

Sklar, AY, et al. "Reading and doing arithmetic nonconsciously." *Proceedings of the National Academy of Sciences* 109, 48 (2012): 19614–19619.

Smoker, TJ, et al. "Comparing memory for handwriting versus typing." In *Proceedings of the Human Factors and Ergonomics Society Annual Meeting*, 53 (2009): 1744–1747.

Solomon, I. "Analogical transfer and 'functional fixedness' in the science classroom." *Journal of Educational Research* 87, 6 (1994): 371–377.

Spear, LP. "Adolescent neurodevelopment." *Journal of Adolescent Health* 52, 2 (2013): S7–S13.

Steel, P. "The nature of procrastination: A meta-analytic and theoretical review of quintessential self-regulatory failure." *Psychological Bulletin* 133, 1 (2007): 65–94.

———. *The Procrastination Equation.* New York: Random House, 2010.

Stickgold, R, and JM Ellenbogen. "Quiet! Sleeping brain at work." *Scientific American Mind* 19, 4 (2008): 22–29.

Sweller, J, et al. *Cognitive Load Theory.* New York: Springer, 2011.

Takeuchi, H, et al. "The association between resting functional connectivity and creativity." *Cerebral Cortex* 22, 12 (2012): 2921–2929.

———. "Failing to deactivate: The association between brain activity during a working memory task and creativity." *NeuroImage* 55, 2 (2011): 681–687.

Taylor, K, and D Rohrer. "The effects of interleaved practice." *Applied Cognitive Psychology* 24, 6 (2010): 837–848.

Thomas, C, and CI Baker. "Teaching an adult brain new tricks: A critical review of evidence for training-dependent structural plasticity in humans." *NeuroImage* 73 (2013): 225–236.

Thompson-Schill, SL, et al. "Cognition without control: When a little frontal lobe goes a long way." *Current Directions in Psychological Science* 18, 5 (2009): 259–263.

Tice, DM, and RF Baumeister. "Longitudinal study of procrastination, performance, stress, and health: The costs and benefits of dawdling." *Psychological Science* 8, 6 (1997): 454–458.

Thurston, W. P. (1990). "Mathematical education." *Notices of the American Mathematical Society*, 37 (7), 844–850.

University of Utah Health Care Office of Public Affairs. "Researchers debunk myth of 'right-brain' and 'left-brain' personality traits." 2013. http://healthcare.utah.edu/publicaffairs/news/current/08-14-13_brain_personality_traits.html.

Van Praag, H, et al. "Running increases cell proliferation and neurogenesis in the adult mouse dentate gyrus." *Nature Neuroscience* 2, 3 (1999): 266–270.

Velay, J-L, and M Longcamp. "Handwriting versus typewriting: Behavioural and cerebral consequences in letter recognition." In *Learning to Write Effectively*, edited by M Torrance et al. Bradford, UK: Emerald Group, 2012: 371–373.

Wamsley, EJ, et al. "Dreaming of a learning task is associated with enhanced sleep-dependent memory consolidation." *Current Biology* 20, 9 (2010): 850–855.

Wan, X, et al. "The neural basis of intuitive best next-move generation in board game experts." *Science* 331, 6015 (2011): 341–346.

Weick, KE. "Small wins: Redefining the scale of social problems." *American Psychologist* 39, 1 (1984): 40–49.

White, HA, and P Shah. "Creative style and achievement in adults with attention-deficit/hyperactivity disorder." *Personality and Individual Differences* 50, 5 (2011): 673–677.

———. "Uninhibited imaginations: Creativity in adults with attention-deficit/hyperactivity disorder." *Personality and Individual Differences* 40, 6 (2006): 1121–1131.

Wilson, T. *Redirect*. New York: Little, Brown, 2011.

Wissman, KT, et al. "How and when do students use flashcards?" *Memory* 20, 6 (2012): 568–579.

Xie, L, et al. "Sleep drives metabolite clearance from the adult brain." *Science* 342, 6156 (2013): 373–377.

图 片 来 源

1. "10 岁的我（1966 年 9 月）与小羊厄尔"，图片由作者提供。

2. 马格努斯·卡尔森和加里·卡斯帕罗夫，图片由 CBS News 提供。

3. 前额叶皮质，图片来自 © 2014 Kevin Mendez.

4. 弹球机，图片来自 © 2014 Kevin Mendez.

5. 专注和发散模式，图片来自 © 2014 Kevin Mendez.

6. 三角形，图片由作者提供，基于 de Bono 1970, p. 53 的原始图像概念。

7. 乒乓球，图片来自 © 2014 Kevin Mendez.

8. 硬币金字塔，图片由作者提供。

9. 纳迪娅·诺 – 梅希迪，照片由 Kevin Mendez 提供.

10. 托马斯·爱迪生，照片由托马斯·爱迪生国家历史公园，美国国家公园管理局内部部门提供。

11. 萨尔瓦多·达利与手杖和豹猫，1965；http://en.wikipedia.org/wiki/File:Salvador_Dali_NYWTS.jpg. 照片来自美国国会图书馆，纽约世界电报 & 太阳报（New York World-Telegram & Sun）选集。照片出处：http://hdl.loc.gov/loc.pnp/cph.3c14985；照片作者：罗杰·希金斯，世界电讯报助理摄影师；已知无版权限制。助理摄影师复制权经赠予已移交国会图书馆。

12. 砖墙，图片来自 © 2014 Kevin Mendez.

13. 工作记忆中的四个空位，图片由作者提供。

14. 罗伯特·彼尔德，图片来自 © Chad Ebesutani，照片由 Robert Bilder 提供。

15. 章鱼般的专注模式和纷乱复杂的发散模式，图片来自 ©2014 Kevin Mendez.

16. 神经模型，图片来自 © 2014 Kevin Mendez.

17. 人脸拼图，图片来自 © 2014 Kevin Mendez 和 Philip Oakley.

18. 自上而下和自下而上的学习，图片由作者提供。

19. "野马跑车中的人"，一部分完成的拼图，图片来自 © 2014 Kevin Mendez 和 Philip Oakley.

20. "野马跑车中的人"，大部分完成的拼图，图片来自 © 2014 Kevin Mendez 和 Philip Oakley.

21. 搭建组块丝带，图片由作者提供。

22. 跳转到正确解答，图片来自 © 2014 Kevin Mendez.

23. 常练不忘，图片来自 © 2014 Kevin Mendez.

24. 野马跑车拼图，模糊且部分拼接的拼图，图片来自 © 2014 Kevin Mendez.

25. 神经挂钩，图片来自 © 2014 Kevin Mendez.

26. 保尔·格鲁什科和家人，照片由保尔·格鲁什科提供。

27. 拖延的漏斗式过程，图片来自 © 2014 Kevin Mendez.

28. 诺曼·福滕伯里，图片来自 © 2011，美国工程教育协会（ASEE）；照片作者 Lung-I Lo.

29. 许多小成就，图片由作者提供。

30. 番茄工作法，以下为弗朗切斯科发布的继续使用 OTRS 许可，http://en.wikipedia.org/wiki/File:Il_pomodoro.jpg.

31. 物理学家安东尼·加瑞特·里斯在冲浪，作者 Cjean42，http://en.wikipedia.org/wiki/File:Garrett_Lisi_surfing.jpg.

32. 奥拉多·巴迪·绍赛的照片由本人提供。

33. 尼尔·桑德里森，照片由 Toby Burditt 提供。

34. 小恶魔的任务清单，图片来自 © 2014 Kevin Mendez.

35. 玛丽·查，照片由本人提供。

36. 微笑的小恶魔，图片来自 © 2014 Kevin Mendez.

37. 约书亚·福尔的照片，来自 © Christopher Lane.

38. 飞天大驴，图片来自 © 2014 Kevin Mendez.

39. 小恶魔用手背记月份的方法，图片来自 © 2014 Kevin Mendez.

40. 记忆宫殿，图片来自 © 2014 Kevin Mendez.

41. 雪莉·索尔比，照片作者为 Brockit, Inc.，照片由雪莉·索尔比本人提供。

42. 苯环中的猴子，来自《德国化学学术生活》1886 年刊，3536 页；苯环结构图，文件来自：http://en.wikipedia.org/wiki/File:Benzene-2D-full.svg.

43. 代谢吸血鬼，图片来自 © 2014 Kevin Mendez.

44. 乔纳森·斯特朗，照片由本人提供。

45. 打棒球的小恶魔，图片来自 © 2014 Kevin Mendez.

46. 尼克·阿普尔亚德，照片由本人提供。

47. 圣地亚哥·拉蒙 – 卡哈尔，照片经卡哈尔子女家属慷慨许可，感谢 Maria Angeles Ramón y Cajal 的倾情帮助。

48. 波状起伏的神经丝带，图片由作者提供。

49. 光子，插图由 Marco Bellini 所在意大利国家光学研究所（CNR, Florence, Italy）提供。

50. 芭芭拉·麦克林托克，照片由史密森学会档案馆提供，图号 #SIA2008-5609。

51. 本·卡尔森，照片由约翰·霍普金斯医疗集团提供。

52. 尼古拉斯·韦德，照片由本人提供。

53. 缺血性中风，伴随中动脉梗死的大脑 CT 扫描，图片来自 Lucien Monfils，http://en.wikipedia.org/wiki/File:MCA_Territory_Infarct.svg.

54 1925 年休息中的尼尔斯·玻尔和爱因斯坦，图片作者 Paul Ehrenfest，http://en.wikipedia.org/wiki/File:Niels_Bohr_Albert_Einstein_by_Ehrenfest.jpg.

55. 布拉德·罗斯，照片作者 Yang Xia，由布拉德·罗斯本人提供。

56. 理查德 M. 菲尔德，照片由本人提供。

57. 西恩·贝洛克，照片由芝加哥大学提供。

58. 硬币金字塔的解法，图片由作者提供。

高效学习

《刻意练习：如何从新手到大师》

作者：[美] 安德斯·艾利克森 罗伯特·普尔 译者：王正林

销量达200万册！
杰出不是一种天赋，而是一种人人都可以学会的技巧
科学研究发现的强大学习法，成为任何领域杰出人物的黄金法则

《学习之道》

作者：[美] 芭芭拉·奥克利 译者：教育无边界字幕组

科学学习入门的经典作品，是一本真正面向大众、指导实践并且科学可信的学习方法手册。作者芭芭拉本科专业（居然）是俄语。从小学到高中数理成绩一路垫底，为了应付职场生活，不得不自主学习大量新鲜知识，甚至是让人头疼的数学知识。放下工作，回到学校，竟然成为工程学博士，后留校任教授

《如何高效学习》

作者：[加] 斯科特·扬 译者：程冕

如何花费更少时间学到更多知识？因高效学习而成名的"学神"斯科特·扬，曾10天搞定线性代数，1年学完MIT4年33门课程。掌握书中的"整体性学习法"，你也将成为超级学霸

《科学学习：斯坦福黄金学习法则》

作者：[美] 丹尼尔·L.施瓦茨 等 译者：郭曼文

学习新境界，人生新高度。源自斯坦福大学广受欢迎的经典学习课。斯坦福教育学院院长、学习科学专家力作；精选26种黄金学习法则，有效解决任何学习问题

《学会如何学习》

作者：[美] 芭芭拉·奥克利 等 译者：汪幼枫

畅销书《学习之道》青少年版；芭芭拉·奥克利博士揭示如何科学使用大脑，高效学习，让"学渣"秒变"学霸"体质，随书赠思维导图；北京考试报特约专家郭俊彬博士、少年商学院联合创始人Evan、秋叶、孙思远、彭小六、陈章鱼诚意推荐

更多>>>

《如何高效记忆》 作者：[美] 肯尼思·希格比 译者：余彬晶
《练习的心态：如何培养耐心、专注和自律》 作者：[美] 托马斯·M.斯特纳 译者：王正林
《超级学霸:受用终身的速效学习法》 作者：[挪威] 奥拉夫·舍韦 译者：李文婷

斯科特·H.扬系列作品

1年完成 MIT4 年 33 门课程的超级学神

ISBN：978-7-111-59558-8

ISBN：978-7-111-44400-8

ISBN：978-7-111-52920-0

ISBN：978-7-111-52919-4

ISBN：978-7-111-52094-8